三國志的世界

東漢與三國時代

三国志の世界 後漢 三国時代

金文京——著
林美琪——譯

第四章 三帝鼎立……… 114

第八章　文學的自覺時代……244

導讀

三國時代這一百年的主要歷史課題

臺灣大學歷史學系教授　甘懷真

每個歷史時代都是最好與最壞，也是光明與黑暗，希望與絕望，只是三國時代更是如此。本書作者金文京教授將此時代稱為「華麗的亂世」。三國時代之說來自陳壽《三國志》。《三國志》作為史書中的「四史」之一，與《史記》、《漢書》、《後漢書》並列，是歷史上東亞知識人的必讀教養書，其影響不只是中國，包含朝鮮、日本與越南。由於三國不是朝代，所以其開始與結束的時間點可以有不同說法。一般來說，都認為起於西元一八〇年代，其前期發生了「黃巾之亂」，後期發生了董卓軍團占據首都洛陽之事。在這數年間，為了收拾這場「黃巾之亂」，地方上的豪族紛紛利用鄉里勢力組織軍隊，三國時代所登場的那些英雄人物，如劉備、關羽、曹操、孫堅，都是藉由鎮壓「黃巾之亂」而為一方之霸之軍閥。一九〇年代，這些軍閥以反董卓為名，既建立共同陣線，又割據了漢天下。此時漢朝已實質滅亡，我們所說的魏、蜀、吳三國於焉展開。二二〇年曹操之子曹丕以禪讓的形式罷免了漢獻帝而為新的魏皇帝，漢朝正式宣告垮台。二二一年在成都的劉備也以繼承漢朝的名義自稱漢皇帝，中國史稱其政權為蜀或蜀漢。孫氏吳國的態度較曖昧，雖然在二二二年也自建年號以宣示不屬於洛陽政權之魏，但稱帝則等到二二九年。於是在二三〇年代，中國正式進入三國時代。不到半個世紀的二六三年，劉禪的蜀漢被曹魏所滅。吳國又撐了十七年，到二八〇年為魏的後繼者司馬氏之晉所滅，三國也隨之正式結束。所以三國時代就是一八〇年代到二八〇年代間的這一百年。一百年是比人壽命長的一段時間，不可謂短，但在歷史長河中也不長。然而三國時代的這一百年卻是中國人最普遍與最深的共同記憶。且不只是知識人如此，更包含庶民。中國人如此，日本人也是。古代如此，今日更是。

不用多說，這一切乃是拜羅貫中《三國演義》之賜。明代後期（十六世紀）以來，《三國演義》藉由民間曲藝、戲劇，流傳於城市、鄉間。我自己對於三國歷史最深的印象是來自於上世紀七〇、八〇年代在臺灣電視上上演的布袋戲。八〇年代後期，日本電玩公司所推出的「三國志」電腦遊戲，更是進一步推廣了三國時代的歷史故事。我自己也是這個遊戲的最早玩家，一度著迷。我喜歡講這一個發生在我課堂的小故事。一九八九年，我在臺大教全校性的大一中國史課程，那一年的對象是電機系學生。我講到曹操身邊的第一號謀臣荀彧，我順口說，你們應該不認識他；結果學生開始興奮起來，七嘴八舌，有學生說：「他的智力是九十六分」。我當然馬上意會到他們是從電腦遊戲中得到的知識。西元二千年時，我在日本東京大學任教，對象主要是中國古代史專攻的研究生。在吃飯的場合，我問他們為什麼會主修中國史，許多同學的答案是玩「三國志」電玩。當然這是半開玩笑的答案，但也有部分事實，因為三國的確是一個迷人的時代。而電玩藉由謀略或角色扮演，讓我們進入到歷史情境裡，即使是虛擬。歷史學就是探討活生生的人在其人生中如何工作與鬥爭，與人鬥、與天鬥。而《三國演義》就是展現這樣的故事，讓我們看到活生生的人。

但《三國演義》不是歷史著作，而是小說。也就是說，它的故事不能被直接視為歷史事實。我們對於三國時代的錯誤知識多來自於《三國演義》。對於歷史學家而言，再怎麼有趣的故事若非事實就沒有意義。因為歷史學是提供真實的故事，讓讀者在閱讀過程中嘗試扮演故事中的角色，並同情理解歷史中的人物在特定歷史脈絡中的思想與行為。羅貫中也沒有蓄意要騙我們，書名已明白說是《三國志》的「演義」。歷史學應歡迎這類「演義」。我上課常跟學生說，史學的盡頭是文學的開始。因為學院史學必須嚴格依照史料推論，無法觸及沒有史料的部分，而「演義」即某類歷史小說則可以。我鼓勵我的學生根據史實與目前的學說，創作歷史小說。作為歷史學家，我也鼓勵讀者進入《三國演義》的世界，只不過歷史學家還是有責任指出這類演義小說中的錯誤。《三國演義》當然不可免的還是包含虛構，以及就今天歷史學的知識而言是錯誤的歷史敘述。

金文京教授《三國志的世界》是一本奇特的三國史的專著。學界不缺三國史研究的專著，但能兼具《三國演義》講故事的趣味，又能依據史學家所講究的歷史事實鋪陳歷史，在史學界並不多見。本書中修正了《三國演義》在歷史事實上的明顯錯誤，使讀者可以知道什麼是「演義」，什麼是「虛構」。金教授能寫出這樣的作品應該與他的學術背景有關。金教授的學術專業兼及史學、文學與語言學，且不只研究中國，包括日本與韓國。金教授也是我認識的學者中極少數能自由的使用中文、日文與韓文作學術活動的學者。金教授長期以京都大學為研究基地，幾年前退休後轉至鶴見大學任教。金教授一直與臺灣的文史學界保持密切的關係，我曾於二〇一五年邀請金教授至臺大文學院演講，講題是「東亞漢文訓讀起源與佛經漢譯之關係」。我一直是金教授關於東亞漢文圈研究的讀者，獲益甚大。本書兼具史學與文學的趣味，又能將三國史置於東亞的歷史脈絡觀察，應歸因金教授特有的學識能力與背景。我也特別強調，一如漢文是東亞的共同文化，《三國志》與《三國演義》也是東亞的共同遺產。所以從東亞的角度重新檢視三國歷史是有趣且應該的。

這類講座性質的書在日本本來就是作為普及書之用，只是在日本的學術傳統中又嚴守其學術性。本書更是以說故事的筆法書寫，讀起來非常有趣。所以請讀者以愉快的心情閱讀，即使本書也可以當成教科書性質的讀物。作為全書的導言，容我就本書的主要脈絡，就我個人的見解，扼要談談三國時代這一百年的主要歷史課題。若能幫助讀者更容易進入本書的各主題，則是我幸。

其一是永恆的漢代與改朝換代。漢成立於西元前二〇六年，終於西元二二〇年，其間政權曾為王莽篡奪而中斷十幾年。四百年是漫長的歷史。一些學者比較漢滅亡與羅馬滅亡之異同，其異之一是漢亡後漢所支配的中國仍不斷復歸統一，而羅馬之後的歐洲不再統合。至於為什麼，我們不在這裡深入討論。我只說一下三國時代的歷史事件的作用。

中國歷史的特色是改朝換代，許多讀者或視為歷史常態，其實不然，這在世界史上是特別的。有人說日本天皇是「萬世一系」，這種誇張的說法只能視為天皇制的宣傳，但是若說自第七世紀天皇制成立到今天的平成天皇，其世系相續則是正確的。在第七世紀時，唐朝的史館編纂所謂正史，將漢滅亡到唐成立的四百年間諸政權的興替盛衰，視為漢到唐之間諸朝代。也就是一個政治空間

（中國）中在時間中接續的政權。因此對於唐而言，即使唐的建國政團是起源於塞北，而漢是起源於華中的淮水流域，唐仍宣告它是繼承漢的中國王權。這樣的朝代制度在唐之後仍延續，可以說一直到現代中國。

然而若站在第三世紀初期，即使不是完全沒有，改朝換代也不是普遍的觀念。若參照日本的歷史，另一個選擇是建立祭祀王與戰爭王的二元體制，在日本，這是天皇與幕府大將軍。在第二世紀末年，這樣的二元體制也出現在漢之中國。漢皇帝為祭祀王，而丞相是戰爭王。此丞相是曹操。曹操「挾天子以令諸侯」多被解釋為曹操的政治操作並視為劣蹟，但也不妨從制度面理解為如同幕府大將軍與天皇間的關係。用中國史的說法是「皇帝／霸王」二元。換言之，漢的政體可以轉型為漢獻帝為皇帝而曹操為霸王，而由霸王為主要執政者的二元體制。曹操建立了魏國而為魏王。他是可以以魏王的名義為霸王，而主宰漢。這也不是空想或首創，在漢以前的項羽政權曾實現過。於是有漢皇帝與魏霸王的雙首長。

二二〇年曹操死，曹丕繼位魏王。曹丕作了重要抉擇，他廢除了漢皇帝，而自己由魏王升任為皇帝。中國史將此稱之為改朝換代。這是曹魏選擇了秦漢的皇帝制度，再次否定了「皇帝／霸王」之制。雖然我們不知道若曹丕繼續擔任魏王，漢朝會存續到何時，但能說曹丕立下了皇帝制度存續但改朝換代的典範。曹氏（曹操、曹丕）的作法是欲奪權稱帝者先開國稱王，而且國名是春秋戰國的大國之名。其後再宣稱得天命而由王上升為皇帝。曹魏時代，司馬昭任晉王，當時有「司馬昭之心，路人皆知」的說法，這是因為有了曹丕的前例後，司馬昭的作法就被解讀為要篡位。上述這些漢—魏—晉間改朝換代的史實，本書中有不少篇幅的介紹，請讀者再詳讀。

我們再一次關注二二〇年「漢魏嬗代」，我也稱之為「曹丕的選擇」。曹丕立下了其後改朝換代的典範。於是建新朝代的人先成舊朝代的國王，而國名採用春秋戰國時的大國，再宣告獲天命而取代原皇帝而成為新皇帝，最後完成所謂改朝換代。這樣的制度也使得政權轉移表現為一國之內的二個政團的交替，而不是二國間的戰爭結果。其後，晉、南朝（宋、齊、梁、陳）都循此模式。五胡十六國另當別論。北朝（北魏、北齊、北周）的情況較麻煩說明，至少魏、齊與周是戰國的大國之名。隋與唐雖不好說是大國之名，卻是先秦的國名，也是北周時所建之國，用以表現了這二個政權傳承自北周。唐之後的「五代十國」的國名也是採用在此之前的大國之名，除了先秦之外，也包括漢、唐。趙匡胤所建的宋也是戰國大國之名，用來表現此新政權也是中國王權。等到十三世紀下半葉忽必烈建元，則是這個典範的結束。其後的明與清也不再是依這個典範。

其二是分裂與統一。三國意味著不只改朝換代，也是中國分裂。漢的所謂統一是繼承秦始皇政權的消滅了戰國的大國，所謂「六王畢，四海一」。漢的四百年的確創造了許多統一的機制，影響其後約二千年的中國歷史，如選舉制、郡縣制，以及「全國性士大夫社會」等。因為秦漢政權的成立，戰國以來的大國運動中斷，如「戰國七雄」被併入統一的秦漢。然而，在漢的四百年間，戰國以來的大國運動仍繼續發展，而這些大國化身為漢的州。東漢以來，這些州取得了更大的自立性與自主權。漢末大亂所呈現的政治版圖，如本書第二章「群雄割據」所述，是各軍閥占據了各州，如公孫瓚占幽州，袁紹占冀州，劉表占荊州，孫策占揚州，馬騰、韓遂占涼州，劉璋占益州等。這個結果雖然有歷史事件作為成因的偶然性，但也反映了歷史結構。若我們將這個群雄割據圖對照戰國時的大國地圖，有其相似之處。如幽州是燕國，荊州是楚國，揚州是吳國、越國，益州是巴國、蜀國。我常作這樣的比喻，秦漢的統一好像是在中國的大地上蓋上了鍋蓋，由天往下看的確是一元的整體，漢末大亂是將這個鍋蓋掀開，讓我們又看到這塊大地，繽紛與多樣態，這也是這個「華麗的亂世」的背景。而映入眼簾的現象之一是另一波的大國運動。摧毀漢的是這個大國運動。

在二二〇年代，中國的歷史從諸大國到三國。三國不是必然的結果，三國史所發生的這麼多歷史事件就在告訴我們歷史的所謂偶然性。讀者諸先進讀畢本書，肯定對於歷史發展的意外深有所感，更可體會我們在人生中的每個時間點上都在創造未來。然而，我們也活在歷史的結構中，不是隨心所欲。在秦始皇統一中國的前夕，即西元前第三世紀的後半，中國的大勢是北部的秦、韓、趙、魏、燕與齊成為更大的一國，而楚、吳、越也成一大國。位在四川盆地的巴、蜀長期以來是一個自立之國，更在此之前被秦國併吞。歷史的意外是秦在統一北方之前先消滅了南方的楚國。凡歷史都是歷史事件所造成，也無所謂意外，但統一的秦及其後的漢所治理的中國大地的確仍一直留著以淮水分界的北方與南方二大政治經濟區的結構，而四川盆地一直是具有獨立性的地理區。這個認識也不是今人才有的，諸葛亮「隆中對」就是看到了「天下三分」的客觀結構。其後的三國也就是魏控制了中國北方，而吳試圖控制原吳、楚與越國所在的中國南方。三國中最弱小的劉邦政團既是被迫選了四川盆地，但也因為這樣的歷史結構，至少蜀漢也在那裡立足了半世紀。

二八〇年三國結束，西晉再度統一了中國。畢竟秦漢的四百多年的歷史經驗也為中國創造了統一的結構。只是四十年後，西晉所支配的北方出現了「五胡亂華」，晉的洛陽政權可謂舉國南遷至三國的吳國的舊都，即今天的南京。猶記四十年前，晉的軍隊如何趾高氣昂的開進南京城，而今晉皇室卻「寄人國土」。三二〇年代以後，中國再次的南北分裂。

其三是吳國觀點下的三國。陳壽《三國志》是採魏國為正統的觀點看三國，羅貫中《三國演義》是採蜀漢為正統。我個人對誰是正統這類舊史學的課題也沒興趣，但對不同的視角看三國時代的提議深以為然。金文京教授在本書中強調吳國的視角，全書中對於吳國也特別著墨，我覺得是本書的精彩處。魏與蜀漢都可以宣稱自己是繼承漢的合法政權，只有孫吳有困難。一方面孫權無法宣稱他是得到漢的禪讓，另一方面依據皇帝制度的天下理論，一個位在東南的政權實在很難宣告自己是「治天下」的「中國」。二二〇年漢獻帝被廢，曹丕即皇帝位。隔年，劉備就一副理所當然的樣子宣告自己才是合法的漢皇帝繼承人。這一年的孫權也建都在今天武漢附近的武昌，二二二年建立了年號黃武，但到二二九年孫權才稱帝。我們可以理解這是孫吳政權沒有稱帝的自信，該政權花了很長的時間去建構一個新理論以詮釋它可以是一個繼承漢的天下政權。但另一方面，我們更可以關注孫吳要建立一個不同於漢的另類國家。二二九年孫權稱帝同時將首都定在南京（建業），這是孫權將其政權往「海之國」發展的結果。第三世紀以後，嶺南連結中南半島的南海貿易開始興盛，孫吳以長江下游的出口海的南京為基地，欲進入並掌握這個海之網絡，包括與幽州的公孫淵政權建立政治關係，此燕國掌控了渤海灣，而通過渤海灣可以連結朝鮮半島與日本列島。孫權政權還曾征夷洲。夷洲何在一直有爭議，但無論它在何處，這樣的海上冒險都反映了孫吳政權積極要成為「海之國」。又如本書所論，吳曾與蜀協議「二分天下」，即排除魏而分割原漢的州郡，這也可以推論吳要做一個新型態的政權。只是歷史之神沒有給孫吳足夠時間。但吳亡後的四十年後卻又開始了南北分裂，東晉與南朝也立足於南京。目前歷史學家有興趣探討這幾個南方國家如何建立新的政體型態，尤其如何與海有關。

其四，本書的第七章以後離開了政治史，第七章談儒佛道三教，第八章談「文學自覺」，第九章談邪馬台國與東亞國際關係。這些課題都是金教授的專長，值得讀者傾聽。這幾個課題也建構了這個時代獨特的歷史像。這一切都環繞著大帝國崩潰了。它既是因，又是果。過去四百年的帝國運作帶來了人類最高的文明之一，它帶來了穩定的政治制度及一定的理性，也同時帶來了由權力而來的壓迫。帝國崩潰也是文明轉機的契機。作為統治者的儒者或繼續在傳統經學的脈絡中思考新的人間社會的合理性，或者改接受佛教。所謂「佛教傳來」，即進入各地域社會，將是其後中國歷史的主線，本書有很好的討論。而道教在這個時代則是提供給基層人民新的結合管道與精神的需求。文學更是這個時代的心靈。成熟的漢文寫作以及書法既創造了各種權力機制，也使得被禁錮的心靈可以碰觸到神聖的外在世界，進而擁有自由，即使是片刻。曹丕〈典論論文〉是這個文學時代的紀念碑。

最後，《三國演義》的開卷詩曰：「古今多少事，都付笑談中。」若讀者能從本書中得到由歷史學而來的人生智慧，我想是金文京教授所盼望的。

序章　華麗的亂世

小說與歷史

在眾多外國文學中，日本人最喜愛的作品是哪一部呢？從閱讀年代之長、讀者之多、普及度之廣等各方面來看，無疑就是《三國志》了。日本於江戶時代元祿二～五年（一六八九～一六九二）出版了《三國志》的日文翻譯本《通俗三國志》，譯者為湖南文山（京都天龍寺的義轍與月堂兩位僧人的筆名），此書是第一本全部翻譯成日文出版的外國小說，同時也是繼滿文翻譯本（一六五〇出版）後，全世界第二本《三國志》譯本。明治時代以後，幸田露伴（一九二七）、吉川英治（一九三九）等文學家又各自對此書進行校訂、翻譯及改寫，直到今日，小說自不在話下，戲劇、電影、木偶劇乃至電玩，《三國志》始終深受小朋

日本出版的《繪本通俗三國志》　天保七年（一八三六）出版，共七十五冊。也就是在湖南文山所翻譯的《通俗三國志》中，加上葛飾戴斗所繪的插畫。

友、大朋友的喜愛。劉備、關羽、張飛以及諸葛孔明大顯身手的《三國志》故事，可說深植日本人心中，早就不當它是一部外國文學作品了。

不過想一想，這部小說的舞台是在距今約一八〇〇年前、三世紀的中國。三世紀的歐洲是羅馬帝國時期，日本則還是邪馬台國時期。如此古老的外國故事，卻讓現代的我們感到如此親近，真是不可思議，但這其實是有原因的。

今日我們通稱的《三國志》小說，是指十四世紀羅貫中所寫的《三國演義》（全稱《三國志通俗演義》）。但事實上，《三國志》是另一本書，是三國時代結束後不久，由三世紀末的歷史學家陳壽（二三三～二九七）所著之中國歷代史實，亦即所謂的正史之一。之後，六朝劉宋時期的史學家裴松之（三七二～四五一）又利用當時流傳下來與三國有關的書籍，對陳壽的《三國志》做了詳細的注釋。

《三國演義》是將史書《三國志》的內容及所表達的思想（義），以通俗易懂的方式解說（演）而成的作品，內容大致根據陳壽的《三國志》及裴松之的注釋。不過，既然是小說，自有不少虛構情節，例如本書的第一個故事「桃園三結義」，非常有名卻非史實，而且書中的虛構情節已經與史實相融得渾然一體、難以分辨了。我們不妨看看以下這個例子。

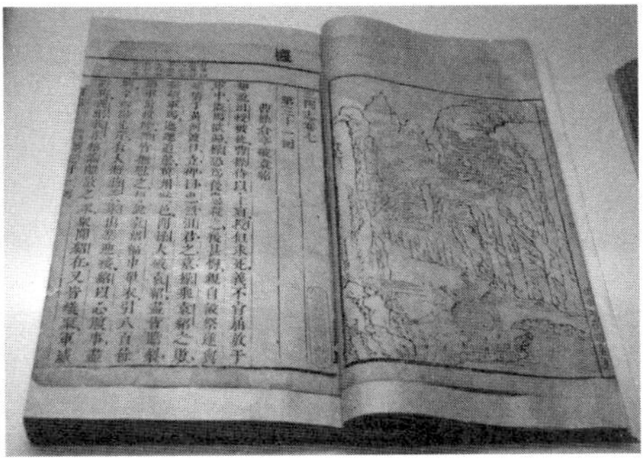

《三國志通俗演義》，明代刻本　小說《三國演義》是以陳壽所編撰的正史《三國志》等為藍本，為十四世紀羅貫中所著。

一九八四年，在南京附近的馬鞍山發現了三國時代朱然這位

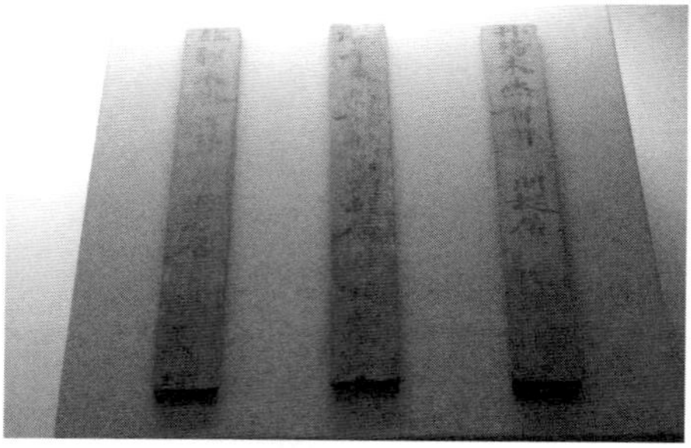

朱然的木刺　從吳國武將朱然墓（安徽省馬鞍山市）出土的名片。此為長二四．八公分的木片，上面記載著官職與姓名。

人物的墓。從墓塚出土了各式各樣的陪葬品，其中有寫著「丹陽朱然再拜」的木片，就是所謂的「刺」，可說是名片的始祖，由此可以判斷墓塚主人是朱然。而這位朱然是誰呢？

朱然是吳國武將，擒獲關羽的不是別人，正是朱然。小說《三國演義》中，朱然在劉備誓為關羽報仇的那場戰爭中，死於趙雲手下，然而，這是作者偏愛關羽所編出來的虛構情節。我們從史書《三國志》知道，其實朱然後來建功卓著，活到六十八歲才病死。如果相信小說，真不知會犯下多離譜的錯誤。除了這類顯而易見的虛構之外，《三國演義》的更大問題在於史實的描寫方式。

十四世紀的羅貫中在敘述以《三國志》史實為背景的故事時，並未特別進行時代考證，而是憑著他個人的時代感去描寫。也就是說，他並沒有明確意識到，生活方式及習慣會隨著時代而改變。例如三國時代，紙張才剛發明不久，尚未真正普及開來，朱然的名片之所以是一塊木片，原因就在這裡。但是羅貫中恐怕不知道這件事，不然就是明知故犯，刻意不把這個事實反映在他的小說中。結果，《三國演義》初期版本中，竟然出現紙本印刷的書籍。眾所周知，印刷術是在更久之後才發明的。這種無視時代差異的表現，從紙張這類具體物件，到人物性格的描寫等，都可在整部小說中看見。也就是說，小說描寫的是三世紀的故事，描寫方式卻是十四世紀的風格。正因為如此，小說中的劉備、關羽、張飛等人物及其英勇事蹟，很容易給讀者一種就像是看織田信長、豐田秀吉等日本戰國時代人物般的親切。

本書宗旨之一，就是以我們所熟悉的小說《三國演義》（《三國演義》有幾個不同版本，以下若無特別提示，則指最普及的清代「毛宗崗本」）為線索，描述我們並不熟悉的三國時代歷史。當然少不了要參照陳壽的《三國志》等歷史文獻，但僅僅利用這些資料，要具體了解這個時代，難免有隔靴搔癢之憾。所幸今天，我們有朱然墓的陪葬品等這類大量出土的一手文物，以及對這些文物的眾多研究成果。我相信利用文獻及這些出土文物資料，應能相當程度地還原三國時代的真實面貌。

然而，我們有必要窮究三國時代的真實面貌嗎？萬一檢證歷史的結果，發現小說完全是憑空捏造，那多掃興啊。生活在現代的我們去探索一千八百年前的中國，意義何在？

現代中國的起點

我認為意義就在於，為了解其後乃至現代的中國歷史、社會與文化，三國時代具有不可忽視的重要性。中國在世界史上，是一個極具獨特文化的國家，而她的許多特徵，其實都是起源於三國時代。紙張的使用及普及便是其中一例。

已故歷史學者川勝義雄，曾經將三國時代及之後的魏晉南北朝時代形容為「華麗的黑暗時代」，原因在於這是一個政治極端紛亂的亂世，不過，也正因為它是亂世，才讓英雄豪傑得以大顯身手，文化得以百花齊放。

以曹操為例，這位小說中的反派代表人物，是一位極富個性、相當卓越的改革家。他與兒子曹丕、曹植皆為傑出詩人。提到中國的詩詞，大家自然連想到李白、杜甫的唐詩，而輝煌壯麗的唐詩世界，正是起源自三國時代以曹操父子為中心的文學運動。文學作為個性表現的手段，並首度在中國史上獲得獨立的地位，便是在三國時代。

思想、宗教方面亦是如此。眾所周知，中國的代表性思想儒教源自孔子，而為了閱讀孔子所選定的儒教經典，後人做了大量注釋，其中最受重視的，就是東漢末年儒家學者鄭玄所做的注。小說中，劉備曾經拜鄭玄為師，但這也是虛構情節，劉備其實是拜鄭玄的友人盧植為師。

佛教自印度傳至中國是在一世紀後半、東漢明帝時期。不過，大批僧侶來到中國從事譯經、傳教等活動，佛教在民間廣泛地傳播開來，是在東漢末年、三國時代以後。吳國的孫權為傳教僧康僧會創建了建初寺，曹操之子曹植寫過梵唄（佛教詩歌），顯示佛教在三國時代已相當普及。

中國固有的民間宗教道教，淵源為春秋戰國時代的老子、莊子等道家思想，但它正式成為宗教、開始進行教團活動，也是在東漢末年、三國時代。小說第一回中的黃巾之亂，就是初期的道教集團太平道所掀起的，而五斗米道的張魯更在曹操和劉備之間形成獨自的宗教王國。五斗米道後來稱為天師道，張魯子孫歷代以張天師之姿掌握教團大權，其後裔今日仍在臺灣從事宗教活動。

儒、佛、道三教後來成為中國思想、宗教的骨幹，三教之間的論爭與交流又產生了中國獨特的三教合一思想，而這三教間的論爭及交流，在三國時代就已經開始了。三國時代是繼諸子百家活躍的春秋戰國時代後，另一個中國史上華麗的亂世，是一個在宗教、思想、文學、藝術等各方面都具有劃時代意義的重要時代。

不僅文化與宗教，在政治上，三國時代也是一個重要的起點。於世界史上，中國這個國家最大的特徵，就是一個領土遼闊且長期存續的統一帝國。而這種對統一帝國強烈嚮往的理念，就是在三國時代確立的，並且大大影響了日本、朝鮮等周邊諸國。

東亞地區的三國時代

三國志熱潮與邪馬台國熱潮，被譽為是戰後日本的二大歷史熱潮並不為過，儘管這兩者似乎不太有關聯。然而一如前述，三國時代適值日本的邪馬台國時代。提到邪馬台國，必提「卑彌呼」，而提到「卑彌呼」，就必提《魏志倭人傳》了。

《魏志倭人傳》正確來說，是《三國志．魏書》最後一卷「烏丸、鮮卑、東夷傳」中，「東夷」的最後部分「倭」。順帶一提，「東夷」所列舉的國家依序為夫餘、高句麗、東沃沮、挹婁、濊、韓、倭。大致上，夫餘和挹婁是現在中國東北（舊滿州）的北部，高句麗是東北的南部到北韓，東沃沮是北韓的東部，韓（馬韓、辰韓、弁韓）是現在的韓國，倭則指日本。

隨著漢帝國衰退，東亞地區各民族變得相當活躍，沒多久，朝鮮半島便出現高句麗、新羅、百濟的三國時代，日本列島也開始看得出國家雛型。這些國家爭相與中國建立關係，並且引入了漢字文化、儒教、佛教等。這就是今日漢字文化圈的起源，也是東亞國際交流之濫觴。

二十一世紀初的今天，中國與朝鮮半島的北韓、南韓，以及日本之間，仍不斷摸索著新的國際

青銅人面具，商代（三星堆博物館藏）
三星堆遺址（四川省廣漢市）出土，顯示古代中國文化的多樣性。

關係，因此，我們回顧東亞文化圈交流之始的三國時代，不但意義深遠，也一定能引起大家的興趣。

過去我們一向認為中國文明源於古代黃河文明，然後呈放射狀向各地展開；中國是世上獨一無二、在廣袤國土上長期存續同一文明的國家。然而，近年的考古學成果告訴我們，與黃河文明截然不同的文明，其實同時並存於古代中國各地。長江（揚子江）下游南方的河姆渡遺址與長江上游的三星堆遺址，就是代表性例子。凡是看過三星堆出土，造型相當奇特的青銅面具，肯定強烈感覺到，它和我們常識中的中國文明相當不同。而河姆渡遺址和三星堆遺址，恰巧就在三國時代的吳、蜀所在地。可見三國時代正是中國統一與分裂、文化的同質性與多樣性，表現得極為突出的時代。而包括中國在內的東亞世界，其同質性與多樣性，也是我們必須面對的一個重要且現實的問題。

追溯三國時代的歷史與文化，同時思考它對後世社會的影響，進而展望東亞地區的未來，也是本書的另一目的。

從吳國角度看《三國志》

陳壽的正史《三國志》是以魏國為正統，羅貫中的小說《三國演義》是以蜀國為中心來描寫三國歷史。而三國的另一當事者吳國，就淪為配角。然而，正因為有了吳國這個配角，才足以形成三國鼎立局面，而且吳國成了掌握關鍵一票的幕後主角。與三國時代相關的書籍非常多，但以吳國為主的著作恐怕找不到吧。從吳國這個配角的角度來看三國時代，或許能看到迄今沒注意到的面向，這也是本書另一個企圖。

第一章　夕斜西下的漢帝國

中國人的歷史觀

一治一亂與漢朝滅亡的衝擊

「話說天下大勢，分久必合，合久必分。」——這句話出現在《三國演義》的第一回，一如《平家物語》以「諸行無常，盛者必衰」為開場白般，說明整部小說的中心主題。緊接著，圍繞這個主題，一路列舉。從西周末年的春秋戰國分裂時代，到秦朝的統一帝國，又從楚漢對立到西漢王朝統一，然後出現了三國時代。之後，晉朝統一三國，又進入五胡十六國及南北朝的大分裂時代，隋唐統一王朝分裂成五代十國，經過北宋的統一，再次進入南宋與金的南北時代。元明清三朝雖然維持了長期的統一，但進入二十世紀，又從軍閥割據到國共內戰，直到今日如眾所周知，中國大陸與臺灣呈分裂狀態。可以說，中國歷史果然是由統一與分裂不斷循環構成的。

不過，中國歷史上的統一與分裂循環只是一個偶然現象，並非世界歷史的普遍法則，例如面積足以與中國匹敵的歐洲，便經常處於分裂狀態，或者說諸國共存才是常態。統一分裂循環論，並不像「諸行無常，盛者必衰」這麼具普遍性。再說，中國人的歷史觀認為統一才是正常狀態，是治世，分裂屬於不正常狀態，是亂世，因此統一與分裂的循環就變成治世與亂世的循環，亦即「一治一亂」（《孟子・滕文公下》）。那麼，是不是統一時代就是和平歲月，分裂時代就是戰火不斷呢？其實未必。分裂時代中保持了局部和平的例子亦不勝枚舉。總之，這些不過是後人有此觀念而硬掰的歪理罷了。

因此東漢末年，人們是否將漢朝滅亡與三國鼎立視為理所當然之「合久必分」呢？這點頗值得懷疑。從前述統一、分裂輪番出現的順序來看，三國時代是繼春秋戰國、楚漢對立後，第三個分裂時代，但春秋戰國的分裂是在中央集權的大帝國出現以前，而楚漢對立與其說是分裂，不如說是內戰，且秦朝的統一期間非常短，宛如戰國時代的延長戰。與之相較，漢朝前後長達四百四十年，是中國歷史上最悠久的王朝，而且中間還被王莽滅亡過，卻如不死鳥般重生。後來雖然有東晉、南宋這種滅亡的王朝再次復活的例子，但它們都是遭異族侵略，逃到南方後才起死回生。以統一王朝之姿而復活的案例，在中國歷史上就只有東漢而已。當時的人們若認為漢朝是不滅的，應該也是合情合理吧。漢朝自創始者高祖劉邦以來，一直有著非劉姓者不得為王的原則，非劉姓者要取得天下理應難上加難，再加上漢朝的滅亡，代表著中國歷史上第一個長期王朝的垮台，肯定是一件驚天動地的大事件，這與後世的王朝滅亡根本不能相提並論。就這層意義而言，三國時代應可說是中國歷史上第一個正式分裂的時代。

這個分裂狀態是否如小說所主張的「分久必合」，被視為必然走向統一，同樣令人質疑。我們回顧之後的歷史發展，除了西晉短暫的三十七年外，直到隋朝再次統一（五八九），長達三百年的時間其實處於大分裂時代。因此，從三國時代起，中國如羅馬帝國崩壞後的歐洲般，發展成諸國分立狀態，並非不可能。然而，當時人們被迫徘徊在統一或分裂的交叉路口上，出於對時代動盪的憂心，於是最終產生了統一的強烈渴望。

總之，我們要正確理解三國這個時代，就有必要先想像漢朝滅亡所帶來的劇烈衝擊與不安。若如小說般，以一句「分久必合，合久必分」來輕率地下結論，就無法了解箇中底蘊。光憑小說破題的這段敘述，我們就該與之分道揚鑣了。

三國讚歌

〈三都賦〉

我們改變一下話題吧。三國時代末期，蜀被魏所滅，魏又被司馬氏的晉所取代，殘餘的吳也奄奄一息，再次統一只是遲早的問題。就在這時，一名文學青年從山東鄉下來到都城洛陽，寫下一篇可說是總結三國時代的作品。這位作者名為左思，出身貧寒，其貌不揚，卻博學多才，他在家中的門口、庭院，甚至廁所，都擺上了紙筆，靈光乍現時便即刻提筆寫下，熱衷創作。經過十年努力不懈，終於完成〈三都賦〉這篇傑作。三都指的是蜀的都城成都、吳的都城建業（今南京市）、魏的都城鄴都（今河南省臨漳縣），賦則為漢代流行的一種以韻文為主體的美文。

〈三都賦〉就是為這三個國家所寫的讚歌。首先登場的是西蜀公子，他盛讚蜀國風光多麼明媚，物產多麼富饒，人民生活多麼豪奢，而且文人輩出等等。接著登場的東吳王孫對此付之一笑，反駁說：「你說的這些都是沒見過世面的鄉巴佬在自賣自誇，現在蜀國不是早滅亡了嗎？」然後，換成王孫讚揚吳國：「首先，我們吳國有蜀國所沒有的海，還有湖泊和無數的河川，而且和越南等南方國家相鄰。我們出產的珍珠等無數珍寶，是你們蜀國比都比不上的，一個是天上的月亮，一個是地上的王八。再說北方魏國的那些傢伙，更是一輩子都不曾見到這樣的好東西。在我們這兒釣魚，真是再痛快不過了，在黃河釣鯉魚，就像在井裡釣鯽魚一樣。沒錯，古代的帝王舜和禹都是出生北方，但他們都是來到南方、死在南方，就是被南方美麗風光所吸引啊。」如此把蜀國嘲弄一番，還不忘牽制魏國。

太湖風景　江蘇省、浙江省等吳國中心地域，面海，為水運發達的水鄉澤國。

在一旁靜靜聽著兩人說話的魏國先生，終於開口了，他說：「您二位就別說那些無稽之談了。自開天闢地以來，世界的中心就是中國（即中原），住在周圍邊境的都是些滿嘴胡說八道的蠻夷之輩。就算蜀和吳的自然條件再好，也不過是蠻夷之地，怎麼能和繼承聖人傳統、以仁德君臨天下的中國相媲美呢？我們魏國繼漢朝之後，依天命而治天下，如今又依天命將天下讓給晉，自己退居臣下，多麼了不起啊！和我們魏國比起來，蜀就像是籠中鳥，吳就跟井底蛙沒兩樣，而你們蜀和吳原本不就是流放罪人的地方嗎？蜀已經滅亡了，我看吳也沒多少日子了。」

聽到這番話，西蜀公子和東吳王孫都茫然自失地致歉說：「我們真是有眼無珠啊，就像天上容不下兩個太陽，地上又怎能有兩位皇帝並存呢？我們不會再說這種無稽之談了。」最後，這場唇槍舌戰就在歌頌正統王朝魏、抬舉後繼的晉當中結束。儘管幼稚可笑，至少我們可以從中發現以下兩點。

中華世界圈的擴大

首先，當時的文明中心被認為是在黃河流域一帶的北中國，長江以南的江南地區和四川盆地，依然是眾多異族所居住的蠻夷之地。「蜀」字裡面有個「虫」，意指綿軟無力的毛毛蟲之類，而「吳」字帶個「口」，意指大聲說些莫名其妙的話（皆參考東漢許慎的《說文解字》），兩者均用來指涉野蠻的異族。然而自秦漢以來，北方的漢族陸續移民過來，這個異族蠻夷之地在當時已經相當開發了。西蜀公子和東吳王孫不約而同對自己國家的美麗富饒誇耀不已，正可以說明這點，而蜀和吳能夠在這個時期建國，其經濟基礎也在於此。相較之下，魏國先生並沒有對自己國家的名產感到自豪，這點可以視為魏國先生意不在物產，而是強調魏國在道德上、精神上的優勢，況且因戰亂而疲弊的北中國，或許實際上也沒什麼東西可自誇。從這裡，我們也可看出「政治的北京，經濟的上海」，也就是當今中國南北地域特徵的雛型。

其次，北方魏國的政治優勢在於，它有傳說中的古代聖天子到漢朝再到魏晉一脈相承、正統且獨一無二的皇帝權力為後盾。這種政治思想形成於秦漢時代，特別是東漢，由漢到魏的朝代更迭，正是這種思想首度付諸實踐。眾所周知，蜀國同樣是以漢朝繼承者自居而與魏國爭奪正統性，這也是中國歷史上第一起圍繞著正統性而引發的爭奪戰。總之，因正統思想而引發的王朝革命及戰爭，於後來的歷史上屢屢發生，三國時代則是這個問題的原點。

〈三都賦〉既描述此邊境地帶因開發而帶來經濟發展，亦描述北中國在文化上的正統性，乍見似乎矛盾，其實不然，更可以說是邊境的發展強化了北中國的正統性，兩者相輔相成，擴大了中華世界圈。中國之後漫長的歷史，於某個意義上堪稱中華世界圈擴大的歷史，而三國時代基本上就是在這個框架中發展的。

據說，左思在撰寫〈三都賦〉時，刻意排除了「賦」這種華麗文體所慣用的誇張與虛構手法，他查閱文獻，訪問實際到過該地的人，謹慎地依事實描述，因此，〈三都賦〉應是如實反映出當時人們如何看待三國的狀況與地位。況且，文中所描寫的世界，與小說《三國演義》之間有著莫大的差距。

順帶一提，像這樣由三個人互相自賣自誇的表現手法，西漢的漢武帝時期就有先例，如文人司馬相如所寫的〈上林賦〉、〈子虛賦〉等。這種文藝形式起源於民間，原本算是一種遊戲，藉著誇耀自己的東西有多好來一爭高下；後人繼之發揚光大，而且也對日本文學產生影響，空海的《三教指歸》和明治時代中江兆民的《三醉人經綸問答》，都是模仿這種形式的作品。

東漢時代

小說《三國演義》（以下略稱《演義》）在開頭部分敘述了統一與分裂這個歷史哲學後，便進入東漢時代的具體描寫了。我們所知道的歷史事件，諸如黃巾之亂、官渡之戰、赤壁之戰等，通常被當成三國時代的事情，但其實大半發生於東漢時代末期。因此，要敘述所謂的三國歷史，就不得不從東漢末期說起。

三大勢力——外戚、宦官、清流

《演義》敘述的第一起事件，是大將軍竇武與太傅陳蕃因憎恨宦官曹節、王甫等人專橫，意圖除害，不料事跡敗露，反遭曹節、王甫等人消滅。這起事件發生於建寧元年（一六八）九月，十三歲的東漢第十二代皇帝靈帝劉宏即位不久。《演義》敘述三國時代的歷史先從這起事件下筆，某個意義上足見作者的見識，因為這起事件在東漢時代，或者在之後的中國歷史上，都具有象徵意義。我們就來簡單談談這起事件的關係人物。

首先是大將軍竇武，他是靈帝之前的皇帝桓帝的岳父。桓帝無子，只好從旁系挑選靈帝繼位，桓帝的竇皇后便以皇太后之姿臨朝攝政，而背後的重要人物便是皇太后的父親竇武。皇后、皇太后娘家一族通稱為「外戚」。東漢時期，像竇武這樣的外戚代表人物就任大將軍，掌握軍事最高權力的現象，基本上已是慣例。

其次是太傅陳蕃。當時儒生（多半為官僚階層）被稱作「清流」，而陳蕃是深孚眾望的儒生。

所謂的太傅乃是皇帝的輔佐大臣，其官階高居官僚體系頂點的三公之上。因此，陳蕃是一位名副其實、弘揚儒教理想的清流派知識分子，也是官僚階層的代表。

當初，桓帝寵愛出身卑微的田貴人，欲冊封她為皇后，但遭到陳蕃反對，結果只好立家世不錯的竇武之女為后。陳蕃和竇武兩人就是從這時候建立起合作關係，之後欲聯手鏟除曹節、王甫等宦官。所謂宦官，便是服侍皇帝、皇族且被去勢的男人，亦即皇帝的私人奴隸。

因此，這可以說是一起外戚勢力結合知識分子、官僚勢力，企圖驅逐弄權專橫的宦官勢力，最後以失敗告終的事件。《演義》在敘述完這起事件的梗概後，以「中涓自此愈橫」作結，意味著經過這起事件，正義的清流派失勢，而濁流般的宦官掌握了權力。《演義》作者將之視為東漢王朝滅亡的原因，所以將這起事件當成漫長三國時代故事的開端。

這種清流派對濁流派、善對惡的模式，是中國傳統文人在解釋歷史時的慣用手法，《演義》作者自不例外。然而，宦官跋扈真是導致東漢王朝滅亡的主因嗎？或者純粹只是政治混亂下的結果罷了？從今日回顧歷史，很難不有此懷疑吧。無論如何，這起事件中，外戚、清流、宦官這三股勢力，都是理解東漢時代的關鍵詞，也為理解之後的歷史提供了有趣的話題。

外戚與漢代的家族制度

高祖劉邦白手起家創建西漢王朝，他一死，呂后便掌握實權，呂氏一族勢力大振，但呂后死後，他們就被高祖的家臣一掃而光。但之後外戚仍繼續受到重用，文帝的竇皇后之侄竇嬰出任大將軍、景帝的王皇后之弟田蚡官拜宰相。將漢朝帶到巔峰時期的武帝，他的衛皇后之甥霍去病，征討匈奴立了大功。漢昭帝病卒無後，霍去病的異母弟霍光迎昌邑王繼位，但僅一個月就另擁立宣帝繼位。霍光廢黜昌邑王，是因為他行事荒唐不羈，不適任皇帝；霍光也因此被後人視為忠臣的榜樣。而外戚能夠廢帝另立他人，足見其權力之大。而且，霍光後來將女兒推上了宣帝之后的寶座，為家族安插要職，獨攬權力，因此霍光死後，宣帝便誅霍氏一族。宣帝之後元帝即位，皇后之弟王鳳及其家族大權在握；王鳳的侄子，也就是平帝的岳父王莽，最終篡奪漢朝自行稱帝，定國號為新。

推翻王莽的新朝、復興漢朝的劉秀，理應汲取王莽篡位的教訓，極力排除外戚勢力才對，然而事實並非如此，東漢時代依然同西漢一樣，外戚持續掌握了龐大的政治勢力。只不過西漢的高祖劉邦為農民出身，西漢各皇帝的皇后如同武帝的衛皇后般，出身卑微者不在少數，但劉秀身為漢皇室成員，又是南陽地方的地主、豪族，他的勢力根基是以南陽為首的各地豪族，因此東漢的皇后幾乎都出身豪族。

光武帝劉秀在建立東漢王朝之際，最後遇到了兩大障礙，一個是以長安為中心割據西北地方的隗囂，一個是在蜀（四川）自稱皇帝的公孫述。這兩人與劉秀之間的混戰，堪稱三國時代以前的另一個三國時代。而幫助劉秀打倒隗囂、公孫述的頭號大功臣有馬援、竇融（西漢文帝時代外戚竇氏的子孫）、梁統等西北地方的豪族。因此，東漢時代的皇后主要出自馬、竇、梁，以及光武帝的地盤南陽的陰氏、鄧氏等幾大氏族。換句話說，這幾個大氏族以外戚身分大權在握，例如，第二代明帝的馬皇后一族，第三代章帝的竇皇后之兄竇憲、第四代和帝的鄧皇后之兄鄧騭、第八代順帝的梁皇后之兄梁冀，還有第十一代桓帝的岳父竇武等，皆是如此。起初，外戚中也不乏人格高尚之士，皇帝與外戚之間關係和睦，但到了東漢後期，陸續出現從旁系迎立年幼者為帝的現象，於是前皇帝的皇后便以皇太后之姿臨朝執政，在其背後，不乏外戚濫權的例子。

透過西漢、東漢的歷史，我們得知外戚一直是一股龐大的政治勢力，尤其東漢並未汲取外戚王莽篡位的教訓，繼續縱容外戚專權，這點恐怕跟當時家族制度有密切的關係。漢代時期，儒教的父系家族制度尚未確立，古代母系家族制度的色彩依然濃厚，而漢皇室出身卑賤，這種傾向應該更為強烈。然而，東漢王朝和西漢不同，最後並未遭外戚篡權，這是因為加進了宦官、儒生等新的要素。東漢時期最後一個專權的外戚是靈帝的何皇后之兄何進，他出身卑微，以卑賤的身分成為外戚這點，雖和西漢相似，但何進最終和竇武一樣，都遭到宦官殺害。

宦官跋扈的條件

中國歷史上第一位出名的宦官，應屬秦朝的趙高。獨裁者秦始皇死後，掌權的趙高指鹿為馬地愚弄年幼的秦二世，這就是日語「馬鹿」（中文：傻瓜）一詞的由來。從趙高的例子我們可以看到，以制度來說，雖然皇帝握有大權，但皇帝如果因年幼或無能而無法行使重權時，此時的宦官就有了跋扈的條件，也就是說，皇帝身邊的宦官能趁機掌權。如果皇帝的權力弱小，或者皇帝是位能君，宦官就沒有趁機濫權的餘地了。

宦官跋扈的另一個條件是皇帝深居，亦即內廷與官僚辦公的外廷隔絕，皇帝與官僚的溝通管道不通，這時擔任傳聲筒的宦官便有機可乘。西漢時代宦官的活動較為收斂，因為服侍在皇帝身邊的不只被去勢的宦官，還有一般官吏，內外疏隔不那麼嚴重。但到了東漢，在內廷服侍的人就僅限於宦官。

到了東漢後期，從旁系立年幼者為帝的情況變多，這種時候就由皇太后臨朝執政；而在皇太后與外廷之間負責居中聯絡的人，就是宦官。再加上皇太后與出身旁系的皇帝並無直接的親子關係，外戚與皇帝之間難免產生磨擦，這就給了宦官可乘之機。東漢的外戚如竇憲、鄧騭、梁冀、竇武和何進等人，皆為宦官所殺，而順帝、桓帝等，實質上也是由宦官所擁立的。

宦官孫程的例子，正足以象徵宦官勢力的擴張。孫程擁立順帝有功，於陽嘉四年（一三五）獲得可以認領養子，並將爵位傳予養子的特權。之後，這項特權制度化，其他有權力的宦官也適用，於是原本無子嗣的宦官也能同外戚一樣，讓子孫繼承權力與財產。若無這項制度，就不會有宦官之孫曹操的存在了。從此事即能充分理解這項制度的意義重大。

不過，享受榮華富貴的宦官勢力終將衰敗，最後站上巔峰的是《演義》中也有登場的「十常侍」，他們打倒何進後，就被世襲官僚的領袖袁紹給鏟除。而宦官勢力沒落的同時，皇帝權力也弱化了，東漢王朝終於走向滅亡。

地方豪族與儒教官僚

西漢的武帝以儒教為國教，但儒教的具體影響是出現在西漢末年，甚至是王莽時代以後。王莽不僅為外戚，他也以儒教的領袖自居，因而受到文人支持，成功篡位。由此可見儒教於當時十分普及，具備儒教素養的文人們也相當得勢。

儒教文人通常就是地方的豪族，因此，東漢時代是地方豪族壯大的時期。西漢時代，一個豪族的勢力範圍大多侷限於一個縣，但到了東漢就擴大到縣以上的郡，各地陸續出現擁有強大經濟基礎的大豪族。他們通常年輕時到都城的太學（官立學校）遊學，接受儒教薰陶，不久以「孝廉」、「茂才」等名目獲得推薦，成為地方或中央的官僚。飛黃騰達的官僚再於門下選拔、錄用大批官僚（稱為「門生」、「故吏」）而掌握政治權力。豪族即官僚、官僚即豪族，他們成為東漢王朝實質上的統治階層。東漢創始者光武帝劉秀，也是年輕時曾到都城遊學的地方豪族之一，而所謂的外戚勢力，其實也就是地方豪族的勢力。

這些豪族出身的儒教官僚們，終於隨著人數不斷擴增而分化。一部分人世世代代繼承了權力與榮華富貴，發展成世襲的門閥貴族，採取與外戚、宦官妥協的現實主義路線；而被排除在政權中樞的另一部分人則是堅持儒教的理想主義，批判政治，立場類似在野黨。這批人即是所謂的清流，其中甚至出現一部分反對現實政治的「逸士」、「隱逸者」，形成潛在的反體制勢力。這些勢力的不滿情緒極度高漲，成為導致東漢政權崩壞的主因。最後，打倒外戚、一舉殲滅宦官勢力進而直接推翻東漢王朝的袁紹，正是出身「四世三公」這個官僚豪族的旁系（袁紹為庶子）。

東漢之後的魏朝，實質上就是由這些對漢朝持批判立場的豪族勢力所組成，而其中的代表人物司馬懿，他的子孫後來還創立了晉朝。到了六朝時代，門閥貴族化愈演愈烈，完全是豪族勢力的天下，再到隋唐時代，儒教文人階層不斷擴大，門閥貴族制已不敷功能，於是出現經由科舉考試晉升官僚的士大夫。這個士大夫階層，其實依然是地方上的地主勢力，他們歷經了重重轉變，直到二十世紀初清朝滅亡為止，始終是皇帝體制下實質的統治階層。換句話說，長年位居中國統治階層的豪族（地主）、儒教文人、官僚等三位一體的存在，首次躍上歷史舞台正是在東漢到三國這個時期。

中國歷史上的外戚、宦官、儒教官僚

以豪族勢力為背景的儒教官僚，之後仍繼續位居中國的統治階層，相對地，外戚勢力後來幾乎從中國歷史上消失了。魏朝的開國皇帝文帝、曹操之子曹丕，於即位兩年後（黃初三年，即西元二二二年）下詔禁止外戚參政，而在吳國和蜀國，除了吳的外戚全氏曾一時大權在握之外，也已不見外戚勢力抬頭。在之後的歷史上，除了幾樁例外，外戚都不再是政治上的大問題。這點應和之前所述，儒教的父權家族制度普及不無關係吧。此外，中國唯一的女皇帝武則天，以及清末左右政治的西太后，都是皇后親自執掌政權，與外戚干政自應另當別論。

而三大勢力中的宦官，與外戚不同，這股勢力在之後的歷史上仍頑強地存活下來。三國時代，由於蜀國後主劉禪昏庸無能，讓宦官黃皓乘機濫權，導致蜀國滅亡；吳國於政權末期也看得到宦官跋扈現象。尤其到了唐代後期、明代後期，宦官勢力甚至凌駕皇帝權力之上，成為王朝滅亡的一大要因，這是廣為人知的史實。

總而言之，東漢時代的三大勢力，到了三國以後，僅剩餘以地主豪族為背景的儒教官僚勢力，以及以皇帝權力為背景的宦官勢力。換句話說，皇帝的獨裁權力與牽制該權力的儒教官僚，兩者之間的對立已成為中國內政上的主要問題了。

眾所周知，中國周邊各民族皆是採納、模仿中國的政治制度而形成各自的國家。其中以朝鮮和日本最具代表性。那麼在朝鮮和日本，又是如何接受牽動中國政治的這三大勢力呢？

東亞的外戚、宦官、儒教官僚

首先，被視為中國政治禍端的宦官，在日本並不存在。朝鮮雖學習中國引進此制度，但在朝鮮歷史上，宦官未曾釀成政治上的大問題。另一方面，在中國自東漢以後即消失無蹤的外戚勢力，在日本則有平安時代天皇的外戚藤原氏所操縱的「攝關政治」，以及鎌倉時代將軍的外戚北條氏等獨占「執權」官職，長期在政治上保有舉足輕重的地位。在朝鮮，外戚也是一股重要的政治勢力，特別是在李氏朝鮮王朝末期的十九世紀，外戚安東金氏獨占政權長達六十年，這就是有名的「世道政治」。直到近年，韓國傳出總統夫人一族涉及營私舞弊事件的新聞，或許就是外戚政治的後遺症吧。外戚能在日本、朝鮮形成龐大的政治勢力而持續影響至後世，這或許代表了中國代表性思想的儒教父權家族制度，雖然傳入日本、朝鮮，但其影響力並不足以改變日本、朝鮮固有的母權家族制度。儒教的根本在於家族制度，從這點來看，恐怕意味著日本、朝鮮接受儒教的程度雖有別，但都不是照單全收。

最後是儒教官僚。既然儒教的影響力本身有所侷限，自不會產生和中國同樣的儒教官僚。日本並未引進科舉制度，因此在日本歷史上，儒教文人從未進入權力中心參與政治。中國士大夫的士，意謂「文士」，日本的士則指「武士」。中國除了在改朝換代的混亂期及異族統治朝代之外，武人不太干預政治。這點與日本呈強烈對比。朝鮮於高麗時代引進科舉制度，在其後的朝鮮王朝時代舉國推行儒教化政策，結果出現了相當於中國士大夫的「兩班」階級。不過，中國的士大夫主要透過科舉制度產生，是一個世襲性格極為薄弱的流動性階層，而朝鮮的「兩班」世襲性格強烈，就這層意義而言，與中國六朝之前的門閥貴族相近。

這麼一比較，我們不難看出，日本、朝鮮雖然引進中國的政治制度，但都停留在表面程度而已，只是在固有的文化及習慣上披著一件中國制度的外衣，實際上中、日、朝三國仍存在相當大的差異。

黃巾之亂

《演義》未提及的大事件「黨錮之禍」

《演義》在敘述宦官專權後，即轉筆寫黃巾之亂。此時，主角劉備、曹操、孫堅登場，故事隨即進入主題。不過，在進入黃巾之亂前，我們有必要說明一下《演義》所未提及的一起重大事件。

前面已經提過，導致東漢滅亡的主要力量，來自於信奉儒教理想主義，對外戚與宦官專權而腐敗的政治進行批判的清流派知識分子及官僚。而陳蕃就是清流派的領袖人物。就在陳蕃發動盡誅宦官的政變不幸失敗前後，發生了二次對清流派的大型鎮壓事件，也就是「黨錮之禍」。所謂黨錮，就是將抨擊政權的清流派視為結黨營私的不安分子，然後羅列「黨人」黑名單，處以禁錮之刑，封殺他們的活動。

陳蕃政變兩年前的延熹九年（一六六），宦官牢脩以清流派另一名領袖李膺煽動都城太學生、誹謗政治為由進行告發，全國約二百名清流派知識分子被捕。翌年永康元年（一六七），在外戚竇武的求情辯護下，被捕者暫時獲得釋放回鄉，但在家鄉仍遭到禁錮處分。這就是第一次的黨錮之禍。同年十二月桓帝死，翌年，竇武及陳蕃就聯手發動政變了。

竇武與陳蕃謀除宦官失敗，翌年，靈帝建寧二年（一六九），這次換成宦官曹節上奏，將以李膺為首的清流派百餘人處刑，與之相關者也遭到禁錮處分，這就是第二次黨錮之禍。關於黨錮之禍，《演義》的最初版本嘉靖本隻字未提，就連通行本（毛本）也只以「桓帝禁錮善類」簡單一句話作為交代。然而，黨錮之禍其實與接下來的黃巾之亂有著密不可分的關係。

經過兩次大鎮壓後，清流派的活動被徹底封殺了。不過，古今中外的歷史證明，這種對知識分子的鎮壓事件，鎮壓行動愈是猛烈，被鎮壓一方的主張反而愈激進，運動也會轉為地下化而更為激烈；另一方面，世人總是同情被鎮壓的一方，結果反而對當權者不利。當權者或許也意識到這點，從此對知識分子實施一些懷柔政策，例如熹平四年（一七五），朝廷對儒教經典五經進行校訂，將之刻於石碑立在太學門前。這就是中國史上最早的石經——熹平石經。之所以立在太學門前，意思

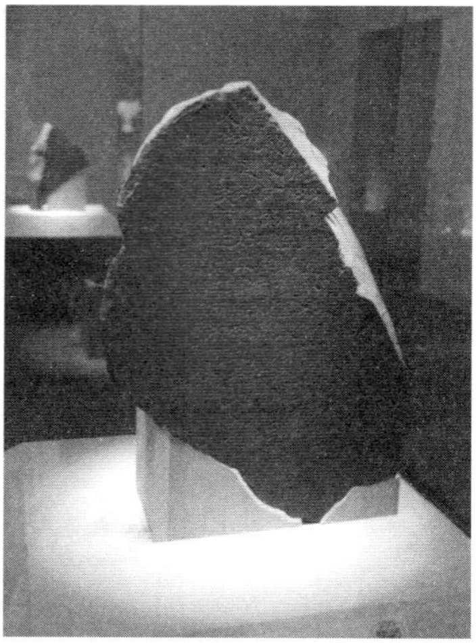

「熹平石經」殘片　校訂儒教五經，將之刻於石碑上。出自當代首屈一指的清流派知識分子蔡邕之筆。

就是要學生停止抨擊政治、好好讀書。可見不論在哪個時代，學生都是最激進的政治批判者。接著在三年後的光和元年（一七八），朝廷又在宮廷鴻都門內興建新的學校，招收一千名學生，這也是拉攏人心的一環。然而，就在同一年，熹平石經的執筆者，當時首屈一指的文化人蔡邕，就因主張改革而被放逐到朔北（今山西省大同市以北）。

以宦官為主體的政權與清流派知識分子之間的對立持續加深，就在兩者箭拔弩張之際，黃巾之亂爆發了。

黃巾之亂與知識分子

第二次黨錮之禍的十五年後，也就是光和七年（中平元年、一八四）二月，太平道教主、鉅鹿（今河北省平鄉縣）人張角策動叛變，數十萬信徒蜂擁而起。太平道是當時的民間宗教，後來發展成道教，旨在教病人悔過，並以畫符誦咒之術治病，十數年間勢力急速擴張。東漢後期因社會高度不安，這類新興宗教於焉流行。其實在熹平元年（一七二），南方的會稽（今浙江省紹興市）就有一名叫許生的人自稱陽明天子發起反亂，這也是一起宗教叛亂吧。

張角自稱天公將軍，其弟張寶與張梁各自稱地公將軍、人公將軍，以「蒼天已死，黃天當立，歲在甲子，天下大吉」為口號，信徒皆綁上黃色頭巾，故稱黃巾賊。依照五行思想，黃色排在象徵漢朝的紅色之後，而且光和七年正是甲子年，可見，黃巾之亂事前應該經過周到的準備才對。

黃巾之亂一般被視為以宗教為背景的農民暴動，但是，這樣的暴動光憑農民之力是不可能發起的。張角將信徒以萬人為單位分成大小三十六個「方」，這種組織運作必然有知識分子參與。當時的知識分子中，除了清流派這種對國政不滿但希望在體制內改革的人之外，還有不少是在黨錮之禍以後對漢朝徹底失望的人，以及對政治冷感選擇歸隱的人。太平道以黃帝、老子的道家思想為信條之一，而道家思想已對部分知識分子影響至深。由此可以推之，許多對體制不滿的下層知識分子加入了太平道。據說當時甚至在都城及地方官廳的門上，都寫了黃巾賊的標語「甲子」二字，可見這次暴動也獲得部分下級官吏的支持。張角還取得宦官勢力的內應，但遭到密告而敗露，當初預定三月五日舉兵，最後不得不提前至二月。

朝廷接到叛亂的報告後，即刻任命外戚何進為大將軍，加強首都防備。緊接著終於下令解除長達十五年的黨錮。當時，北地太守皇甫嵩向靈帝進言應該解除黨錮，靈帝徵求宦官呂強的意見，呂強也表示，這些對政府不滿的讀書人若是協助張角，暴動就會愈演愈烈，於是靈帝大為慌張，只好心不甘情不願地採納皇甫嵩的意見。就這樣，因竇武與陳蕃政變失敗而被打倒的外戚及清流派官僚於焉復活了。

首謀張角這個人

握有鎮壓暴動主導權的，也是與清流派相近的官僚。首先是當時與鄭玄齊名的學者盧植，也是劉備的老師，他奔赴張角的根據地河北，而率先主張解禁黨錮的皇甫嵩以及朱儁，則趕往黃巾賊的主力所在地河南潁川郡（今河南省許昌市一帶）指揮討伐。皇甫嵩的叔父皇甫規於黨錮之禍時，主動表明自己也是清流派黨人而要求逮捕自己。皇甫嵩年輕時也曾受到竇武與陳蕃的聘請，只不過他拒絕了。而盧植曾經向竇武提出忠告，請他自重。總之，這兩人並非如清流派般一味著重理想，他們可說是注重現實的穩健派，但對清流派寄予同情。朱儁則是鎮壓交趾郡（今越南）叛變而馳名的武將。

在這三人的運籌帷幄下，暴動很快被鎮壓下去，張角病死，張寶、張梁戰死，餘黨的活動雖然持續了幾年，但這場暴動本身在該年十月平息，十二月改年號為中平。

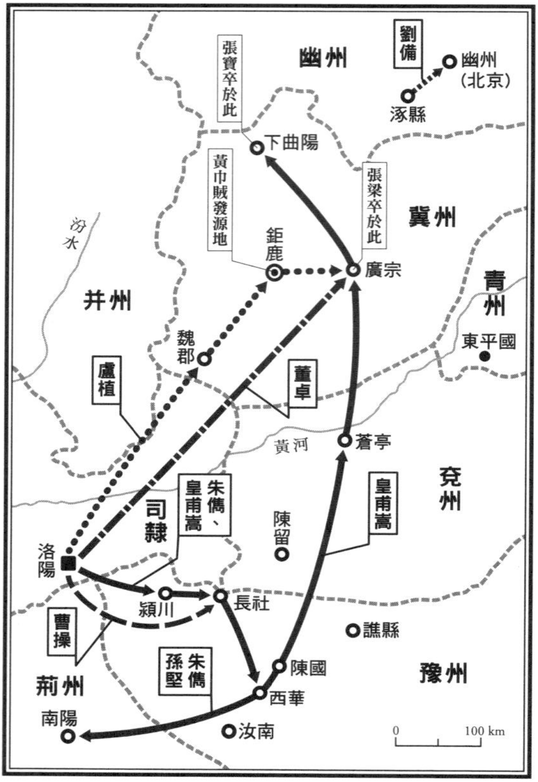

黃巾之亂的鎮壓路線圖

黃巾賊的主力在河南的潁川郡，其地理位置對思考這場叛亂的本質非常重要。以潁川為首的河南一帶，是當時文化程度最高、清流派知識分子最多的地方，陳蕃、李膺等遭黨錮迫害的文人，很多都是這個地方出身的，而且到了魏朝，該地區的文人仍扮演重要角色。這裡同時也是黃巾賊的重要據點，這或許說明了這場叛亂是謀求體制內改革的穩健派文人，與企圖推翻體制的激進派文人的內部之爭。此外，鎮壓暴動的盧植、皇甫嵩、朱儁三人，盧植出身於河北涿郡，皇甫嵩出身於西邊的安定（今甘肅省平涼地區），朱儁出身於南方的會稽（今浙江省紹興市），全都是邊遠地區。

大家應該很好奇，黃巾之亂的首腦張角究竟是個怎樣的人物吧。然而史書上對此隻字未提，《演義》裡則說張角是「不第秀才」，也就是科舉考試落第的書生。漢代還沒有科舉制度，自然不會有落第書生，這點只能說是《演義》作者的歷史知識貧乏。不過，後世確實有很多落第書生對體制不滿，就這層意義而言，這個設定或許是歪打正著吧。十九世紀清朝末年的落第書生洪秀全，受到基督教教義的影響而發起太平天國之亂，鎮壓這場叛亂的就是現實派的高級官僚曾國藩。歷史會重演，此話應是不假。

主角登場

發生黃巾之亂那一年（一八四），曹操（一五五～二二〇）與孫堅（一五五～一九一）都是三十歲，劉備（一六一～二二三）二十四歲。《演義》

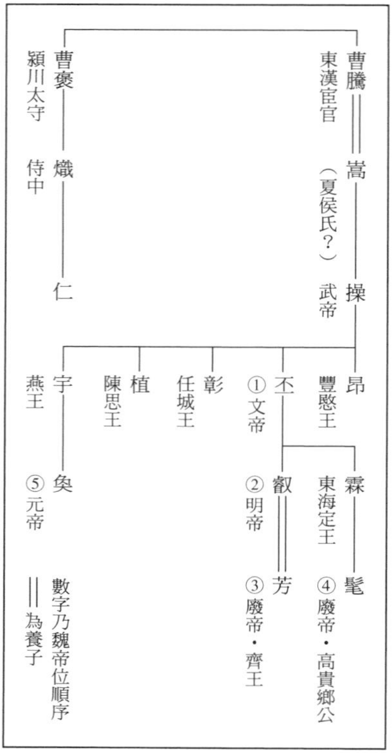

曹氏家系圖

中，這三人都是因黃巾之亂而躍上故事舞台。但事實為何呢？順便一提，這年，孫堅的長子孫策（一七五～二〇〇）十歲，次子孫權（一八二～二五二）年僅三歲，諸葛孔明（一八一～二三四）四歲。

年輕時，對自己被評為「治世之能臣，亂世之奸雄」而頗覺滿意的曹操，是曹嵩的長子，而曹嵩是宦官曹騰的養子。曹騰是何許人呢？東漢史上最殘暴的外戚梁冀毒死年幼的質帝後，大臣們莫不希望立聰明的清河王為繼任皇帝，但是向梁冀進言，認為立昏愚的蠡吾侯比較好的人，就是曹騰。這個蠡吾侯就是桓帝，而東漢就是從桓帝開始明顯衰敗的。或許，曹騰是在為不久將篡奪東漢王朝的子孫們鋪路。後來魏朝的明帝還追封這位高祖父「高皇帝」的尊號。雖是死後追諡，但曹騰就成為中國史上唯一的宦官皇帝。

曹騰的養子曹嵩，據說原本出身夏侯氏，他利用養父累積下來的龐大財產買官，官至太尉。從清流派的角度來看，屬於應被唾棄的濁流。曹操或許對自己的這般身世感到自卑，才會在年輕時沉迷於獵鷹、賽狗，終日遊蕩。不過，他可不是一個只會遊蕩的浪子。他在二十歲時被推舉為孝廉，當上京城洛陽（後漢寫成「雒陽」，本書統一為「洛陽」）的北部尉（相當於警察署長）。一名受靈帝寵愛的宦官的叔父，被曹操以違反夜間通行禁止令為由遭到逮捕並處死。而這件事讓曹操得以脫離宦官親族圈，成功打進清流派官僚群中。

黃巾之亂時，曹操曾協助皇甫嵩、朱儁討伐潁川的黃巾賊。曹氏的家鄉譙縣就在潁川郡東側（參考本書第四六頁黃巾之亂的鎮壓路線圖）。之後，他將黃巾賊的餘黨納入麾下，同時用人唯才，獲得以潁川為據點的文人的支持，還將東漢最後一位皇帝獻帝迎接到潁川郡的中心地許都（今河南省許昌市），並且掌握實權，一步一步鞏固自己的地位。晚年，他還將女兒嫁給獻帝為后，成為漢朝的外戚。換句話說，曹操一手掌握了東漢時代的宦官、外戚、豪族文人這三大互不相容的勢力。難怪他被稱為「奸雄」，他會成為三國爭霸的勝利者也是理所當然的。只不過，他未能親眼見到篡奪東漢王朝的最後勝利，就不幸病死了。

人物評論之流行

評曹操為「治世之能臣，亂世之奸雄」的許劭，是一位知名的人物評論家。當時的名士之間，十分盛行從人物相貌來推測他的能力或性格，這是因為人們普遍認為相貌就像一面鏡子，可以反映出一個人的能力、人格。對外貌長相的重視，嚮往一表人才的風潮，與當時名士的貴族化傾向不無關聯。而且，每個人的長相千差萬別，不可能有兩人長得完全一模一樣。民眾對於相貌的重視，乃是因為在當時，吹起一股對人品頭論足的風潮，依相貌所反映出來的能力及性格進行詳細的分析。

許劭與堂兄許靖於每月初一決定主題，不斷進行人物評論，他們的評論對當時名士圈的風評，甚至是官吏的任用，均有莫大的影響力，就連我們後面將提到的魏朝官吏任用法中的「九品官人法」，都與這個人物評論絕對有關。許劭兄弟是名士聚集地潁川南邊的汝南人，因而當時他們的人物評論稱為「汝南月旦評」（月旦即每月初一），時至今日，品評人物仍稱「月旦評」。

曹操宗族之墓

一九七四年，安徽省亳縣城南一帶出土了一處古墓群，調查結果證實為曹操父祖輩的古墳。亳縣在漢代為沛國譙縣，也就是曹操的故鄉。這十多個墓塚殘破不堪，難以確認墓主，之所以認為當中有曹操之父曹嵩、祖父曹騰的墓塚，是因為出土文物中有銀縷玉衣（以銀絲編綴玉片的葬服）、銅縷玉衣等諸侯高官才有的陪葬品。

尤其受人注目的是，從這些墓地中出土了大量的文字磚，上面的文字推測為當時的造墓工匠所刻。當中有「會稽曹君」、「故潁川……曹褒」、「長水校尉曹熾」、「吳郡太守曹鼎」等許多曹氏宗族的名字。曹褒是曹操的堂弟、名將曹仁的祖父，曾任潁川太守；曹熾是曹褒之子，也就是曹仁之父；會稽曹君是曹熾之弟會稽太守曹胤；曹鼎是曹操的族子、名將曹休的祖父。

從這些古墓和文字，我們知道曹操一族是譙縣的大豪族，自祖父曹騰以後高官輩出，特別是在名士聚集中心的潁川、孫堅的故鄉吳郡，以及會稽等地都有人官拜太守。這點令人玩味，應與曹操後來任用多名潁川出身的名士，又與孫堅一族聯姻，並對吳國採取各項懷柔政策不無關聯吧。此外，刻磚上的文字也有不少造墓工匠表達不滿的塗鴉，其中有「倉（蒼）天乃死」這個與黃巾賊口

「會稽曹君」文字　拓本。刻於曹氏古墓出土的文字磚上。

三國曹氏家族古墓　昔日譙縣，今之安徽省亳縣。

號相似的文字，也有「倭人」字樣，因此在出土當時蔚為話題，但事後證明全是誤讀。不過，這些文字是以隸書、楷書、草書等字體，以及當時的簡體字所篆刻，成為書法史上的珍貴資料。

南方的年輕武將　孫堅

孫堅的出生地吳郡富春（今浙江省富陽縣），位於吳郡最南端，東鄰會稽郡的郡治山陰（今紹興市），這一帶為當時漢族移民的最前線，由此以南，今浙江省南部到福建省全域，皆為未開發之地。以都城的立場來看，這裡屬於相當偏遠的邊境。不過，這個邊境自史前就有別於黃河流域的獨特文化，也是產銅等自然資源的富裕之地。孫堅就是這麼一位男子漢，渾身充滿邊境開拓地特有的豪邁粗獷。《三國志》中連他父親的名字提都沒提，顯見他不是出身名門望族。

六朝時代的小說《幽冥錄》中寫道，孫堅之父孫鍾，年輕時家貧在田裡種瓜，一天，一名旅人經過，孫鍾以瓜相

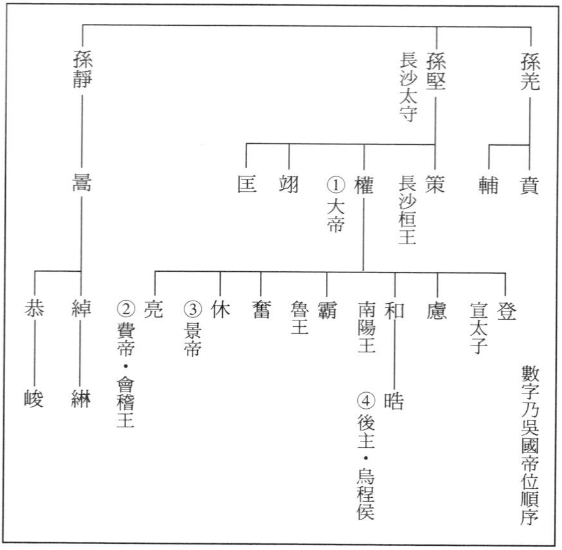

孫氏家系圖

待；原來這名旅人是神明的化身，神明為了答謝孫鍾，就讓他選擇要讓世世代代子孫都成為諸侯，或是讓幾代子孫當上皇帝，結果孫鍾選擇後者。這當然是虛構的故事，但也是因為孫堅後來出人頭地，才有這樣的故事產生。與曹操不同，孫堅和宦官、外戚、豪族文人等王朝中樞勢力完全無關。此外，上述這則故事，也被日本編入兒童讀物《蒙求》及室町時代的說話集《三國傳記》而廣為人知。

話說默默無聞的孫堅有次突然遇上海盜，他因一人擊退眾賊而出名，隨後又在鎮壓會稽的「陽明天子」宗教叛亂中大顯身手，後來黃巾之亂爆發，他隨同鄉的朱儁平定潁川之南的汝南、南陽而聲名大噪。此後，他參加西部涼州的討伐叛亂之役，向上面進言應該斬掉違反軍令的董卓，但未被採納。如果當時採納孫堅的意見而殺掉董卓，歷史走向將大不同。不久，他與挾持皇帝且殘虐無道的董卓交戰，並立下赫赫戰果，但在一場與荊州劉表部將黃祖的對戰中，因過於血氣方剛而戰死。年僅三十七歲，結束了終日馳騁沙場、如疾風般的一生。

孫堅之子孫策的個性比父親還要衝動，相較於父親轉戰北方，孫策則將故鄉吳郡、會稽郡一帶納入勢力範圍，為吳國建設奠定基礎。不過，他在二十六歲就被暗殺了。接手的弟弟孫權，或許對父兄死於非命引以為戒，只安分守己地經營吳國。

三國中，吳國政權的武人性格最為強烈，魏和蜀為爭奪漢朝的正統繼承地位而戰，但吳國並未涉入，她時而服從魏國，時而與蜀國結盟，同時致力於開發南方廣袤的未開拓之地。吳是三國中最晚稱帝的國家，而且維持最長久，相信與這點不無關係。

流浪英雄劉備

劉備出身幽州涿郡（今河北省涿州市），自稱是西漢第六代皇帝景帝之子中山靖王的子孫。不過，可別被這個皇族身分給唬住了。中山靖王有子超過一百二十人，他的子孫恐怕高達五萬人。劉備的祖父當過縣令，但父親無官職，只是一個普通人。據說劉備年輕時拜同鄉的大學者盧植為師，但他討厭讀書，喜愛鬥狗、賽馬、音樂和華服，是公認的花花公子。但劉備在朋友間很受歡迎，手下聚集了許多年輕人，有點像是他們的乾爹。

《演義》中，黃巾之亂爆發時，劉備在幽州參加義兵，然後遇見關羽和張飛，三人在桃園結為兄弟，並協助皇甫嵩、朱儁和老師盧植討賊而大顯身手；不過，這些內容「可能」只有劉備率子弟兵參加幽州的義兵這部分是真的，其他皆為《演義》作者杜撰。之所以說「可能」，是因為《三國志》的注釋所引用的《典略》中記載，劉備的第一場戰役是在黃巾之亂後，鎮壓張純的叛亂時。《典略》中還說，當時劉備負傷，靠裝死才勉強撿回一命。曹操與孫堅在黃巾之亂時，都是跟隨皇甫嵩、朱儁等討伐軍的統帥一起行動，南征北討立下汗馬功勞，但劉備只是參加幽州這個地區的小型戰役，而且都還不太靈光。除去劉備比曹操、孫堅年輕六歲這個優勢，還實在找不出他的出道有何英雄之舉。

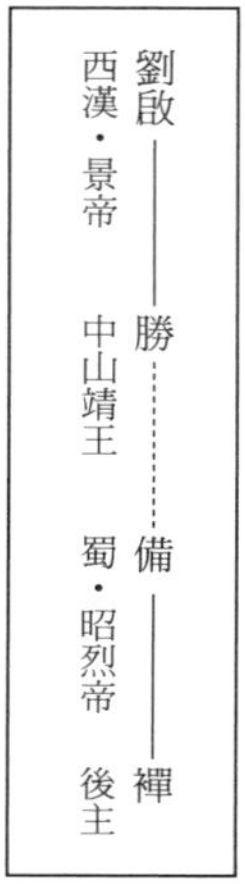

劉氏家系圖

劉備求學於盧植門下時，和師兄公孫瓚交情不錯。公孫瓚後來統治幽州，最後敗給袁紹而自殺，根據《三國志》的注釋所引用的《英雄記》，公孫瓚討厭名門出身的讀書人，並且和占卜師、商人結為兄弟。「桃園結義」或許就是以公孫瓚結拜兄弟這點為原型吧。《演義》中，桃園結義之後，中山的馬販子提供資金援助劉備三兄弟，此話不假，看來劉備和公孫瓚都與商人、游俠之輩關係匪淺；就連關羽也是殺人潛逃的通緝犯，可見結拜兄弟這件事是商人和游俠之輩特有的習慣。

所謂商人、游俠之輩，其實就是居無定所的流浪漢。何況劉備素有「流浪英雄」稱號，我們看看他後來的經歷。劉備雖然當上高唐縣令，但討賊失敗投靠公孫瓚；後來又寄身於徐州牧陶謙籬下，陶謙死後雖然繼承了他的地盤，但被呂布打敗而到曹操那裡避難；之後與曹操反目成仇敗逃至袁紹麾下；當袁紹快被曹操打敗時，又逃到荊州劉表那裡；劉表死後荊州不保，接著投靠孫權，兩人聯手於赤壁之戰大敗曹操，終於勉強立足荊州；但與孫權關係緊張，荊州也岌岌可危，於是西進從劉璋手中奪取蜀，這時候才好不容易找到落腳處。就這樣由北到南、從東到西大逃難，與其說他是「流浪英雄」，倒不如說是「落難英雄」更為貼切。歷史上足以與之匹敵的，大概只有以長征之名行大逃亡之實的毛澤東了。但是劉備愈挫愈勇，每次落敗逃亡，勢力也隨之擴大，簡直是不倒翁；三國中遠離家鄉建國的，就只有劉備一人。

由於遠在他鄉，劉備並無地緣、血緣可依靠。曹操與孫堅身邊有同鄉部下、兄弟及眾多親族圍繞，但劉備無手足，除了一個兒子以外並無親戚（幸好如此，才免於魏和吳那些血肉之爭），同鄉部下也僅有張飛、簡雍而已。要將無地緣、血緣關係的眾人凝聚在一起，只能曉以大義了，這個大義就是「復興漢室」。為了實現此大義，必須打倒魏國，所以北伐成了蜀國的宿命，若不北伐，這個國家便無存在的理由。因此蜀國的國家戰略，與吳國的開發江南方針正好南轅北轍。然而，無地緣、血緣關係，僅靠大義成立的組織是脆弱的，更何況這個大義已經褪色了。儘管名宰相諸葛孔明鞠躬盡瘁，蜀國仍是三國中最早滅亡的，這樣的結果自不意外。

以上，曹操、孫堅（孫策、孫權）、劉備雖然出身及性格各不相同，但從東漢時代真正的統治階層，也就是豪族文人階層來看，他們全都是「外人」。或許這就點出了三國的寫照：三國中並無任何一國完成統一大業，三國時代終究只是從漢朝到南北朝之間的過渡時期罷了。

第二章　群雄割據

走上霸權之路

讀過《演義》後，若問誰是裡面的大反派，相信大部分人都會回答「董卓」吧。曹操雖然也是反派，但有可取之處，也就是說，曹操是一位有魅力的反派人物。但董卓既傲慢又殘忍，打不過黃巾賊，作戰能力也差，可說一無是處。不僅小說這樣寫，史書也一樣。但是，如此一無是處的董卓，為何能夠得權得勢呢？

董卓的專橫

董卓出身隴西郡臨洮（今甘肅省岷縣），這地方是藏系羌族與漢民族雜居之地，因此他與羌族關係匪淺。指揮鎮壓黃巾賊的皇甫嵩是臨洮北邊安定這個地方的人，他的叔父皇甫規是鎮壓羌族叛亂的功臣。羌族叛亂一直是動搖東漢王朝的大問題。董卓似乎對皇甫嵩這位名將產生自卑心理，他與黃巾賊交戰失敗後，皇甫嵩卻打贏了，後來漢朝被涼州人王國侵犯，董卓和皇甫嵩雙雙出陣，但兩人意見相左，最後又是皇甫嵩贏了，於是董卓益發嫉妒在心。

黃巾之亂雖然大致平息，但隨後各地暴動如潰堤般接二連三，以涼州的韓遂、邊章、王國等人的叛亂為首，東北的遼東有張純、張舉與烏丸族勾結，張舉自稱天子；四川則有馬相等人的造反，馬相也自稱天子；此外，太行山脈一帶黑山賊等群盜亦猖獗至極。不僅民間叛變四起，朝廷也發生欲廢靈帝的事件，雖然最後以失敗告終。當時也有人慫恿皇甫嵩篡奪皇位，但正直如他嚴辭拒絕了。

為因應各地暴動，皇族劉焉上奏朝廷強化各州刺史的權限，稱之為「牧」，於是劉焉被任命為益州牧，同是皇族的劉虞則為幽州牧。但後來劉虞被袁紹利用，差點當上皇帝，而劉焉自己也在四川做起了皇帝夢。不可思議的是，真正的皇帝靈帝竟於此時以無上將軍之名舉行閱兵式。可見，東漢王朝已權威掃地，離分崩離析不遠了。

董卓始終緊盯這一連串的變動。他認為與其在地方造反，不如直搗中央控制皇帝才是最有效的手段。所謂的「挾天子以令諸侯」，是圖謀篡位的古典手法。不久，這個機會終於來了。

挾天子以令諸侯

中平六年（一八九）四月，靈帝死，何皇后所生的少帝即位，外戚何進掌握實權。袁紹乘機建議何進一舉殲滅宦官勢力，但何進猶豫不決，因此袁紹再建議招攬外部勢力進駐京師以壓制宦官，於是何進招駐兵并州的董卓入京。在此之前，董卓對朝廷的召喚向來敷衍了事，可能是為了保存實力，伺機而動。他在平定黃巾之亂等戰役中屢戰屢敗，或許也是同一用意。

不過，這次不一樣了，董卓立刻率兵入京。他的軍隊還在接近京師的路上，何進就遭宦官逆襲而死，袁紹再將宦官一網打盡。就在外戚與宦官全部消失的權力空白中，董卓入京了。他接收何進麾下的軍隊，轉眼即大權在握。

首先，董卓廢少帝，另立少帝的異母弟陳留王為帝，就是東漢最後一位皇帝獻帝。然後恢復了竇武、陳蕃等受黨錮迫害的清流派知識分子的名譽，並重用他們的子孫。這算是一種懷柔政策，他想藉此攏絡東漢統治階層的儒教官僚與豪族。接著，他自封為相國，相國位居宰相之上，為百官之首。至此，離皇位僅一步之遙。此外，他又任命公孫度為遼東太守，劉表為荊州牧，可說打通了之後群雄割據之路。不久，反對勢力於東邊集結，他擅自將京城遷移到距自己老巢不遠的長安。此時獻帝已淪為傀儡，董卓實現了「挾天子以令諸侯」目標，後來，東邊反對勢力也因內部不和而瓦解。就在董卓好整以暇地篡奪東漢王朝時，卻被他最信賴的手下呂布殺害了。

董卓與曹操的共通點

這段期間，董卓行暴虐無道之能事，而「挾天子以令諸侯」這招後來還被曹操學去。曹操擅自將獻帝迎到自己的根據地許都，然後獨攬大權，伺機篡位，卻在美夢成真之前病死了。有趣的是，董卓與曹操都重用清流派知識分子，《三國志》等均有記載，董卓任用文人是採取半脅迫的手段，不過，當代首屈一指的文化人蔡邕，雖然也是被脅迫出來當官的，但董卓被殺後，他傷心地痛哭流涕還因此被處死刑，可見董卓在文人圈還是頗有人望，這點和他倒行逆施的形象大不同。董卓的父親曾經在清流派知識分子聚集的潁川當官，可能是因為如此他對文人的重要性有一定的認識。

董卓和曹操都對清流派知識分子、官僚懷抱自卑感。控制文人、將皇帝傀儡化這個點子，或許就是自卑心理作祟。曹操是否刻意模仿董卓，我們無從得知，但就結果來看，兩人採取手段相同，只不過董卓失敗，曹操成功了。成者為王、敗者為寇，成功者誇大描述失敗者的惡行，這是歷史記述的常套。史書描繪董卓的暴行，恐怕也有誇張的成分。無論如何，從董卓「挾天子以令諸侯」、將獻帝傀儡化開始，東漢王朝可說已名存實亡了。三國時代於焉展開。

關東與關西的對立

董卓掌握實權後，曹操、袁紹和他的異母弟（一說為堂弟）袁術等人，全從京城洛陽逃往東邊，並且揭竿起義。這是初平元年（一九〇）正月的事。《演義》稱這些人馬為十八路諸侯軍，把他們寫成討伐董卓之正義與邪惡的對戰，但事實未必如此。首先，十八路諸侯是《演義》虛構的，其中有名有姓的公孫瓚、孔融、陶謙、馬騰等人其實並未加入聯合軍。此外，《演義》中寫道，十八路諸侯在曹操的號召下集結於陳留，但實際情況是，冀州牧韓馥屯兵於河北的鄴，渤海太守袁紹與河內太守王匡屯兵於黃河北岸的河內，兗州刺史劉岱、陳留太守張邈與其弟廣陵太守張超、東郡太守橋瑁、山陽太守袁遺，以及破虜將軍鮑信（根據《三國志．武帝紀》等記載，此時鮑信的官職為「濟北相」，但鮑信擔任此職是後來曹操推薦來的）、奮武將軍曹操等七人屯兵於陳留郡的酸棗，豫州刺史孔伷屯兵於陳留郡南邊的潁川，後將軍袁術及部下孫堅屯兵於更南方的魯陽（參考本書第六〇頁圖：與董卓軍對峙的關東諸侯）。

這群聯合軍的盟主是袁紹，駐屯酸棗的主力軍由張邈指揮。張邈是人稱「八廚」的清流派知識分子之一，因此，這些關東諸侯其實就是清流派官僚的聯合。自古以來，中國有「關西出名將，關

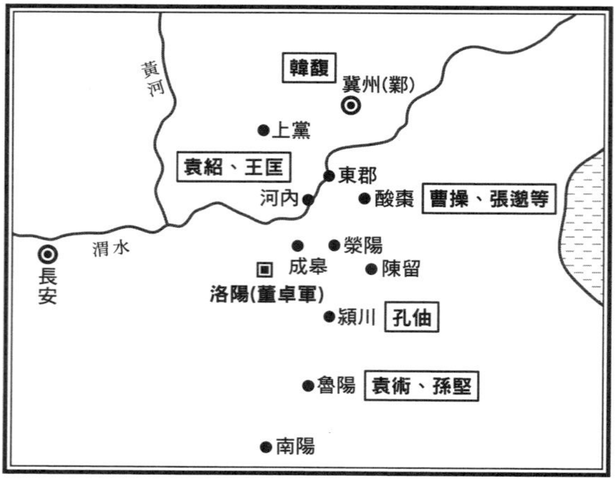

與董卓軍對峙的關東諸侯

東出名相」一說，關就是函谷關，位居洛陽與長安正中間，函谷關以東和以西的氣候風土、風俗民情都不同，關西在軍事上向來處於優勢。不過，中國素有重文輕武的傳統，關西的軍閥勢力表面上雖協助文人勢力，其實這兩股勢力可說處於對立關係。因此，關東諸侯和董卓的對抗，並非什麼正義與邪惡之戰，而是關東、關西兩大勢力的衝突才對。實際上，這時身處長安、與董卓同為關西出身但呈競爭關係的皇甫嵩，就未與關東軍同調，而是聽從董卓的命令。《演義》說關西軍閥之一的馬騰加入了十八路諸侯，完全是胡說八道。

董卓看到關東諸侯的動向後，當機立斷將獻帝從洛陽移到長安，進行遷都，自己則堅守洛陽。《三國志》寫道，這是董卓害怕軍力強大的關東諸侯而西逃，其實，董卓正好以此為藉口，將皇帝帶到自己的勢力範圍。關東諸侯不過是一群幾乎無作戰經驗的烏合之眾，董卓並無畏懼的道理。而且，諸侯聯軍裡也存在著不少內部矛盾，例如袁紹、袁術兄弟，因袁紹是庶子，袁術是嫡子，兩人向來不和；所以他們根本無法與董卓抗衡。事實上，集結後的關東諸侯們連日大開宴席，並未積極進攻。和董卓軍作戰過的只有王匡、曹操、袁術和孫堅等人，當中只有孫堅獲勝，其餘皆吃了敗仗。

順帶一提，在《演義》中，劉備、關羽、張飛此時隨公孫瓚參戰而大顯身手，關羽刀斬董卓部將華雄；此外，三兄弟還聯手於虎牢關與呂布激戰。但這些都是《演義》虛構的，公孫瓚和劉備並未參加諸侯軍，刀斬華雄的人也不是關羽，而是孫堅的部下。

曹操對於諸侯軍只知大開宴席卻按兵不動大表不滿，自己從酸棗出兵西攻，在滎陽與董卓軍對戰而敗，但《演義》對此的描述是，董卓被諸侯軍打敗後從洛陽撤退至長安時，遭到曹操的追擊，最後曹操於滎陽戰敗。但是，滎陽在洛陽的東邊（參考本書第六〇頁圖），曹操要追擊從洛陽西逃至長安的董卓，不可能來到滎陽。這是《演義》作者不熟悉這一帶地理環境所犯下的錯誤。《演義》中的地理關係，南方部分很正確，北方部分錯誤偏多，由此可以推知作者為南方人。

天下大亂

關東諸侯軍成軍一年多便因糧草告罄自然解散了，況且成軍期間內部矛盾愈演愈烈。首先是袁紹想立幽州牧劉虞為帝，遭曹操反對，後來又從冀州牧韓馥手中奪下冀州；劉岱殺掉與之反目的橋瑁，後有黃巾賊從東邊青州入侵，劉岱於交戰中陣亡。這些內部鬥爭暴露出諸侯聯合軍內部向心力之脆弱，曹操便乘隙嶄露頭角。

曹操嶄露頭角

曹操與袁紹、張邈等諸侯軍將領們交情不錯，但身為宦官之孫，在諸侯軍中地位不高；另一方面，他雖與董卓對戰失敗，但也因為積極戰鬥而嶄露頭角。劉岱死後，鮑信看中曹操的才能，推薦他為兗州牧，不久，他打敗黃巾賊餘黨，收編降兵三十餘萬，挑選精銳組成青州兵。當初，曹操從洛陽逃回來時，手下只有五千兵力，之後在揚州募兵四千，但多數逃亡四散了，因此三十餘萬對他而言可說是十分龐大的數字。從此，曹操一躍成為與袁紹平起平坐的大勢力。後來，他又把袁術、孫堅手下的潁川黃巾賊餘黨收編至麾下。

這個時期，又有潁川出身的名士荀彧、東郡的程昱投入曹操旗下，兩人後來都成為曹操得力的謀士。不久，因荀彧的關係，同樣身為潁川名士的荀攸、鍾繇、郭嘉等人也都在曹操手下做事。就這樣，曹操獲得潁川文人及官僚的支持，又收編黃巾賊餘黨而牢牢鞏固了地盤，可以說，他終於走上奪取天下的霸權之路。

呂布殺董卓

曹操收編青州兵是在初平三年（一九二）十二月，但這年的四月，董卓在長安遭司徒王允和呂布殺害，沒多久，董卓的部將郭汜和李傕又殺掉王允替董卓報仇，呂布則逃到東邊去了。後來換成郭汜與李傕反目，長安變成兩軍的戰場，陷入大混亂。曹操之所以能在東邊專心經營，也是因為西邊呈混戰狀態無暇顧及東邊所致。而同年的一月，孫堅與荊州牧劉表的部將黃祖交戰時，不幸戰死。

呂布逃離長安後，先是投靠南陽的袁術，後又寄身於河北的袁紹籬下，但不管他到哪裡，都遭人投以懷疑的目光而無法久留。呂布是萬里長城以北五原郡人，起初在并州刺史丁原手下為將，後來殺掉丁原，認董卓作義父，然後又背叛了董卓。袁紹、袁術不信任他也是理所當然的。呂布之所以投靠袁紹、袁術，是因為關東諸侯舉兵後，董卓盡弒留在洛陽的袁氏一族，呂布認為董卓死在自己手中，算是為袁氏報仇而想要討個人情，但他的算盤完全打錯了。

走投無路的呂布，終於來到曹操的根據地兗州。由於曹操之父曹嵩遭徐州牧陶謙的部下所殺，這時曹操為了報仇而率兵攻打徐州，並不在兗州。曹操假藉為父報仇在徐州大肆屠殺，殘忍程度不輸董卓。而在兗州，曾是關東諸侯軍的將領、也是曹操的盟友張邈，此時背叛曹操，加上呂布助陣，曹操陣營一時陷入危急之中，幸得參謀荀彧和程昱獻策而化險為夷，曹操苦戰後終於擊退呂布。

呂布與劉備的共鳴及背叛

走投無路的呂布，這次來到曹操才剛離開的徐州。此時，徐州牧陶謙已經病死，由劉備繼任。之前，劉備在公孫瓚的關照下，轉輾做了幾個地方小官，這次接管陶謙的徐州，終於躍上歷史舞台。據稱呂布見到劉備後說：「我們都是來自偏鄉的人不是嗎？」還讓妻女出來拜見劉備。呂布應是從劉備身上感受到在亂世求生、同為流浪英雄的共鳴。劉備的心情雖與呂布相同，但也正因境遇相同而不信任呂布。果然，就在劉備與南方的袁術交戰時，呂布乘隙奪取徐州，甚至二度俘虜劉備的妻兒。劉備在無可奈何之下，被迫投靠曹操。

呂布在劉備與曹操之間反覆無常，於是曹、劉兩人聯手攻打呂布。呂布遭部下設計，被活捉到曹操面前時，提議若是兩人通力合作定能取得天下。曹操心動，但身旁的劉備提醒他不要忘記丁原和董卓的下場，於是曹操改變心意，絞殺呂布。呂布就死時狠狠瞪視劉備，罵他是最不守信用的傢伙；在這個充斥背信與復仇的亂世中，留下了無情又可笑的一幕。

呂布是三國時代首屈一指的猛將，他在赤兔馬上的颯爽英姿，博得「人中呂布，馬中赤兔」的盛讚。《演義》中，他的勇猛甚至凌駕關羽之上，他的座騎赤兔馬最後由曹操贈予關羽，成為關羽形象中不可缺少的重要部分。不過，這也是《演義》作者的創作，赤兔馬應該沒有背叛呂布，而是與主人一起同歸於盡了吧。

天下形勢與遠交近攻

就在曹操將呂布趕到徐州的隔年，也就是建安元年（一九六）七月，獻帝一行人冒死從混亂不堪的長安逃回洛陽，實現了時隔六年的還都，但洛陽已被董卓放火燒成廢墟。此時，潁川的黃巾賊餘黨與袁術勾結，曹操率兵來到潁川郡的中心地許昌，駐軍討伐，並把獻帝接過來。針對這點，曹操部下有多人持反對意見，他們認為獻帝是董卓擁立的皇帝，例如袁紹就堅決主張另立新帝，更何況落荒而逃的獻帝早就失去皇帝的尊嚴了。不過，曹操採納荀彧的建議，認為掌握這個有名無實的皇帝，絕對有政治上的好處，於是出手相救。從此，曹操和當年的董卓一樣，手中握有以天子之威號令天下之大義，在群雄爭霸中脫穎而出，為之後奪取天下之戰創造了有利條件。

建安元年，天下形勢是這樣的。首先，北方的遼東有公孫度建立半獨立王國，往南的幽州（今北京一帶）是公孫瓚的地盤，并州、冀州、青州這片廣大區域隸屬袁紹，黃河以南的兗州、豫州、

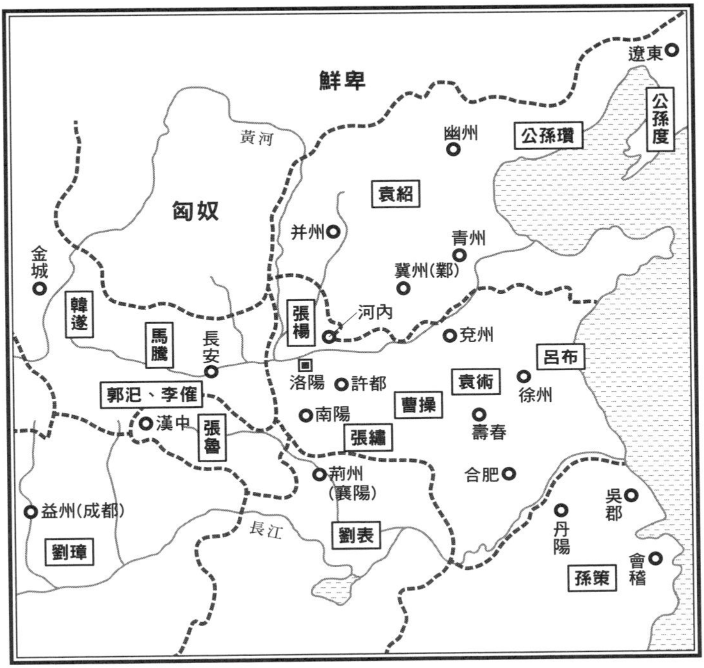

建安元年（一九六）之軍閥割據圖

司州東部（今洛陽一帶）歸曹操所有，夾在袁紹與曹操之間的，是曾由董卓任命的河內太守、獻帝逃離洛陽時曾資助糧草的張楊，曹操南邊的南陽有曾為董卓部將的張濟之侄、曾經給予曹操痛擊的張繡，東南的徐州則有呂布，袁術被曹操追逃到徐州以南的揚州北部，從這裡跨過長江的吳郡是孫策的根據地，長江中游的荊州及上游的益州分別由劉表、劉璋兩名皇族所據，益州北部的漢中是類似黃巾賊太平道的五斗米道教主張魯的宗教王國，再往北的涼州由韓遂、馬騰等大小軍閥割據，司州西部（今長安一帶）有郭汜及李傕爭鬥不休（參考上圖）。這是個不折不扣群雄割據的時代，群雄之間不斷展開熾烈的攻防戰。

例如袁紹、袁術兄弟歷來不和，於是袁術聯合袁紹的對手公孫瓚，袁紹也聯合袁術的勁敵劉表，兩相對抗。諸如此類，為攻擊眼前的仇敵而與仇敵背後的仇敵結盟，這種遠交近攻法是戰國時代以來的外交基本戰略，直到三國時代仍未改變。之後魏、蜀、吳三國的攻防，也是以此基本戰略展開的。

袁術利用讖緯與玉璽即位

建安二年（一九七）正月，袁術稱帝。袁術出身「四世三公」名家，原本就該躋身政權中樞，他的即位，算是象徵東漢王朝衰亡。據說袁術稱帝是利用預言書上「代漢者，當塗高也」這句話。袁術字公路，「術」與「路」都是道路的意思，而「塗」通「途」，也是道路之意，他認為「當塗高」就是在說自己。這個牽強附會的歪理，卻讓袁術大大信以為真了。

這種預言書叫做「讖緯」。讖是對未來的神祕預言，緯是相對於經（直線）而言，意指橫線。古代會利用解說儒教道德思想與制度的經書，以及記載預言的緯書，來傳授聖人之道。在東漢，自從始祖光武帝利用預言書即位以來，讖緯思想十分流行，出現很多假托孔子等人之名的讖緯書。就連經典注釋的集大成者鄭玄，除了注經書外，也為讖緯書作注，可見讖緯書對於了解當時的政治、思想，具有重要意義。魏、蜀、吳三國的王朝創始與皇帝即位，都必須獲得讖緯的預言。預言書的文句神祕且曖昧，怎麼解釋都可以。魏國建立時，由於「魏」通「巍」，具有高的意思，這時「當塗高」就被解釋成魏國了。

袁術即位所利用的另一物件，就是傳國玉璽。這塊玉璽為秦始皇所做，傳至漢代，為歷代皇帝所用，上面刻著「受命於天，既壽永昌」八個大字。玉璽在袁紹誅殺宦官的騷動中遺失了。董卓縱火焚燒宮殿後離開洛陽，孫堅進入洛陽後，在化成廢墟的宮殿中意外發現玉璽，然後，袁術挾持孫堅夫人為人質，並強行奪走玉璽。這塊玉璽被視為皇帝即位的必備物件。劉備即位時，相傳在漢水裡找到了玉璽，但這應該不是真品。後世經常有偽造玉璽的事情發生。到了明代，還出現一本以玉璽的流傳為主軸而撰寫的三國歷史故事書《三國志玉璽傳》。

袁術握有玉璽稱帝即位，是他無謀強奪的結果，最後還搞得眾叛親離。在走投無路之下，只好跑去投靠向來不合的袁紹，於途中病死，勢力就此瓦解。玉璽後來經由遭袁術拘留的徐璆之手又回到了漢王朝。而袁術的遺族被孫策逮住，女兒成為孫權的後宮。

官渡之戰

曹操與袁紹的直接對決

曹操控制了獻帝，在群雄之中取得有利地位，但他的地盤位於群雄割據的正中央，四面受敵。因此，他先拉攏遠方的韓遂、馬騰，博得他們的支持後，接著消滅眼前的敵人呂布，再攻打張楊的後繼者眭固。在這之前，郭汜和李傕已被殲滅，張繡投降，至此，曹操周圍的舊董卓勢力已經一掃而空了。這時候，公孫瓚在河北遭袁紹所敗而自殺，袁術也病死了。就這樣到了建安四年（一九九）八月，袁紹與曹操在黃河兩岸直接對峙，衝突一觸即發。兩軍於該年秋天開戰，翌年，也就是建安五年十月，兩軍終於在黃河南岸的官渡展開大決戰。

當時的情勢是這樣的。北邊公孫度和西邊的韓遂、馬騰表態中立，袁紹無後顧之憂，可以全心

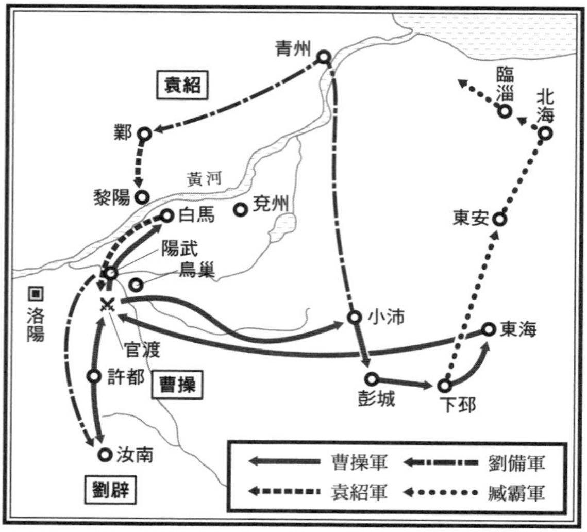

官渡之戰　曹操戰勝袁紹，奠下平定河北的基礎。

與曹操對戰，可說占軍事上的優勢；而曹操的背後卻有與袁紹結盟的劉表，還有與劉表敵對但野心勃勃的孫策，隨時都可能遭到襲擊。於是，曹操派衛覬充當使者前往益州，欲策動與劉表敵對的劉璋從側面牽制劉表，但道路不通，衛覬到了長安就無法前行了。而且禍不單行地，此時獻帝恐於曹操的專橫，下密詔令外戚董承暗殺曹操，這場政變因風聲走漏而失敗；不過又有劉備夥同董承餘黨在徐州的小沛起兵，但遭曹操以迅雷不及掩耳之勢擊退，最後敗逃至袁紹帳下，留下來的關羽只好投降。曹操又派臧霸（原為陶謙的部將，後與呂布同伍，最後投降曹操）攻占袁紹在黃河以南的地盤青州，這才消除了被袁紹從側面攻擊的後患。

於此之前，荊州南部的長沙太守張羨響應曹操率軍攻打劉表，這場戰役拖得很久，以致劉表無法與袁紹共同作戰；而且更幸運的是，此時打算攻擊曹操大本營許都的孫策，竟然遭到暗殺身亡，這麼一來，曹操終於完全無後顧之憂了。袁紹雖然攏絡汝南的黃巾賊餘黨劉辟等人，派遣劉備前往與之聯手，企圖從後方搗亂，但也被曹操一舉粉碎。

就這樣，曹操設法排除種種不利因素後，正面迎接官渡之戰，經過一番苦戰後終於勉強獲勝。

獲勝的原因主要和袁紹陣營內部不和有關。袁紹的參謀之間，對於是否與曹操交戰意見不一，這些參謀都是豪族文人，各代表不同地區、不同集團。說穿了，敗因就出在袁紹無法掌握麾下的各方豪族。最明顯的例子就是參謀之一的許攸倒戈曹營，曹操就是採納許攸的建言，奇襲袁紹軍的糧倉烏巢，取得最後的決定性勝利。

關羽的傳說

「過五關斬六將」

《演義》的官渡之戰場面中，最為神勇的人非關羽莫屬吧。因一刀斬斃袁紹軍陣中的猛將顏良和文醜而威名大振，他謝絕曹操的厚遇後，策馬奔回劉備處，關羽的英姿充滿了忠肝義膽的英雄氣概。不過，事實上關羽只斬了顏良，而且是寄身袁紹處的劉備對袁紹表示關羽是來歸順的，於是顏良才在不疑有他的情況下被殺，等於是遭到暗算，這對關羽來說可不是什麼光彩的事。

此外，關羽在奔赴劉備處的途中，衝破五道關卡、斬殺曹操六名大將，也就是所謂的「過五關斬六將」，這是《演義》中相當有名的故事，後世還搬上舞台，不過，這又是一個虛構情節。而且，關羽明明要從許都前往河北，到袁紹那裡找劉備，卻偏偏往反方向的洛陽、滎陽，繞了一大圈沒必要的遠路，實在不合理（參考本書第六八頁圖）。不過，有趣的是，之前提到曹操與董

官渡古戰場　河南省中牟縣。雖因黃河多次氾濫而改變地形，但大致位於此地無誤。現於田中央搭建一處名為「官渡古戰場藝術宮」的展示中心。

卓交戰時，滎陽在洛陽的東邊，與實際的地理位置不符，這裡又將滎陽擺回正確位置，也就是在洛陽的西邊。這也表示《演義》的完成是經過一段複雜的過程吧。

總之，《演義》中關於關羽的故事，如前述的赤兔馬等，很多並非史實而是杜撰的，這與後世將關羽神格化有很大的關係。神話英雄過關斬將的故事於民間傳說中隨處可見，在日本，描寫平安時代末期源平合戰後，取得政權的源賴朝欲除掉立下赫赫戰功的兄弟源義經的傳奇故事《勸進帳》，就是典型的一例。

曹操的屯田制度

官渡之戰時，從袁紹陣營倒戈到曹操陣營的許攸曾問曹操還有多少軍糧；其實只剩下一天份而已，曹操卻謊稱還有一個月份，但瞞不過許攸。對曹操而言，戰爭開打的最大問題就是軍糧，而曹操最終能夠苦撐下去，得歸功於屯田制度。

黃巾之亂以來，連年戰禍讓北方人口銳減，土地荒廢，產生大量的流民。這個時期，北方的幽州、南方的荊州、西方的益州有數十萬到數百萬人口為躲避戰禍而逃亡。因此，曹操的地盤中原一帶也已荒廢，身為詩人的曹操曾以「生民百遺一」（《蒿里行》）來形容當時的慘況。「生民百遺一」固然是詩作的誇張表現，但也有一種說法是，這時候人口銳減到東漢最盛時期的十分之一而已（《三國志・張繡傳》）。招募人力、恢復農作是曹操政權的燃眉之急。

建安元年（一九六），曹操迎獻帝到許都，並採納棗祗和韓浩的提議，在許都一帶設置屯田，主要是招募流民，給他們無主的農地，並提供牛隻和農具讓他們耕種，換句話說，就是採取集體農

官渡古戰場藝術宮「曹操議取下邳」場景，河南省中牟縣官渡橋村。

作的方式，再向農民徵收租稅。此舉在許都獲得成功後，進而擴大實施範圍，於各郡設置典農中郎將，在各縣設置典農都尉；不同於一般地方行政系統，這是以軍事編制來管理的，簡單說，就是國家直營的集體農場，就這層意義而言，與社會主義國家中國曾實施的人民公社有些類似。屯田制度在西漢的武帝以來就一直實行著，但都是在邊境地帶由士兵耕作，在內地由一般百姓進行大規模屯田，中國歷史上就只有這個時代而已。

屯田制度實施後，起初只有按租用官牛的頭數徵收租稅而已，這是因為無主農地非常多，後來剩餘農地愈來愈少，就改成依田地的收穫量直接課稅，使用官牛的話就官六民四，使用自己的牛就官民對半分。百分之五十的租稅率似乎很高，但東漢時代就是這個稅率了。而且屯田民不必服兵役、勞役，又能在政府的庇護下專心農作，政府也能獲得穩定的收入，對官民而言，屯田制度確為一項符合時宜的政策。

到了建安十八年（二一三），曹操採納司馬懿的建議，在與吳交戰的淮河流域，以及與蜀接壤的關中一帶實施「寓兵於農」的軍屯，而且效率比一般百姓的「民屯」效率更高。魏之所以能夠長期和吳、蜀兩面作戰並保持優勢，屯田制度帶來的軍糧穩定是重要因素。因此，吳和蜀也起而效尤，吳主要在長江流域實施民屯與軍屯，蜀則在與魏交接的漢中一帶實施軍屯。

屯田制度在戰亂時發揮了如此大的作用，但隨著戰亂緩緩收尾，生產力得以恢復後，弊端便暴露出來了。屯田民在政府的嚴格管控下非常不自由，雖說不必服兵役、勞役，但其實他們經常被迫參與各種勞務，非常時期甚至也要上戰場殺敵。最糟糕的是集體化管理體制阻礙了農民的生產意願，到了魏朝後期，稅率甚至高達官七民三、官八民二，屯田民不滿之情高漲，到了晉朝就只留下軍屯，廢止民屯。集體化農業的侷限性這點，與中國人民公社的失敗應是共通的吧。

此外，田地公有化後直接分配給農民這個屯田制度理念，與東漢統治階層大地主豪族的利益相衝突，戰亂時期豪族勢力願意暫時退讓一步，但戰亂平息後，豪族的不滿就爆發出來了。到了晉朝，政權掌握在以司馬氏為首的豪族手中，民屯被廢止也就理所當然了。就這層意義而言，屯田制度的實施正反映出三國時代其實是一個過渡性質的時代。不過，土地公有以及由政府直接管理人民這個理念，後來被起源於北魏、確立於唐代的律令制下的均田制繼承下來。

赤壁之戰

曹操平定河北

雖於官渡之戰吃了敗仗，但袁紹在河北一帶依然保有強大的勢力，仍舊是曹操的勁敵。但袁紹有一個弱點，就是他的兒子們不和。袁紹有袁譚、袁熙、袁尚三子，按理說應立長子袁譚為嗣才對，但袁紹偏愛么兒袁尚，打算由他繼承。因此，袁紹讓長子袁譚到東邊的青州，次子袁熙到北方的幽州，外甥高幹到西邊的并州，而把么兒袁尚留在冀州自己身邊。此舉招來兄弟鬩牆，尤其長子袁譚和么兒袁尚敵對，連部下都受到波及，參謀審配和逢紀追隨袁尚，辛評和郭圖追隨袁譚，雙方水火不容。

廢長子另立後嗣很容易引發紛爭，袁紹明知故犯，欲立么兒袁尚為嗣，實在是不智之舉。然而犯下同樣錯誤的並非袁紹一人，與袁紹結盟的荊州劉表，也是想跳過長子劉琦，立次子劉琮為繼承人，因而招致滅亡。這種兄弟間為爭奪繼承權而把臣下捲進去的家庭糾紛，後來在魏國和吳國也都發生過，成為三國時代政治鬥爭的一種典型，免去此難的只有劉備的蜀國而已。

就在官渡之戰的第三年，袁紹失意而死，袁譚和袁尚的對立即刻檯面化，兩人開始交戰。身為長子卻不是繼承者的袁譚，竟然向父親的死對頭曹操求助。此時，曹操有兩個選擇，一個是討伐南邊的荊州，一個是逮住袁氏兄弟鬩牆這個機會揮軍北上。謀臣的意見多半為前者，但曹操採納荀攸的意見選擇了後者，答應袁譚的請求派兵支援，而且明明看穿袁譚遲早會背叛自己，還是讓兒子曹整娶袁譚之女為妻。這種露骨的政治聯姻，也是曹操拉攏敵人所慣用的手段。

曹操出兵河北，一路勢如破竹，沒多久便以水攻方式拿下袁氏的根據地鄴城。此時，袁譚果然背叛曹操，曹操還把袁譚的女兒送回去後才攻打袁譚，袁譚敗死。此外，并州的高幹也是先投降曹操後又背叛，遭到曹操反擊，最後在逃至荊州的途中被殺。陷入困境的袁尚只好逃到北邊的幽州投靠二哥袁熙，但又遭到袁熙部下的背叛，只好又逃到北邊的遼西，在烏丸族的協助下繼續抵抗。曹操乘勝追擊，在柳城擊潰烏丸的騎馬軍團，於是走投無路的袁尚和袁熙又逃到遼東的公孫氏那裡。這時候，遼東的公孫度已死，由其子公孫康繼位，公孫康認為與曹操為敵並非上策，於是提著袁尚和袁熙的首級獻給曹操。這段期間，太行山脈一帶的黑山賊頭目張燕也投降曹操，於是，河北已經完全被曹操平定了。

關於平定河北的敘述，《演義》全本一百二十回中，只不過占了三回，總予人一種印象，彷彿這是官渡之戰的事後清理殘局。然而，曹操最後完全平定河北，凱旋回到鄴城，是在建安十三年（二〇八）正月，也就是說，曹操花了整整七年才平定河北，等於官渡之戰後，他人生中的三分之一時間都花在這上面了。可見平定河北是多麼艱難的任務，對曹操而言又是多麼意義重大。這點也可以看出他為何不回去獻帝所在的許都，而將鄴城當成自己新的根據地了。鄴城在黃巾之亂時曾被當作集結地點，之後袁紹、曹操陸續以此為根據地，正說明黃巾賊的影響有多大了。

這一年，曹操在鄴城廢除東漢王朝傳統的三公制度，設置丞相，六月便自行就任丞相大位，離他制霸天下的奢望又更近一步了。至此，北方能夠與他抗衡的只有西邊涼州的韓遂與馬騰；而且這時候兩人起內訌，馬騰接受曹操懷柔來到鄴城。這年曹操五十四歲，應是他人生中最上軌道、最順利、最為充實的時期吧。他一回到鄴城，立即建造人工湖玄武池，開始訓練水軍，準備攻打荊州的劉表。而丞相大位都還沒坐熱，七月他就意氣風發地進軍南方的荊州，卻做夢都想不到，迎在他前面的竟是赤壁之戰的大敗。

孫策、孫權平定江南

就在曹操專心平定河北時，在南方，孫權也為了鞏固江南的統治地位而奔走。孫權的江南統治大業是繼承其兄孫策來的。兩人的父親孫堅被劉表的部下黃祖射殺那年是初平三年（一九二），這年董卓也遭殺害，而孫策遭暗殺那年是建安五年（二〇〇），也是官渡之戰那年，也就是說，孫策平定江南與曹操征討河南、山東的時期重疊。

袁紹與異母弟袁術向來不和，他的兒子們也兄弟鬩牆，但孫氏一族就不一樣了，不僅父子和兄弟，就連整個宗族都十分團結。孫策能在短期間內平定廣大的江南，除了他自身才能優異外，孫氏一族的通力合作絕對功不可沒。位於長江以南東側的江南（因此也稱「江東」）地區，以當時的行政區域來說就是揚州，有吳郡、丹陽郡、會稽郡、豫章郡，面積相當大，擴及現今江蘇省南部、浙江省、福建省、江西省的絕大部分。

孫策於父親死後歸順袁術，向袁術借兵平定江南。前後四年左右，揚州刺史劉繇敗走，吳郡太守許貢被殺，會稽太守王朗戰敗投降，豫章太守華歆不戰而降。孫策是一位個性豪爽、幽默風趣的好男兒，眾人非常喜歡他，膩稱他為「孫郎」，就連袁術都曾說過：「我要是有孫郎這樣的兒子，死而無憾。」袁術自行稱帝時（一九七），孫策便與之斷絕往來，正式走向自己的建功立業大道。

而援助孫策的就是孫氏一族。首先是孫堅之弟孫靜。當初孫堅舉兵時，孫靜便招募孫氏親族鄉黨五、六百人支援，之後留守故鄉富春，孫策攻打會稽時，孫靜也貢獻卓著。還有孫策的堂兄孫賁、舅父吳景，在討伐丹陽時都是先鋒大將。說孫策的平定江南是孫氏一族的共同事業，並不為過。然而，正因為事業發展得太過一帆風順，裡面難免藏著一些未清除的禍根，其結果就是，孫策殺掉吳郡太守許貢，許貢的部下為了替主人報仇而暗殺孫策。

孫策死後，其弟孫權繼業。為安定兄長打下的地盤，鞏固政權，孫權專心致力於內治。他所實施的內治政策可分為兩個面向。其一為任用有能人才。除了繼續重用孫策原來的部下張昭、周瑜、程普等人，還延攬魯肅、諸葛亮之兄諸葛瑾加入陣營，武將呂蒙也是從士兵中拔擢出來的，許多在後期極為活躍的人才都是這時期任用的。

其次，孫權利用這些人才來鎮撫山越。山越是指居住在南方山岳地帶的少數民族，就是今天的雲南、貴州等南方邊境到東南亞一帶少數民族的祖先。在這個時期，南方的廣闊地域是這些少數民族的居住區，漢族的居住地不過零散其間而已。對吳來說，鎮撫山越並促進他們與漢族同化的大業，一如之後會提到的，絕對是超乎與魏、蜀作戰的大工程。孫權著手這個艱難事業，從江西南部到福建深山，終於成功平定山越。不過，山越叛亂並未完全杜絕，掃蕩行動依然持續了相當長的時間。

曹操對孫氏的懷柔政策

孫策、孫權兄弟就這樣逐步平定了江南，曹操對此並非坐視不管，只是一來距離太遠，二來曹操終日為北方戰事忙得不可開交，實在無法撥出部分武力對付南方。一如前述，曹操一族中，有人曾經擔任吳郡、會稽郡的太守，他對江南的事情知之甚詳。據說當他聽到孫策平定江南的消息後憂心忡忡，經常抱怨：「猘兒難與爭鋒也。」

曹操對孫氏，採取的是懷柔政策。例如，曹操上表孫策為「討逆將軍」，封他為吳侯，孫權繼業後，又上表他為「討虜將軍」，任命他為會稽太守，這類授予官職和稱號的方式，是最合理的懷柔手段。另一方面，對孫氏而言，曹操也萬萬不可忽視。孫策曾刻意派部下張紘到許都對曹操獻貢，曹操把張紘留下來，給他官職。孫權繼業後，曹操讓張紘出任會稽東部都尉而回到孫權身邊，藉此攏絡孫權。

曹操最擅長的懷柔手段就是政治聯姻，之前這招也用在袁紹長子袁譚身上。建安三年（一九八），張紘帶貢品前來時，曹操就將胞弟（可能是與張繡交戰而死的侄子安民之父，因為早死，姓名不詳）的女兒嫁給孫策么弟孫匡，又讓兒子曹彰（後來的任城王）娶孫策堂兄孫賁之女。這種政治聯姻，除了是對孫氏的懷柔政策，也是曹操將自己人安插進孫氏一族的手段。事實上，孫賁之弟孫輔對孫權統治江南感到不安而想密通曹操，後來事跡敗露遭到幽禁。而孫匡之孫孫秀，也就是曹操之弟的外孫，在吳國就快滅亡時，帶著妻子和士兵數百人逃到晉國去。類似這樣的事件於赤壁之戰時也曾發生，可見曹操的足智多謀。

孫策平定江南時，揚州刺史劉繇，以及許貢、王朗、華歆三位太守都是當時的名士，劉繇敗死，許貢被殺，投降的王朗和華歆並未跟隨孫氏，而是投靠曹操，後來成為魏國重臣。這件事或許說明了，曹魏的政權是以東漢以來的豪族、名士為主體，孫吳則完全不同，其政權的武人性格十分強烈。

曹操與孫策、孫權之間互相牽制，由於並無打倒對方的實力及餘裕，只好默認彼此的政權。然而，轉機終於來了。首先，鎮撫山越而重新穩固統治基礎的孫權，開始向外進軍。對手自然是有殺父之仇的宿敵黃祖，而他的根據地是在荊州以東的江夏郡。建安十三年（二〇八），黃祖的猛將甘寧歸順孫權，孫權終於大勝黃祖軍，黃祖遭斬首。孫權乘勢進軍到長江中游的柴桑（今江西省九江市西南），下一個目標不消說，肯定是荊州的劉表。巧合的是，這時曹操剛平定河北，正準備南下荊州。就這樣，曹操與孫權分別由北、東對荊州虎視眈眈。又無巧不巧地，該年八月，劉表竟然病死了。這下，兩人的目標荊州出現可乘之機，也就是說，赤壁之戰的條件成熟了。

荊州劉備的「髀肉之嘆」

就在官渡決戰之前，劉備以懷柔汝南黃巾賊餘黨為藉口脫離袁紹陣營，再次逃亡到荊州劉表帳下，一如以往，這次他又逃亡成功了，如果他繼續待在袁紹那裡，說不定會淪為曹操的俘虜而被殺吧。在荊州，由於同為漢皇族，劉表以禮相待，任劉備駐屯荊州北部的新野。

這段時期，競爭對手曹操與孫權各自在河北、江南為鞏固地盤奔走，劉備卻在新野過著無所事事的日子。他唯一打過的一場戰役，是在博望迎擊曹操派來的夏侯惇和于禁，並以伏兵擊退。《演義》中將這場「博望燒屯」寫成是諸葛亮的功勞，實際上這場戰役是發生在劉備遇到諸葛亮之前。

一天，劉表宴請劉備，席間劉備去上廁所，不意間發現從前因經常騎馬而精瘦的大腿竟然長出贅肉，於是顧不得難為情，淚流滿面地回到宴席上，劉表問劉備為何落淚，劉備回答：「日月若馳，老將至矣，而功業不建，是以悲耳。」這就是「髀肉之嘆」的典故。

聽聞此言，劉表對劉備既表同情，也心存戒心吧。曾為一名義氣風發、英名遠播的名士，比劉

劉備馬躍檀溪圖　《三國演義》第三十四回插圖。

備年長的劉表今日已老，儘管對未來感到不安，卻無攻城掠地的野心了。劉備力勸他討伐曹操，他並未點頭。就這樣，劉備過著抱怨無仗可打的無聊日子。

劉表的心思全在兒子身上。一如前述，劉表打算跳過長子劉琦，立次子劉琮為嗣，這段期間居客人身分的劉備，立場可說極為尷尬。

裴松之在《三國志》的注釋中寫道，劉表次子劉琮的舅父，也是劉表的部下蔡瑁，準備在宴席上殺掉劉備，但被劉備察覺而尿遁脫逃，騎上名馬「的盧」飛越檀溪，終於勉強甩掉追兵；這件事可能就發生在上述的宴席上。《演義》中也有提及這段，但應該是杜撰的，因為「髀肉之嘆」時也有「上廁所」和「騎馬」這兩件事，不會那麼巧合吧。而且同樣的事情也曾發生在孫權身上。孫權在攻打魏國的合肥時，遭敵將張遼追擊，於是騎上駿馬飛渡津橋。這件事在《三國志》本文中有記載，應該屬實。兩相比較，情節皆為英雄策馬跨河脫險，算是史實與傳說界限不清。不過，就算是虛構故事，也充分說明了當時劉備被窮追猛打的窘境。

劉備三顧諸葛孔明

此時，劉備的「靜」與曹操、孫權的「動」呈強烈對比。然而，甘於蟄居生活的劉備並非一無所獲，豈止如此，劉備在此時遇見了決定他日後人生的重要人物，不必說，這個人就是諸葛亮，也就是孔明。劉備與孔明的邂逅，在

《演義》中是這樣描寫的。劉備馬躍檀溪後，偶然間遇到人稱「水鏡先生」的司馬徽，從而聽聞「臥龍」、「鳳雛」的事，但進一步問這兩位是何人，司馬徽卻笑而不答。翌日，一位易名「單福」的人來到劉備處，他其實是孔明的朋友徐庶。徐庶為劉備效力，並獻計打敗曹軍。曹操得知此事後，為了讓徐庶離開劉備，就抓住徐庶之母，並模仿她的筆跡寫了一封偽家書給徐庶，徐庶為救母只好奔赴曹營。離別之際，徐庶向劉備說明「臥龍」就是孔明，因此有了劉備「三顧茅廬」拜訪孔明的故事。

這種迂回曲折的鋪陳方式，讓孔明的登場更添氣氛。不過，《演義》作者採取虛實交融的寫法，這部分的內容並非完全屬實。首先，馬躍檀溪和遇上司馬徽一點關係也沒有。根據史實，劉備詢問司馬徽時，司馬徽就直接回答臥龍即諸葛孔明，鳳雛即龐統。至於徐庶易名「單福」，其實他原名為「福」，出身「單家」（貧寒之家），不知《演義》作者知不知道這件事，反正就是曲解了，徐庶並未易名。而且徐庶效力劉備的時期和孔明相同，因母親被曹操抓走而離開劉備是真的，但此事發生在劉備被曹操追擊而逃往江陵的途中。曹操偽造徐母家書的事則純屬虛構。《演義》內容「七分事實，三分虛構」（清代學者章學誠《丙辰箚記》），最典型的例子就是這些故事了。

劉備與孔明相遇的真正背景，是劉備取代年老失去統率能力的劉表後，在荊州頗得人望，再加上劉備求才若渴。當時，一如前述，北方有大批流民逃到荊州，其中不僅農民，也包含了知識分子。更貼切來說，應該是各地豪族（多為文人、名士）都帶著自己的族人和雇用的農民一起遷徙過來。位於南北交通要塞的荊州，尤其聚集了大批流民，其中最具代表性的名士就是司馬徽。司馬徽和徐庶都是名士中心地潁川郡人。諸葛孔明則是山東徐州瑯琊郡人，因叔父諸葛玄任豫章太守，就隨之移居南方，在荊州隱居，才開始和司馬徽、徐庶等落難名士交往。

在亂世中稱霸群雄的曹操與孫權，都是非常熱衷網羅賢才的人。除了任用賢才能達到實質的效果之外，能否網羅天下名士更關係到自己的威望，因此在這個時代絕對意義重大。然而，於各地輾轉流亡，總是席不暇暖的劉備，根本無力招納名士。不料就在他不得已蟄居荊州的期間，反而意外有了招賢納士的機會。可以說，求才若渴的劉備透過司馬徽而與孔明相遇，是必然的結果。

諸葛亮隱居地　湖北省襄樊市西部的隆中山，有牌坊和三顧堂，全是明、清時代所建。此外，河南省南陽市也有一處諸葛亮的隱居地。

孔明在他的隱居地隆中，向劉備說明三分天下之計，亦即容忍曹操占領北方、孫權盤據江南，劉備則取荊州及西邊的益州與之抗衡。這個計謀，給了一直不斷流離失所的劉備一個明確的願景，堪稱長期蟄伏荊州間最大的收穫。而且，實現這則計謀的機會竟然意外地早到，就是在劉備三顧茅廬迎請孔明隔年的建安十三年，也就是赤壁之戰那一年。

「赤壁」前夜

建安十三年八月，曹操率大軍正準備攻打荊州，就在此時，劉表死了。他的死不得不說是個絕妙的時機，算是歷史的巧合吧。繼位者是次子劉琮，他甚至不讓黃祖敗死後任江夏太守的兄長劉琦見父親臨終前一面，兄弟對

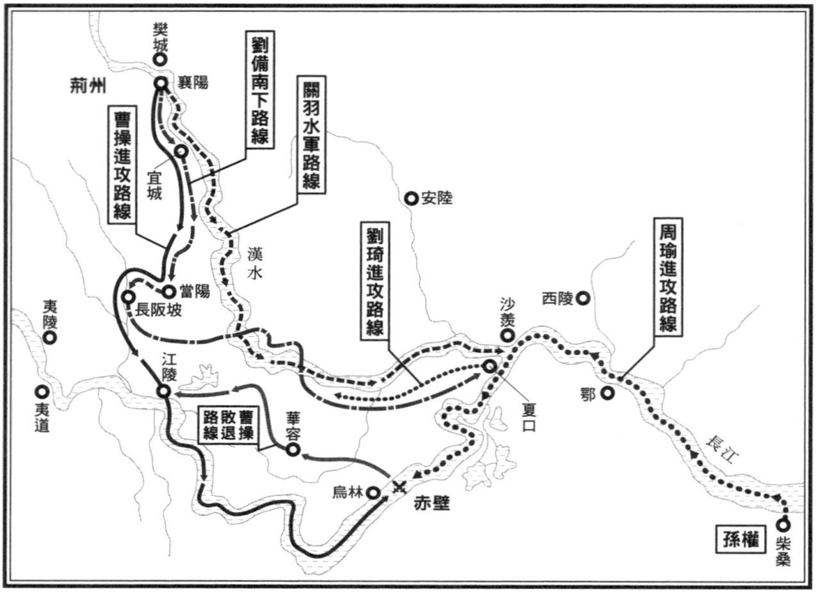

赤壁之戰　曹操下長江，在赤壁與周瑜、劉備軍對決，然後從陸路逃亡江陵。

立加深，讓人連想是重蹈袁紹死後的覆轍，但袁紹的情況是長子投靠曹操，這次換成了次子劉琮，繼承荊州牧的他竟採納參謀的意見，十分乾脆地投降了曹操。

這對曹操而言，真是喜出望外吧。儘管不像河北那麼困難，但曹操也是帶著相當的覺悟才來攻打荊州的，沒想到不戰就到手了。不過，這個天上掉下來的禮物也打亂了曹操的盤算。按照曹操原本的計畫，此次南進的對象說穿了只有荊州，並未企圖連孫權也一起攻下來。他在玄武池訓練水軍，也是為了荊州的水戰，如今荊州如此輕易就降伏了，曹操也隨之改變意向，當下決定討伐孫權。參謀賈詡和程昱都力勸他要審慎行事，但曹操聽不進去。這時，曹操寫了一封信給孫權：「近者奉辭伐罪，旌麾南指，劉琮束手。今治水軍八十萬眾，方與將軍會獵於吳。（我奉皇帝之命討伐罪人而來，戰旗一指向南方，荊州的劉琮就立即投降了。現在我要率領八十萬水軍，與你在吳地一起會獵。）」「會獵」是皇帝巡幸地方的比喻，曹操顯然以皇帝自居，充分暴露出他制霸天下的野心更加高漲。已經五十過半的曹操，肯定相當心急。

劉琮投降的消息對劉備而言無疑是晴天霹靂，他慌張失措地逃亡南方，曹操在後窮追不捨。依慣例，劉備再次拋妻棄子逃難去，後來是趙雲在亂軍中救出他的兒子阿斗，張飛在當陽的長阪坡上喝退曹操的追兵，但都於事無補，逃難高手劉備這次真成了袋中鼠，退無可退。

對孫權來說，劉琮投降的消息也是意料之外，滅掉江夏的黃祖後，他的下一步便是直攻荊州，偏偏此時敵人忽然消失，取而代之的是大敵曹操突然現身。看到曹操寄來的威脅信中自豪擁有八十萬水軍，孫權陣營大感震驚。以張昭為首的大部分部下都勸孫權投降。就在此時，發生了一件嚴重的事。孫權的堂兄豫章太守孫賁準備投降曹操，並打算送自己的兒子去當人質。前面已經提過，孫賁之女是曹操之子曹彰的妻子。曹操派遣使者封孫賁為「征虜將軍」，地位等同於孫權的「討虜將軍」，離間的居心昭然若揭。如果孫賁倒戈，孫權陣營將會瓦解。此時，孫堅時代的老部下，以吳郡太守身分固守孫氏大本營的朱治，自告奮勇盡全力說服孫賁，才終於阻止他投降曹操的念頭。

值此危機，魯肅和周瑜毅然主張討伐曹操。尤其魯肅以弔唁劉表之名轉往當陽，拜訪陷入絕境的劉備，當時劉備絕望地想在南方的僻地蒼梧（今廣西壯族自治區的梧州）落

拯救阿斗的趙雲　救出劉備獨子的忠臣，是《三國演義》中著名的場面。

腳，魯肅說服劉備與孫權同盟抗曹。對劉備而言，這是求之不得的良機。於是劉備立即停止南逃，移師東邊的夏口與劉琦的軍隊合流，魯肅則與諸葛亮回到柴桑，再和周瑜一同說服孫權。他們一一舉出有利條件，例如，曹操有涼州的韓遂和馬超這個後顧之憂，而且補給線拉得太長，雖然號稱水軍八十萬，其實只有一半左右且不擅水戰，軍中又有流行病蔓延等，在在激勵稍微膽怯的孫權，孫權聽到他們的分析後，終於決定放手一搏。

曹操遭火攻兵敗

就這樣，曹操、劉備、孫權都是在無法預料的局勢中投入赤壁之戰。曹操從北方帶來了三十萬兵力，在荊州又得到十萬，總共約四十萬，實際在前線作戰的約一半，即二十萬左右。而孫權的兵力約十萬，周瑜帶軍五萬，實際上戰場則為三萬左右。加入此戰的劉備，兵力僅二千而已。

一看就知道，魯肅與劉備同盟，完全不是看上他的軍事力量。在現場擔任主帥的周瑜，應該對這樣不對等的同盟關係感到灰心，搞不好內心還是反對的。不過，魯肅其實是想利用劉備長年待在荊州所獲得的人望。劉琮突然投降，讓荊州的輿論一分為二，對降曹不滿的大多數人都將希望寄託在劉備身上。這點，從荊州本地和僑居於此的士人，後來一半效力於魏、一半效力於蜀也可窺知。魯肅應當是認為與荊州無地緣關係的吳，有必要與劉備同盟來吸收反曹勢力。

戰爭就在曹操軍的船隊由江陵下長江而來，在長江南岸的赤壁一帶遭逢周瑜軍而開火。不過，曹軍出師不利，栽了個大跟斗。大概是曹操所利用的荊州水軍不能完全聽從指揮，因此不敵周瑜的

赤壁古戰場　湖北省赤壁市。面對長江岩壁上的「赤壁」二字，相傳是周瑜的筆跡。

水軍。曹軍退到北岸的烏林，兩軍隔江對峙。此時曹軍疫病蔓延，士氣低落。

這時，周瑜採用部將黃蓋的建議，讓黃蓋寫詐降書帶去投降曹操，足智多謀的曹操竟不疑有他，只能說是一時鬼迷心竅。黃蓋帶領十艘小船打頭陣，船上裝著浸滿油脂的薪柴，再用布覆蓋起來，從南岸駛向北岸，偽裝成投降模樣，然後在接近曹軍的途中於船上點火，火船一起衝向曹操的船隊。這時候吹起強烈的東南方，由於曹操的北方士兵不擅水戰，因此船與船之間利用繩索互相牽連以減輕搖晃，但這麼一來，船隊瞬間化為火海。損失所有船隊和大半兵力的曹操，帶著狼狽不堪的殘兵，急急穿行泥濘難行的華容小道，好不容易才退到江陵。之後留曹仁固守，自己夾著尾巴逃到北方去了。

《演義》中的赤壁之戰

史書記載的赤壁之戰，內容大致如此。但《演義》把它寫成氣勢磅礴的戰爭大戲。首先是黃蓋詐降的苦肉計，龐統誘騙曹操船隊以繩索連結在一起的連環計，還有曹操的使者蔣幹中計，讓曹操誤殺了部下蔡瑁、張允，諸葛孔明於南屏山築台祭風，關羽在華容故意放乞求饒命的曹操一條生路，然後在其中穿插了孔明與周瑜的鬥智、曹操對周瑜的明爭、周瑜對孔明的暗鬥等情節，高潮迭起，扣人心弦，簡直看得讀者手心冒汗、不能釋卷，堪稱《演義》中寫得最精彩的篇章。不過，這些純屬虛構，只有蔣幹以使者身分來到周瑜陣營這件事是真的，但應該發生在赤壁之戰以前，曹操再三地懷柔孫權的時候。

然而，比較過史實和小說，都會產生一個大疑問，就是這場戰役發生在陽曆十一月的隆冬之際，但為何隆冬時節會吹起東南風呢？如果沒有吹起東南風，黃蓋的火攻就不成立了。也就是說，東南風是決定戰爭勝負的最大關鍵。這一點，顯然《演義》的作者也注意到了，因此他特別設計場面，讓曹操對擔心火攻的部下說：「冬天不可能吹東南風，放心吧。」又讓孔明施法術解決這個問題。事實上東南方不可能是諸葛亮施法召喚來的，這點不言自明。

另有一說是，冬至以後，這個地方有時候會刮起東南風，而且周瑜和黃蓋已知此事。但事實為何無從得知。赤壁之戰的開端就是出於偶然，那麼，或許結束於偶然刮起的東南風也不足為奇吧。

總之，赤壁之戰後，由曹操、劉備、孫權三分天下的形勢已然建立了。雖然除了這三雄之外，還有益州的劉璋、漢中的張魯，以及涼州的韓遂、馬超，但他們都是邊境的地方軍閥，既無奪取天下的野心，也無此實力。至此，群雄割據的時代結束了。

第三章　三分天下

兵家必爭之地——荊州攻防

從赤壁之戰後的二〇八年，到曹操死、曹丕即位的二二〇年，是三雄不斷互相展開激烈爭奪戰的時期。爭奪戰主要發生在三個區域，首先在中部，赤壁之戰後孫權與劉備爭奪荊州；在西部，曹操與劉備爭奪劉備入蜀後的漢中；在東部，孫權與曹操爭奪合肥。而且這三大攻防戰互相緊密關連。我們先從荊州的攻防談起。

荊州位於中國的中心，等於是心臟部位，由此往北，可經洛陽、太原到達蒙古；往南，可從交州（今廣州）到達東南亞；而且屬於東西交通大動脈的長江就從北部橫過；此外，若從長江支流漢水溯江而上，可到達四川盆地以北的漢中。也就是說，它位居東西南北水陸交通的要衝，因此，中國分裂時期可說必定在此展開爭奪戰，也就是所謂的兵家必爭之地。

周瑜的奮鬥與早逝

赤壁之戰大敗後的曹操，將荊州北部的江陵和襄陽交給曹仁（曹操的堂弟）和樂進把守，自己引軍北去。周瑜乘勝追擊，率領程普、呂蒙、甘寧間不容髮地進攻江陵，經過一年多的苦戰，終於將曹仁趕到北方，占領江陵。周瑜在此戰役中負傷，但孫權仍任命他為南郡太守，統率以江陵為中心的南郡地區。

於此同時，劉備及諸葛亮趁周瑜為江陵之戰忙得不可開交的紛亂之際，奪取了荊州南部的武陵、長沙、零陵、桂陽四郡，周瑜無奈只好默認劉備在此四郡的統治權，孫權還把自己的妹妹嫁給劉備，以鞏固同盟關係。此時，駐守長沙郡的老將黃忠已加入劉備幕下。就這樣，北部的南陽郡歸曹操，中部長江沿岸的南郡及江夏郡歸孫權，南部四郡則歸劉備，荊州一分為三，宛如三國時代的縮圖了（參考本書第九一頁圖）。

劉備奪下荊州四郡，乍見彷彿占領面積最為遼闊，其實不然。南方四郡的確土地遼闊，但大部分都是武陵蠻等異族居住的未開發地，劉備占據這裡，只能算是個地方軍閥罷了。要實現諸葛亮三分天下之計，必須西取益州，因此，無論如何非奪下通往益州的入口南郡（江陵）不可。劉備占領四郡後，將位於最北端、與江陵隔江對望的油江口改名為公安，當成自己的根據地，充分展露決心，奪取近在咫尺的南郡。

劉備的企圖心，周瑜當然早已察覺，而且不會把到手的南郡讓給劉備，既然奪得南郡，他當然想繼續進攻益州。兩人打的是同一種盤算。劉備也知道周瑜不會放手，認為應該直接找孫權交涉，於是到長江下游的京（今江蘇省鎮江市）拜訪孫權。此刻，劉備認為自己是孫權的妹婿，應該可以直接請他放手。由此也可看出劉備迫不及待的心情。得知此事後，周瑜去信孫權，提議將劉備扣留在京，但因為北方還有曹操的威脅存在，孫權認為劉備還有利用價值，便未採納周瑜的建議；此事背後應有魯肅的意見使然。

周瑜一得知自己的建議遭拒，立即從江陵奔赴孫權處，與孫氏一族的孫瑜聯合提案攻打益州，獲得孫權同意後，又即刻整軍回江陵，卻因舊傷惡化死於途中的巴丘（今湖南省岳陽市），年僅三十六歲。周瑜之死是孫權的一大損失，但對劉備而言，則是一大幸運。周瑜臨終前推薦盟友魯肅為後繼人；但魯肅向來主張與劉備結盟。大業未竟、壯志未酬，想必在周瑜的心中留下了一抹遺憾。

關於這段史實，《演義》主要是描述諸葛亮如何巧奪周瑜煞費苦心才到手的江陵，種種神機妙算，終於氣死周瑜，亦即有名的「三氣周瑜」；這也是子虛烏有。關於爭奪荊州而展開的一連串緊迫的明爭暗鬥，《演義》並未真實呈現。

魯肅的深謀遠慮

魯肅出生於徐州最南端的東城（今安徽省定遠縣）。周瑜的祖父曾是東漢的太尉，而魯肅的父親則名不見經傳，可見並非系出名門。不過，魯肅家裡很有錢，他年輕時終日練習劍術和騎馬，被家鄉的老人們喚作「狂兒」，諷刺他是個敗家子。聽到傳聞後，周瑜率部下前來索取兵糧，魯肅指著家中兩座米倉的其中之一，就這樣奉送給周瑜，可見為人相當慷慨。不過，這種慷慨並非付出不求回報，用時下的話來說，就是一種投資。不久，魯肅看到北方混亂，認為江南才是樂土，於是帶著魯氏一族鄉黨渡長江而來，然後在周瑜的引介下拜會孫權。這下，他的投資就回本了。

拜見孫權時，魯肅明確提出復興東漢王朝已是不可能，曹操的優勢地位也不會動搖，進而建議應拿下江南後，再觀望天下情勢，伺機消滅劉表，占領長江以南而成就帝王大業。雖然立場不同，但這個想法與諸葛亮的三分天下之計無異，而且比諸葛亮更早提出來。此外，占領長江以南這點，也和盟友周瑜一致，但周瑜傾向單獨行動且急於完成，相對地魯肅傾向從長計議，漸進而為。不過，魯肅的考量未獲理解，尤其是孫權麾下第一名士，於後來的赤壁之戰時主張投降曹操的張昭，就強烈批判魯肅。

這時候的魯肅，對於共同抗曹的夥伴並無具體人選。然而就在赤壁之戰前夜，他最早看出那個人就是劉備。於是他前往拜會陷入絕境的劉備，說服雙方結盟；他對首次見面的諸葛亮說：「我是您兄長諸葛瑾的朋友。」然後陪同諸葛亮到柴桑會見孫權，並且找周瑜一起過來說服孫權抗曹，這些都是魯肅一手促成的。

此時，他對孫權說：「我投降曹操，以我的家世，還能回到故鄉做個一官半職，但你投降曹操後，能回去哪裡呢？」因而說服了孫權。不過，關於魯肅的家世，之前已經提過，他並非名門出身，大概家世和孫權差不多。後來充當使者前往魏國的趙咨，被魏帝問到孫權的長處時，他舉例回答：「能從『凡品』（普通家庭）中拔擢魯肅。」魯肅的這番話應是暗諷主降派的張昭等名士吧。東漢以來的名士階層，無論隸屬魏、蜀或吳，內心都很在意是否為正統的漢王朝，或者說，他們對以正統漢王朝繼承者自居的魏，其實是很願意接受的。這件事說明了魯肅和他們不是同個階層，想法完全不同。

第一次分割荊州

周瑜死後，魯肅繼位，他一改周瑜的政策，將劉備夢寐以求的南郡統治權借給了劉備。他認為吳國無法單獨抗曹，而且尚未完全收服荊州人心，眼下的上策應該是利用劉備治理荊州，讓曹操多一個敵人。更何況並非將南郡拱手讓出，而是出借罷了，將來不只是劉備此時實質統治的南部四郡在內，整個荊州都能夠拿回來。再者，荊州東邊的江夏郡和長沙郡北部的漢昌（後改稱吳昌，今湖南省平江縣）都已在自己手中，等於掐住了要害。

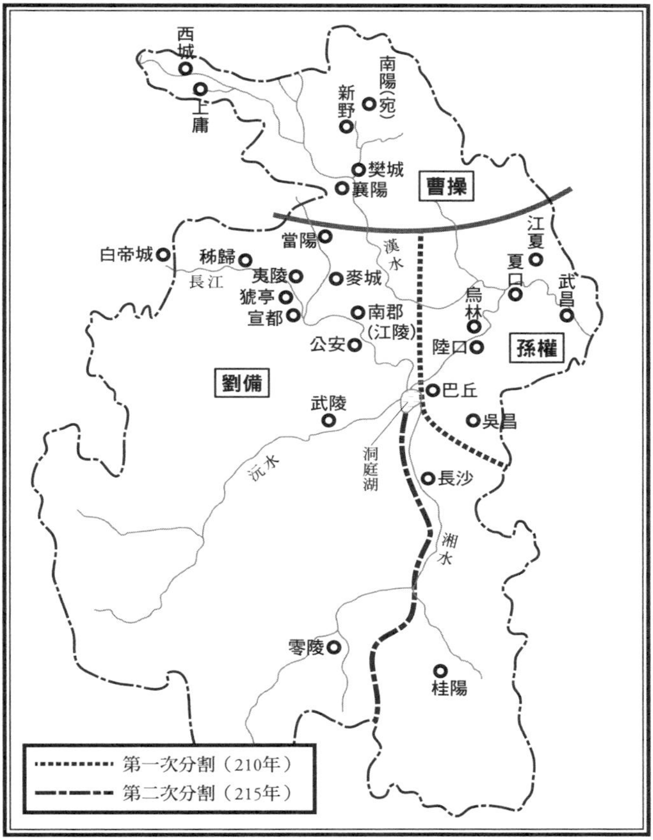

蜀與吳瓜分荊州

這是多麼周到且大膽的計略。自己處於壓倒性優勢的地位，卻願意從大局著想，對弱小的對手做出如此大的讓步。也只有將一座米倉二話不說送給周瑜的魯肅，才能做出這種高難度的政治性決斷。這就是孫權與劉備對荊州的第一次分割。

據說，曹操聽到這個消息時正在寫信，驚訝得筆都掉下來。當年，劉備寄於曹操籬下時，曹操曾在他耳邊輕說：「當今天下英雄就只你我二人了。」劉備嚇得筷子都掉了，這下總算出了一口氣，全得歸功於魯肅。得到荊州，尤其是南郡，等於為劉備打開了攻打益州之路，進而實現三分天下之計。就這層意義而言，魯肅才是三國時代最偉大的戰略家了。

然而，魯肅的這番深謀遠慮並未獲得正確的理解。就連孫權在魯肅死後回顧他的功績時也說：「力勸建立帝王大業，主張投入赤壁之戰是魯肅的功勞，但把荊州借給劉備，是他的失策。」不過，觀察之後的歷史，顯然爭奪荊州讓吳蜀同盟的關係生變，才是兩國滅亡的最大要因。

在《演義》中，魯肅被徹底貶低了。一如所述，從赤壁之戰的結盟到出借荊州，一連串動作都是魯肅主導的。但《演義》卻主客顛倒，將之歸功於諸葛亮，魯肅則淪為一個穿梭於劉備和孫權之間，滑稽可笑的老好人了。《演義》是以蜀魏作為代表善惡的主角，吳則被寫成一個陪襯的丑角，這點在魯肅的描寫上尤為明顯。

孫夫人的悲劇

這裡，我們回頭看一看孫權妹妹與劉備結婚這件事吧。兩人結婚是在劉備占領荊州南部四郡，駐屯公安之後，但孫權為何將妹妹嫁給劉備則不得而知。《三國志．劉備傳》寫道：「權稍畏之，進妹固好。」（孫權有點懼怕劉備，就讓妹妹嫁給劉備來鞏固同盟關係）但這個時候，孫權果真那麼懼怕劉備嗎？

試想，因為曹操布局下的政治聯姻，族人陸續背叛，孫權飽受此害，應當不致於想對劉備施以同樣的手段。孫權的妹妹是女中豪傑，據說性格同哥哥一樣豪邁，隨時讓百餘名侍女持刀護衛著，每次劉備去妻子那裡都擔驚受怕不已。而且孫夫人從吳國帶了眾多官吏和士兵，經常惹事生非，對劉備而言，無疑像是腋下的一把刀。後來劉備攻打益州時，孫權派船去把這個妹妹接回來，但這時孫夫人想把劉禪也一起帶走，被趙雲和張飛阻擋。之前在荊州逃難時，趙雲就曾救過劉禪，這次是第二次了。

從上述經過來看，孫權嫁妹予劉，是為了牽制意在統治荊州的劉備，因此畏懼的人理應是劉備吧。而且這位孫夫人應該是孫權的親妹妹才對，但《演義》把她寫成了孫權的異母妹（即孫堅次妻吳國太的女兒），結婚時間也寫成是劉備赴京拜訪孫權時，再穿插吳國太、二喬（以美貌著稱的姊妹，大喬嫁給孫策，小喬嫁給周瑜）之父喬國老等人物登場，以及諸葛亮用錦囊妙計讓劉備夫婦及趙雲成功脫險等情節，將故事寫得有聲有色。

最後，傳聞劉備與孫權部將陸遜交戰大敗而死，孫夫人因悲痛至極而投江自盡，這也是絕屬創作。《三國志》以及裴松之的注釋中，對於返吳後的孫夫人隻字未提，很難想像她會為夫殉死，但她淪為兄長荊州戰略下的犧牲品，這種不幸應難否認。《演義》中，孫夫人名為孫仁，但這是孫權異母弟孫朗的別名；《三國志》中，孫權的兩個女兒分別為魯班、魯育，倒是從未提及親妹妹的名字。

單刀會——第二次分割荊州

建安二十年（二一五），劉備順利平定益州後，孫權立即派遣諸葛亮之兄諸葛瑾前去要求歸還荊州，但劉備回以：「等我拿下涼州後，就把荊州全部還給你們。」等於是不願歸還。孫權大怒，派吳蒙奪取長沙、桂陽、零陵三郡。劉備見事態嚴重，便從成都返回公安，令鎮守江陵的關羽攻打這三郡。孫權也親自來到魯肅所駐屯的陸口，命魯肅阻擋關羽軍。

兩軍箭拔弩張，衝突一觸即發，就在此時，曹軍準備率兵攻占益州北邊的漢中，劉備慌了手腳，主動願與孫權講和，孫權再次派諸葛瑾前往交涉講和條件。結果，雙方約定以發源自洞庭湖、縱向流貫荊州南部的湘水為界，東側的江夏、長沙、桂陽歸孫權所有，西側的零陵、武陵、南郡歸劉備所有。也就是說，交涉結果孫權只得到長沙南部及桂陽而已，但劉備取得了南郡等地，占盡優勢，主張維持同盟關係的魯肅想必居中出力不少。

為爭奪荊州而與關羽對峙的魯肅，曾把關羽叫出來。雙方皆將兵馬停在遠處，只有少數將校帶單刀赴會。見到關羽後，魯肅將劉備的不義狠狠數落了一遍，據說關羽無言以對。不過，這時候魯肅應該提出了什麼妥協方案才對，不然沒必要特意叫關羽出來。至於怒斥關羽，想必不是真衝著他，而是為了罵給後排的吳國將校，也就是以孫權為首的吳國強硬派聽的吧。因為之前關羽軍曾屢次挑釁，但魯肅皆以大局著想不為所動，努力維持和平，因此這時候要作勢罵一罵，以杜悠悠之口。

不過，到了《演義》，這段故事又被寫得顛倒是非，變成關羽威風凜凜地暢言大義，魯肅怯居

單刀會　描繪關羽（左起第三人）與魯肅（右起第三人）講和情景的民間年畫。清代末期所作。

下風，狼狽而逃。這段「單刀會」自元代被寫成戲曲以來，直到今天的京劇，都是相當受歡迎的戲碼。不過，魯肅又再次被扣上丑角的帽子。

後來魯肅一死，吳國再也無人如此重視與蜀的結盟，再加上關羽的大意，荊州就整個被孫權奪去了。

劉備平定益州與漢中攻防

曹操的失敗與張松獻圖

益州，國名稱「蜀」，即今之四川省，位於長江上游，是一處群山環繞的盆地，面積約為日本的一・五倍，加上天然資源豐富，光這裡就有自成一個國家的優越條件。自東漢初期公孫述據此地自稱皇帝以來，這裡誕生過許多獨立王國，近期則有蔣介石政權據守於此，直到中日戰爭結束。

東漢末年，荊州江夏郡出身的皇族劉焉擔任益州牧。劉焉是因為相信益州有天子之氣這個預言而野心勃勃地來到這裡。當時，中原一帶戰禍頻仍，益州自不例外地湧入大批流民，特別是從荊州的南陽及長安一帶的三輔，流民達數萬戶之多，劉焉則從中招兵，組織成「東州兵」。可是，這些流民與原本的居民相處不睦，北鄰的漢中守將張魯又常騷擾不斷，情況相當複雜，而劉焉死後，繼位的劉璋個性優柔寡斷，壓不住這些紛亂，於是居民愈來愈不安。劉備和周瑜都想攻打益州，就是因為知道益州的這種困境。

赤壁之戰前夕，劉璋派部下張松到荊州拜會曹操，順便窺探軍情。才剛拿下荊州的曹操志得意滿，根本不把長相醜陋的張松放在眼裡。離開曹操後，張松順道去拜訪劉備，陷於困境中的劉備待他如上賓。回到益州後，張松建議劉璋與曹操斷絕關係，改與劉備結盟。其實，他老早暗自打算迎劉備到益州取代劉璋的地位，不但向劉備詳細介紹蜀的狀況，連地圖都一併奉上了。

趕走張松與赤壁之戰大敗，都算是曹操的大失誤。張松雖其貌不揚，但博聞強記，曹操幕下的楊修曾將曹操所寫的兵書拿給他看，他只看一遍就背起來了，記憶力驚人。曹操平時用人唯才，不論出身或容貌，而且官渡之戰時還刻意派遣使者前去懷柔劉璋，這時卻不顧楊修的推薦而冷落張松，將攻打益州的絕佳機會拱手讓給劉備，可見待在荊州這段時期的曹操，確實有點反常。

《演義》將這場曹操與張松的會面，寫在劉備即將進入益州之前的建安十六年（二一一），地點為許都，而且還寫成張松看了曹操的著作《孟德新書》後，對楊修說：「這種玩意兒，在我們蜀國連小孩子都懂。」曹操得知後，氣得把書給燒了。

張魯的宗教王國

益州北部的漢中，是連結蜀與長安一帶的交通要地，統治這裡的人是張魯。張魯的父親張陵是豫州沛國人，在蜀地一座叫「鵠鳴山」的靈山修行，創立了「五斗米道」。關於「五斗米道」的內容容後再述，簡單說就是以符水咒術為人治病，和黃巾賊的太平道大同小異，治病的謝禮為五斗米，因此稱為「五斗米道」。之前已經提過，益州有大批來自南陽的移民，南陽又是黃巾賊的根據地之一，或許兩者不無關係。五斗米道和太平道的教祖都姓張，應該也非偶然。

五斗米道傳到張陵之孫張魯時，應該已經十分壯大了，張魯的母親就經常出入劉焉家傳「鬼道」。提到「鬼道」，令人想起《三國志》中，有邪馬台國的卑彌呼以「鬼道」蠱惑人心的記載，應當是指那些招神驅邪的巫術吧，只不過有趣的是，在中國中部地方，這種巫術被當成邪教禁止，但邊境的益州卻對它十分寬容，連州牧家裡都能有道士進出。

青城山　位於四川省成都以西六十公里的道教聖地。相傳五斗米道的張陵在此傳教。現被聯合國教科文組織列為世界遺產。

一心懷抱登帝大夢的劉焉，想利用五斗米道達到政治陰謀。他派張魯到漢中，封鎖通往北方的道路，再殺害朝廷派來的使者，然後向朝廷謊稱是五斗米道的匪徒擋路打劫，企圖背叛朝廷，建立自己的獨立王國。官渡之戰時，曹操的使者未能來到益州，就是出此緣故。

然而，張魯的勢力迅速擴大，到了劉璋時代已經不受控制了。劉璋一怒之下誅殺張魯的母親及弟弟，雙方變成仇敵，於是曹操趁虛而入。

曹操征討關中

赤壁敗戰而歸的曹操，放下身段地積極延攬人才，專心內政，又在鄴城建立銅雀台，正式立此為根據地，之後任命兒子曹丕為地位相當於副丞相的五官中郎將，種種作為都是為了篡奪漢朝政權而穩紮穩打地準備著。或許因為征討南方吃盡了苦頭，曹操於建安十六年（二一一）把目標轉移到西邊，命駐守洛陽一帶的司隸校尉鍾繇和將軍夏侯淵前去討伐漢中的張魯。不過，這應是曹操的假動作，因為討伐漢中必須途經關中（長安一帶），而該地有馬超、韓遂等大小軍閥割據。若要將這些軍閥一一擊破，勢必得在遼闊的關中各地轉戰不休，徒然耗費許多時間與精力。但是，一旦聽聞曹操將率大軍途經關中攻打漢中，軍閥們應該就會合力阻擋，曹操的計謀就是在此時一舉殲滅眾軍閥。部下高柔（後來官至司空）曾向曹操進諫，此時應先平定關中，漢中自然歸順而來。由此可知，高柔顯然未能洞悉曹操真正的意圖。事實上，鍾繇後來也沒進軍漢中。

果然，關中的軍閥一聽到曹操將征討漢中的消息，以馬超、韓遂為首的十位軍閥便聯合起來，率領十萬大軍抵達洛陽以西、關中的入口處潼關。昔日為討伐董卓，關東諸侯曾經聯手，如今為討伐曹操，關西軍閥也互相結盟。不過，和關東諸侯一樣，他們不過是倉促成軍的烏合之眾，正中曹操下懷。

曹操親自領軍到潼關迎戰，再從潼關北渡黃河向西進軍，再渡黃河南下，從側面攻擊聯軍。遭曹軍攻其不備的聯軍敗退到渭水南邊後，向曹操提出和談，曹操拒絕，然後使用離間計分化聯軍。

軍閥中居領導地位的是馬超和韓遂，韓遂曾是馬超之父馬騰的結拜兄弟。曹操年輕時曾在洛陽與韓遂有過交往，於是，曹操設局安排與韓遂兩人單獨於戰場上會晤，在眾人環視下，戰馬一字排開地交談。話題刻意避開軍事，只暢談昔日之情。馬超等人在兩人會晤後追問韓遂與曹操談了什麼，韓遂據實回答：「沒什麼大不了的事。」這讓馬超對之產生懷疑。馬超之父馬騰本來就和韓遂失和，後來投靠了曹操，因此馬超和韓遂也不對盤。曹操事後又寫信給韓遂，信中故意留下許多塗改的痕跡，看起來就像是韓遂竄改的，讓偷看此信的馬超疑念更深。於是曹操一舉攻擊關係生裂的馬超與韓遂，粉碎了聯軍。

曹操繼續揮軍向西，於長安北部的安定迫使地方軍閥楊秋前來投降，曹操見大勢已定，將夏侯淵留在長安，自己引兵東歸。夏侯淵再繼續西進追擊馬超等人，馬超最後在關中待不下去而投靠漢中的張魯，再逃亡到當時正在攻打成都的劉備那裡。韓遂不久後戰死，這麼一來，關中就在曹操的計畫中平定了。回到鄴城後，曹操誅殺馬騰及其一族以儆效尤。

然而在《演義》裡，卻將故事顛倒成馬騰欲暗殺曹操，慘遭曹操滅門；馬超為報父仇而率兵開戰。離譜的不只如此，還寫曹操在潼關遭馬超大敗落跑，馬超的追兵中有人大喊：「穿紅袍的是曹操！」曹操便慌忙脫下紅袍；有人大喊：「蓄長鬍子的是曹操！」曹操便取劍切斷長鬚；又有人大喊：「留短鬍子的是曹操！」曹操被迫撕下旗幟覆住頭顱，抱頭鼠竄，種種描述把曹操徹底戲劇化了。這大概是為了將日後成為蜀國大將的馬超塑造成英雄人物，所做的小小安排吧。

曹操征討關中之役如預期獲得大勝，但產生意料不到的波及效果，就是讓劉備巧奪了益州。鍾繇和夏侯淵欲征討漢中張魯，消息從關中傳到了漢中，還傳到益州劉璋那裡。被征討的對象張魯自然驚懼不已，連劉璋也頗有危機感，因為漢中算是益州的北部屏障，漢中淪陷，益州自然不保。之前與劉備有過交情的張松認為機會來了，就向劉璋進言，建議在曹軍來臨之前主動出擊攻打張魯，但憑己之力又做不到，因此宜向同為漢室皇族的劉備借力。此舉一見即知是為了引劉備入益州，但頭腦簡單的劉璋不顧眾部下反對，採納了張松的提案。張松立即派遣法正去請劉備到益州來。恐怕曹操也想不到事情會發展到這一步吧。

劉備巧奪益州

人在荊州的劉備對此良機喜出望外，留下諸葛亮及關羽、趙雲駐守荊州，自己率龐統前往益州。龐統就是當年被司馬徽稱為「鳳雛」的策士，足智多謀與諸葛亮齊名。建議劉備重用他的人便是魯肅。在此之前，周瑜曾主張直攻益州，魯肅主張與劉備同盟，孫權在兩者之間舉棋不定，後來主動向劉備提議聯手征討益州，但劉備以不能討伐同為漢皇族的劉璋為由拒絕。孫權於是說，那麼他就要直接派孫瑜去征討益州了。結果劉備又誇張地說：「如果我同意你去討伐劉璋，身為同族，我有何臉見天下人！如果你真要討伐劉璋，我只好披髮隱居山中了！」同時派兵阻擋孫瑜，孫瑜只好撤退。孫權以為劉備無意取益州，其實是被劉備的假惺惺給騙了。當劉備翻臉不認人地進入益州時，孫權大罵說：「這個狡獪的傢伙！」並在這個時候把妹妹孫夫人叫回來。

劉璋親自迎接劉備一行人時，張松、法正和龐統皆建議當場捉拿劉璋，但劉備一向注重大義名分，行事謹慎，因此並未採納。雙方居然設宴長達百餘日，劉備才終於動身，帶著劉璋給予的軍力前往北方的葭萌（漢壽）。然而，劉備根本無心攻打張魯，他一邊致力於他所擅長的收服人心的工作，一邊伺機攻打成都的劉璋。這是建安十六年（二一一）年歲末的事，與曹操征討關中而回幾乎同期。

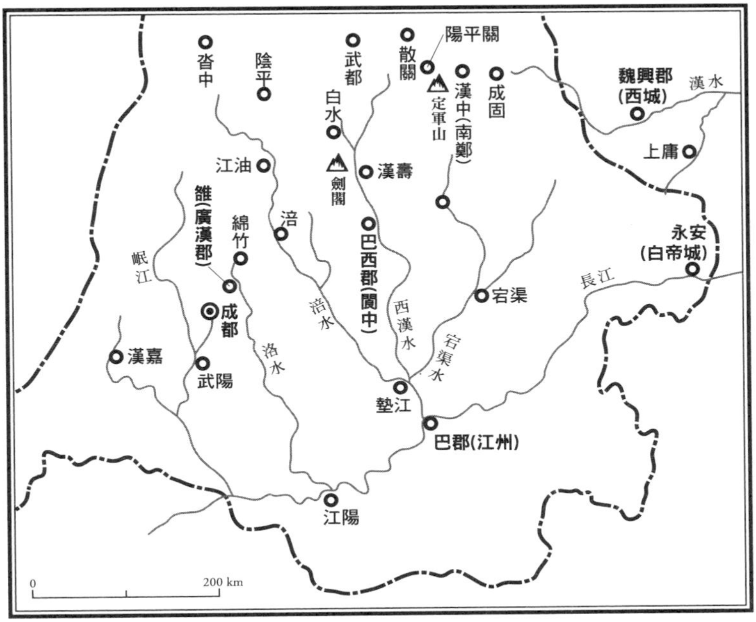

益州相關圖

成都無血開城

機會於隔年來了。龐統向劉備提出三策：立刻襲擊成都是為上策；假裝發生緊急事故必須趕回荊州，然後藉機捉拿劉璋派來監視劉備的大將楊懷、高沛，再取成都，此為中策；直接返回荊州再重新攻擊成都是為下策。他並催促劉備速作決斷，否則將坐以待斃。劉備選擇中策。就在此時，剛好在合肥與曹操對峙的孫權來信，請求劉備返回荊州一起抵禦曹操。從當時的情勢研判，孫權應該不會如此多管閒事才對，因此這很可能是劉備利用孫權做出來的幌子吧。劉備以荊州告急為藉口，要求劉璋給予一萬增兵及兵糧，但劉璋只給四千名士兵而已。此時，張松以為劉備真的要返回荊州，寫信勸劉備留在益州，這封信傳到了劉璋手中，劉璋得知中計後便將張松處死。事跡敗露的劉備知道這場戲演不下去了，便公然與劉璋反目，殺掉楊懷和高沛，然後揮軍直闖成都。

然而，成都攻略遭到劉璋軍的頑強抵抗，意外地久攻不下。中途諸葛亮、張飛、趙雲均前來支援，但在成都北邊的雒城圍城戰歷時一年餘，龐統甚至中箭身亡。就在好不容易攻克雒城，逼近成都時，劉備得知馬超逃來漢中的消息，便派密使力勸他歸順，馬超應允而加入包圍成都中的劉備陣營。馬超到來的消息傳進成都城中，眾人大感震撼。儘管還保有十足的抵禦能力，但劉璋在不到十天的時間內就決定「無血開城」，投降劉備。時值建安十九年（二一四）夏天，終於結束了這場長達三年的攻防戰。劉備在最後關頭請來馬超助陣，發揮相當大的作用。而這算是曹操間接促成的，曹操若知，不知作何感想。

《演義》寫龐統死於落鳳坡，以落鳳來附會鳳雛（龐統）之死，但這顯然為虛構的地名。此外，龐統死後，諸葛亮前來支援，這也不是事實。順便一提，劉備將投降的劉璋移往公安，後來荊州落入孫吳手中，孫權又任用劉璋為益州牧。

漢中爭奪戰：「雞肋」之謎

當劉備為平定益州而奔波時，曹操在鄴都受封為魏公。劉備平定益州的消息傳來，曹操肯定很不是滋味。因為攻打漢中原是曹操自己為征討關中所釋放出的煙霧彈，沒想到兜了一大圈子，卻換來這樣的結果，曹操若早知如此，一定會直取漢中。於是翌年建安二十年（二一五）三月，曹操迫不及待親自率軍進攻漢中，可謂劍及履及。四月就已經越過散關進入漢中，然後破陽平關，直逼漢中的中心地南鄭。此時，之前敗於曹操的韓遂被部下殺死，首級送到了曹操處。張魯也有意投降，但遭部下阻止而逃往南部的巴中。

這時候，隨同征戰的司馬懿向曹操提議應趁劉備尚未站穩益州時進軍討伐，但或許是在荊州失利吃足了苦頭吧，曹操說了一句東漢光武帝在同樣狀況下說過的名言：「人苦不知足，既平隴，復望蜀。」（比喻貪得無厭，不知滿足）就速速引兵東歸了。事實上在東部，曹操陣營與孫權陣營的戰局愈趨緊張，曹操根本無力討伐益州。而曹操如此疾風似地攻擊漢中，已經讓成都陷入恐慌狀態，造成劉備和孫權第二次分割荊州，這部分之前已經說過。這年的歲末，張魯也投降曹操了。

漢中被曹操奪走後，劉備坐立難安，因為好不容易到手的益州等於門戶洞開。事實上，曹操留在漢中的部將張郃果然南下進攻巴郡的宕渠，但被張飛奮戰擊退。此後長達四年，曹操陣營的夏侯淵、張郃、徐晃與劉備陣營在漢中一進一退激戰不下，不過，戰況漸漸對劉備有利了。因為建安二十一年（二一六），曹操從魏公晉升到魏王，等於到達篡奪東漢王朝的最後階段，國內已有各式各樣的矛盾爆發，還要與東邊的孫權交戰不休，自然無暇顧及西邊。

就在此時，一大轉機來訪。由於曹操晉升為魏王，讓孫權改變方針，於建安二十二年與曹操講和。自此，曹操無須擔心東邊戰事，於翌年建安二十三年終於進駐長安，討伐劉備。不過，為時已晚，主將夏侯淵在定軍山死於劉備老將黃忠的刀下，曹軍大敗。隔年，也就是建安二十四年三月，曹操再次從斜谷進入漢中，但這回劉備據險堅守，曹軍死傷者不斷，到了五月便不得不全軍撤退了。

劉備取得漢中後，為與魏王曹操對抗，自封為漢中王。當年漢高祖劉邦被項羽追趕到漢中後，就是以此為根據地完成統一天下大業，「漢」國號的由來也是緣於「漢中」這個地名。如今掌握漢中這塊寶地，劉備心中應該燃燒著興復漢室的大夢。這時正是劉備生涯中最美好的時期。

話說回來，撤退之時，曹操下達的口令是「雞肋」，也就是雞的肋骨。部下皆不解其意，只有楊修解開了這個謎。雞的肋骨食之無味，棄之可惜，而漢中的狀態正是如此。此語看似曹操的自我解嘲，其實不然。

張魯投降後，在張既的建議下，曹操將漢中數萬居民遷移到長安一帶。此後統治漢中的軍事大將杜襲又成功說服居民，讓八萬多人自動遷移到洛陽和鄴都。因此，劉備到手的漢中，幾乎是無人的空地了。據說劉備在與曹操爭奪漢中之際，曾請蜀地學者周群預測是否能成功，周群的回答是：「當得其地，不得其民。」果然一語中的。人口銳減的這個時代，人甚至比土地更值錢。曹操早知難以占領土地，於是把那塊土地上的人帶走，於是留下來的空地果然是食之無味的「雞肋」了。後來諸葛亮北伐時，就因漢中人口不足導致兵糧不足，而在這裡開設軍屯。而隨著劉備占領包含漢中在內的整個益州，三分天下之計已經實現。

曹操對孫權——合肥攻防

合肥位於長江下游的南京以西約一百五十公里處，為今安徽省的省會。合肥與長江之間有一座大湖名為巢湖，巢湖與長江則以濡須水這條河川相連。巢湖以北由施水、肥水兩條河川與淮水相通，而位於淮水與肥水分岐點的壽春，其南部有一座名為芍陂的湖。由淮水向西北溯潁水而上，可到達潁川郡的許都，溯渦水而上則可到達曹操的故鄉譙縣。也就是說，從許都或譙縣搭船可以一口氣南下到長江，因此，從壽春到合肥、巢湖一帶，便成為吳與魏的主戰場了。

孫權遷都建業

建安十三年冬，赤壁之戰結束，孫權親自率軍包圍合肥，並讓張昭攻擊合肥北邊的當塗。一個多月後，因曹操援軍趕到，孫權只好撤兵，而包圍合肥的目的應在於掩護周瑜，讓他在江陵專心與曹仁作戰。換句話說，在長江中游的荊州與下游的此地展開兩面作戰，是吳對魏採取的進攻基本戰略。

順便一提，孫權包圍合肥超過一個月仍久攻不下，是因為在此之前，揚州刺史劉馥已將原是空城的合肥建設成一座軍事堡壘。劉馥於赤壁之戰那一年，即建安十三年，死於合肥。或許因此之故，《演義》中寫道，赤壁之戰前夜，曹操橫槊賦詩時吟出「月明星稀，烏鵲南飛」這樣的詩句，劉馥認為不祥，就被酒醉的曹操以矛刺死了。這種死法很冤，但由此也可看出，《演義》作者在安排人物角色時，的確詳細讀過了《三國志》。

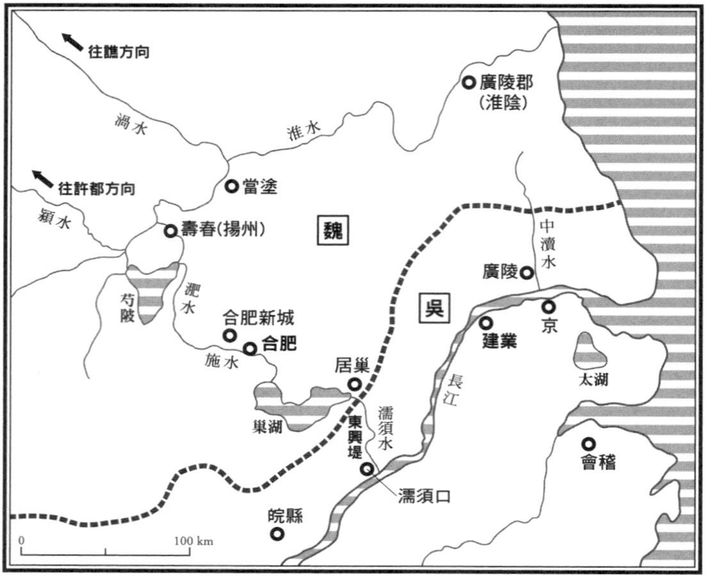

魏與吳的主要戰場

估計也是在此時期前後，曹操擔心長江沿岸地區遭受孫權攻擊，於是將居民遷到北邊。但此舉讓居民心生恐慌，十餘萬人渡江後便逃往東邊去了。因此，據說長江以西曹操的地盤，除了合肥南邊的皖城之外，幾為無人地帶。看來孫權統治下的地區日子似乎好過些。後來曹操讓漢中居民移往內地，或許就是借鑑這一次的經驗吧。

建安十四年（二〇九）三月，曹操於譙縣組織水軍，七月從淮水經肥水來到合肥，於芍陂一帶開設屯田，派張遼、樂進、李典三將駐屯合肥，自己則回師譙縣。由於這地區居民稀少，曹操此舉應是藉屯田來蓄積兵糧，以迎接即將來臨的戰爭。

另一方面，孫權也已看出這一帶將成為主戰場。建安十七年（二一二），與劉備的荊州之爭才剛告一段落，孫權就在長江南岸的秣陵興建石頭城，改秣陵為建業，以此作為根據地，這裡就是現在的南京。之後，南北朝時代南朝的東晉、宋、齊、梁、陳，以及五代十國的南唐，還有後來的明朝、近代的中華民國，都以南京為首都，而南京的基礎便是這時候孫權打下來的。孫權又接受呂蒙的提案，在濡須水的長江入口處濡須口修築保壘，這就是濡須塢。就這樣，曹操、孫權雙方皆做好了迎戰的準備。

參謀荀彧自殺

建安十七年十月，曹操自信滿滿地出兵濡須口。此時，董昭建議曹操晉爵魏公，但荀彧婉轉地表示反對，惹怒了曹操。曹操將荀彧留在壽春，然後派人送去盛裝食物的容器，荀彧打開一看，見裡面是空的，明白曹操的用意後服毒自殺。

荀彧是曹操幕下首屈一指的參謀，以官渡之戰為代表，始終為曹操出謀畫策。但他是潁川出身的名士，對漢朝懷有特殊情感。曹操晉爵魏公，露骨地表現出篡奪漢朝的野心，讓荀彧十分不安。這種心情不僅荀彧，許多效力於曹操的名士階層，例如後來成為魏國高官的鍾繇、華歆、王朗等，也都心有戚戚焉。荀彧自殺應對他們產生莫大的衝擊才是，這件事讓他們深切體認到，復興漢室已經是不可能實現的夢想了。從濡須口撤軍回來的隔年五月，曹操果然晉爵魏公，此刻當然無人反對了。

石頭城　孫權在現今南京所建造的第一座城堡。

生子當如孫仲謀

曹操率兵四十萬攻進濡須口，首戰擊破孫權的江西營。不過，率七萬大軍守備於此的孫權也是驍勇善戰，兩軍對峙僵持不下，一直打到隔年的建安十八年。曹操見孫權軍陣容井然，感歎地說：「生子當如孫仲謀，劉景升兒子若豚犬耳。」仲謀和景升，分別是孫權和劉表的字。袁紹、劉表死後，他們的兒子都為爭奪繼承權而反目成仇，最後自取滅亡；曹操自然也希望孫堅死後，他的兒子們也能兄弟鬩牆，但後繼者孫權讓曹操期待落空了，他成為一位令人讚賞的英雄。

孫權寫信給曹操說：「春水方至，公宜速去。」（春天來了，河水也漲了，你還是趕快回去吧。）又在另一張紙上寫道：「足下不死，孤不得安。」（你不死，我就不得安寧。）曹操見信後告訴諸將：「孫權不欺孤也。」然後班師回朝。這年，曹操五十九歲，孫權三十二歲，兩人年齡之差如同父子，但對曹操而言，無疑遇上好對手了。

就在兩軍對峙時，孫權準備了一艘大船，大膽前往曹操軍營偵察。曹營瞄準大船瘋狂放箭，導致船的一邊受箭而傾斜。於是，孫權命令船隻轉個方向，讓另一邊受箭來保持平衡，然後悠然離去。《演義》的赤壁之戰中，諸葛亮向周瑜發下豪語，將在三日內備齊十萬支箭，然後駛船朝曹操陣營出發，用船接收曹營射放出來的箭，再交給周瑜，這段「草船借箭」故事就是以孫權這個偵察行動為原型。

另外，劉備與曹操、孫權與劉備都各自見過面，但孫權與曹操卻未曾謀面。兩人最接近的時刻就是這場對峙了。前往偵察的孫權，以及準備迎戰的曹操，儘管距離遙遠，或許彼此都瞥見過對方身影，因此曹操確實有可能說出「生子當如孫仲謀」這句話。

二年後的建安十九年（二一四），曹操再度攻打孫權，依然無功而返。翌年，建安二十年，這次換孫權趁曹操出兵征討漢中之際，率十萬大軍攻打合肥。然而曹操早料到孫權的行動事前部署妥當，孫權在合肥與曹軍大將張遼奮戰，差點喪命逍遙津，幸得凌統及時救援才得以脫險。

兩人的最後對決是在曹操當上魏王的隔年，建安二十二年（二一七）正月，曹操從巢湖東邊的居巢再次進軍濡須口，但仍一無所獲，於是留下曹仁、張遼等駐守居巢，自己引兵北還。經歷四次交鋒仍不分勝負，應是彼此都未能給對方致命的一擊，堪稱真正棋逢敵手。孫權此時似乎意識到這點，於是改變方針，派使者前往曹營講和。此時，孫權再度將目光投向西邊，當時劉備正在攻打漢中，派關羽鎮守荊州，而且就在這一年，始終顧全大局而不斷與關羽協調的魯肅死了。孫權與曹操講和，決定再一次出兵荊州。這麼一來，舞台又回到荊州了。

逍遙津公園　安徽省合肥市。建安二十年孫權攻魏時，就是在這裡遭魏將張遼所敗。如今已改建成一座公園。

再度荊州攻防

水攻樊城與關羽威名

劉備將曹操趕出漢中後，乘勢向東出兵，命部將孟達及義子劉封攻取上庸。從上庸下漢水，可到達荊州北部。鎮守江陵的關羽也北上攻打位於漢水北岸的樊城（參考本書第九一頁圖），與之呼應。此刻劉備自立漢中王，正意氣風發，恨不得一舉定乾坤。

樊城與襄陽隔漢水相望，為南北交通要塞，後來蒙古攻打南宋時，也在此展開長期的大型攻防戰。此外，襄陽原本就是荊州的中心地區，荊州牧劉表也曾駐屯於此。關羽撇下襄陽，搭船渡漢水攻擊樊城北側。樊城守將為曹操的堂弟曹仁。曹仁派于禁和龐德鎮守北側的出城。于禁是曹操從小培養的勇將，龐德曾為馬超部將，後來投靠曹操。

建安二十四年（二一九）八月，時逢雨季，大雨導致漢水氾濫，樊城淪為陸上孤島。關羽乘船猛攻，因出城遭水淹沒，于禁在無計可施下只好投降，龐德被擒後不肯屈服，慘遭殺死。關羽進而攻下南岸的襄陽，包圍已成陸上孤島的樊城。大水淹至城牆頂部，岌岌可危。

曹操接獲樊城告急的消息後，速派鎮守漢中的徐晃趕赴樊城北邊、南陽郡的中心地宛城。然而此時在南陽地區，因勞役繁重，民眾多有不滿，在此之前才剛有守將侯音的叛變被鎮壓，關羽一攻擊樊城，民眾及盜賊蜂擁四起，成為關羽的內應。南陽淪陷後，許都早晚不保，萬一關羽奪走人在許都的獻帝，那麼曹操制霸天下的大夢就要化為泡影了。為此，曹操還一度考慮把獻帝遷出許都。至此，關羽威名滿天下。

曹操與孫權同盟

不過，關羽和劉備在這裡犯了一個大失誤。忙於平定益州、漢中的劉備，怠忽了與東邊孫權的同盟關係。這是因為他過度仰賴主張維持同盟關係的魯肅之故。孫權把孫夫人接回來就是斷交的警訊，但劉備卻不放在心上。而且鎮守荊州的關羽性格傲慢，當孫權提議讓自己的兒子取關羽的女兒為妻時，關羽還把前來的使者罵跑。魯肅死後，劉備與關羽都未察覺孫權的政策已經改變。

魯肅的繼位者呂蒙，其主張與之前的周瑜相同。他建議孫權，與北方的曹操繼續抗爭無益，不如征討西部的關羽，奪回荊州。孫權接受他的看法，與曹操講和。之後，呂蒙採取巧妙的計謀。首先，他以有病在身且病情惡化為藉口，從前線的陸口退回建業，再派年輕的陸遜繼任。陸遜對待關羽的態度，比之前的魯肅更要謙遜，於是關羽瞧他不起而鬆下戒心，將配置於荊州與吳交界處的軍隊移師樊城，這麼一來，關羽的背後就無奧援了。

另一方面，與孫權講和後，曹操雖然調遣合肥的兵力前往樊城救援，但畢竟援軍不能及時趕到。此時司馬懿等人獻計，將荊州南部割給孫權，要求他從背後攻擊關羽。在這個時機點上雙方利害一致，因此順利結盟。孫權立即去信曹操，表明願意從背後攻擊關羽，但請他保守這個祕密。不過，曹操卻將孫權的來信內容讓樊城城內和關羽陣營都知道。

得知消息後，受關羽包圍及水災氾濫所苦的曹仁士氣大振，認為困局就要結束了。而關羽這邊則一時無法相信孫權竟會背叛同盟關係，再加上只差一步就攻下樊城，此時若放棄實在太可惜，於是猶豫不決，繼續包圍樊城。這個猶豫成為關羽的致命傷，而這一切皆在曹操的盤算中。曹操一邊與孫權結盟，一邊讓孫權與關羽交戰，自己坐收漁翁之利。這時候的曹操，稱得上是老謀深算。

現今襄陽古城　樊城與襄陽面對漢水，自古即為交通要塞，目前合併為湖北省襄樊市。

呂蒙為暗地突襲關羽所鎮守的江陵做了周密的布局。他讓精兵隱藏在船艙中，並讓船夫喬裝成商人，偷偷重返荊州。此時留守公安、江陵的是士仁和麋芳，但這兩人很快就投降呂蒙了。關羽嫌他們運送兵糧到樊城的速度太慢而發怒，揚言回來後要處罰他們，兩人因此對關羽反感。關羽的盛氣凌人在這裡也害了自己。

關羽之死與三國領土確定

聽到江陵失守的消息，關羽從樊城倉皇撤軍，並於返回江陵途中數度派使者到呂蒙陣營。直到這一刻，關羽都還不敢相信已遭孫權背叛。呂蒙不但保護江陵城內的百姓，還特別善待出征樊城士兵的家屬，並讓來使看到這些景況。使者回去後，將親眼目睹到的情景告訴士兵們，士兵得知家人一切平安便了無戰意。此時，孫權也親自來到江陵，除了收服人心，也派陸遜攻進江陵西邊的宜都與夷陵，以防禦益州劉備來襲。

關羽敗退到江陵北邊的麥城後，自知大勢已去。孫權力勸關羽投降，關羽詐降後逃走，但孫權早有準備，已派朱然及潘璋阻擋關羽的去路，於是關羽和其子關平雙雙被捕並遭斬首。時值建安二十四年（二一九）十二月，一代英雄就此隕落。

關羽從樊城撤軍時，曹仁本欲隨後追擊，但遭參謀趙儼阻止，曹操也要他放行。曹操打的主意就是要看關羽和孫權爭鬥，自己再坐收漁翁之利。但是，曹操的期待落空，關羽輕易就遭斬首，孫權也迅速占領了荊州。這完全得歸功呂蒙周密的作戰計畫。孫權將關羽的首級送給曹操時，曹操恐怕是懊悔莫及，最後沒辦法，只好依約命孫權為荊州牧。

話說回來，關羽被斬後不久，呂蒙也因宿疾惡化而死，到了第二年，即建安二十五年正月，曹

河南洛陽，關林　相傳為曹操埋葬關羽首級之處。明、清時代備受崇拜，擴建了拜殿等。

操也病死了。兩人的死都在關羽死後沒多久，雖屬巧合，但這種巧合給了人們某種暗示。《演義》中，不僅呂蒙和曹操均遭關羽的冤魂作祟而死，連朱然和潘璋都在之後的夷陵之戰得到報應，被趙雲和關羽次子關興誅殺。不過，其實朱然和潘璋都還活了很久。除此之外，《演義》中還寫到關羽的亡魂在玉泉寺顯靈，與當年過五關斬六將時在汜水關救他一命的僧人普淨再會並開悟的場面。這應該是唐代以後將關羽神格化所編出來的故事，普淨以及對關羽忠心耿耿的部下周倉，全是虛構的人物。

關羽死後，孫權完全掌握了荊州南部，至此，魏、蜀、吳的領土幾乎已定。此戰中最大的贏家要算是將荊州拿到手的孫權。為達目的，他背棄與劉備的同盟關係，轉而和曹操聯手，並向魏國稱臣，雖然只是表面工夫，但這對吳國來說並非什麼大損失。另一方面，曹操想看關羽和孫權兩軍交戰而坐收漁利的計謀落空，但與孫權講和，讓他得以從一手對付孫權、一手對付劉備的東西兩面作戰中解脫，才有餘力處理內政，為翌年曹丕即位皇帝創造了有利條件。損失最大的就是劉備，他才當上漢中王得意沒幾天，就因曹操與孫權結盟而招來莫大危機，甚至失去了關羽和荊州。早知如此，當初就該把荊州還給孫權以維持同盟關係才對。這明顯是戰略上的重大失誤。犯下這個失誤而焦躁不安的劉備，不久又犯下更大的失誤，導致夷陵之戰慘敗。

第四章　三帝鼎立

魏文帝與蜀昭烈帝

攻打關羽之際，孫權去信曹操，表示願意稱臣效力。此時曹操已經晉爵魏王，地位在孫權之上，為了達到結盟目的，孫權不得不採取稱臣姿勢。信中，孫權說曹操有天命，這是為了暗中慫恿他受天命登基，簡單說就是為了討他歡心。據說曹操將信拿給臣子看，說：「是兒欲踞吾著爐火上耶！」（這小子要把我架在爐火上啊！）。

曹操的遺言

曹操的這句話有兩層意思，其一，之後也會提到，根據五行說，漢朝乃受命於火德，坐在爐火上，意即奪取漢王朝；其二，如字面之意，坐在爐火上難免燙傷吧，這是曹操一流的幽默，也顯示他對登基大業既期待又怕受傷害。

聽到這話，在場的大臣陳群和夏侯惇都力勸曹操即位，曹操表示，如果自己真有天命，也只願意做周文王。周文王雖取得三分之二的天下，依然受命於商朝，到了他的兒子武王，才改朝換代為周。也就是說，曹操將皇帝夢寄託在兒子身上。翌年正月曹操病死，得年六十六歲，或許他早預見自己來日不多。

關於曹操的遺言，《三國志》的記載是，他要求葬儀從簡，官吏與兵士都不得離開自己的崗位等，內容極為簡單。但另有一篇〈弔魏武帝文〉就頗有意思。此文作者為吳將陸遜之孫陸機，吳國滅亡後他在晉朝為官，據說當時是以晉朝宮中密藏的曹操遺令為底本而作此文。內容寫道，臨終前，曹操指著還年幼的么子曹彪，對著眾兒子們潸然淚下地說：「就托付你們了。」還交代等他死後，讓歌伎們都住到銅雀台去，早晚給自己上供品，每月為自己歌舞兩次，並要大家時常上銅雀台憑弔自己的墓，讓無所事事的姬妾學做有絲帶裝飾的草鞋去賣等，盡是對家人的不捨以及身後事的瑣碎交代。陸機用輕嘲的口吻說，這位叱吒風雲的一代梟雄，竟會露骨地表達對家人的眷戀，並交代些芝麻瑣事，實在令人同情。

陸機是吳國人，對於吳國的宿敵魏國，以及滅掉吳國的晉朝，是懷有強烈敵對意識，因此這篇曹操遺令有可能是為故意貶低曹操而編造出來的，可靠性令人質疑。如果這篇果真是曹操的遺言，那就表現出曹操作為家庭一份子所不為人知的一面。或許曹操對家人的未來仍有一抹不安。《演義》將這篇〈弔魏武帝文〉的內容全面用上，對貶低曹操的人格的確發揮了功用。

曹氏兄弟不合

曹操對家人未來的命運感到不安是有原因的，因為他的兒子們並不和睦。曹操兒子眾多，後來被立為正室的卞夫人生下曹丕、曹彰、曹植、曹熊四人，也就是所謂的嫡子，除了四子曹熊早逝，其他三人都十分聰明，尤其三子曹植文采過人，備受曹操寵愛，曹操內心很想立他為繼承人，但跳過長子而立三子，將會重蹈袁紹和劉表之覆轍。躊躇不決的曹操曾詢問大臣們的意見，大部分都建議應當立長子為嗣才對，特別是賈詡還舉袁紹和劉表為例加以勸諫，曹操才終於死心，立長子曹丕為太子。

曹操下此決定的另一個原因，就是曹丕頗有危機感而行事謹慎，處處討父親歡心，相對地，曹植恃才傲物而行為放肆，經常惹曹操生氣。例如有一次曹操率軍出征，曹丕和曹植前來送行時，曹植出口成章地對父親歌功頌德，博得好評，這時吳質就在曹丕耳邊說：「你只管哭就是了。」於是曹丕照做，在曹操面前淚流不止。見狀，據說曹操及眾人皆認為曹植雖文采斑斕，但眷念父親之情則遠不及兄長。又有一次是關羽出兵攻打樊城時，曹操要曹植出征，曹植卻喝得酩酊大醉無法受命。就這樣，曹植慢慢失去了父親的寵愛。不過，曹植的這一連串行動，被視為是他刻意為之。就在曹操臨終之前，次子曹彰對曹植說：「父親想立你為太子。」曹植立即回答：「不行，難道他不知道袁氏兄弟的例子嗎？」可見，他為了兄長而故意做出放蕩之舉也不無可能。

無論如何，曹丕成為太子後，兄弟之間依然留下芥蒂。曹丕身邊有吳質，曹植身邊有楊修和丁儀、丁廙兄弟等，不能否認這些親信隨從助長了兩人之間的對立。關於這對兄弟的對立，後世留下許多逸聞，其中之一出自南朝劉宋時代的人物逸話集《世說新語》。有一天，曹丕命曹植於七步之內做出一首詩，否則就要受罰。曹植便出口成詩：

煮豆持作羹，漉菽以為汁。
萁在釜中燃，豆在釜中泣。
本自同根生，相煎何太急？

曹植將兄長曹丕比作豆萁，將自己比作豆子，暗寓兄長對自己過分苛刻。曹丕聽了以後慚愧不已。兄弟對立配上曹植的詩才所編出來的這段逸話，當然不是事實，但按例被收進了《演義》裡。

另有一則逸聞與女性相關。曹操前往平定河北時，曹丕也隨同出征，然後對袁紹次子袁熙之妻甄氏一見鍾情，便娶她為妻；後來甄氏失寵被殺。這件事是真的。不過，相傳曹植也對甄氏暗自傾心，曹植〈洛神賦〉中的洛神就是以甄氏為原型而創作的。這種說法首見於唐代李善為《文選》所作的注釋中，並非事實，但人們多同情甄氏的不幸，使得這則逸聞與名作〈洛神賦〉成為人們熱議的話題，幾乎被誤以為真。總之，這些都是基於這對兄弟嚴重對立而產生出來的八卦。

兄弟間的繼承之爭，其實不僅曹丕與曹植而已；曹操的三子曹植文采過人，而次子曹彰長於武藝。建安二十三年（二一八），曹彰代替父親出兵鎮壓烏丸族叛變，獲得大勝，父親歡欣，他本人也相當得意。曹操在漢中與劉備對決時，見劉備派義子劉封出陣，曹操也刻意把曹彰叫到身邊，可見相當信賴他。曹操死時，曹彰從駐地長安趕回，因為過問魏王的印綬何在，遭到諫議大夫賈逵斥責。或許他也自認有可能登上王位。因此緣故，曹彰後來一直受到兄長曹丕的懷疑，最後抑鬱而終。前面已述，曹彰之妻為孫權堂兄孫賁的女兒，若由曹彰成為曹操的繼承人，或許魏、吳兩國之間的關係將會大不同。

曹操的三個兒子都很有出息，但也正因為如此，曹操才會擔心自己死後兒子們會不會兄弟鬩牆。儘管將帝王大業託付給兒子，但曹操內心還是難掩一抹不安，便是此故。

三國的鬍鬚雜談

話說回來，曹操次子曹彰的鬍鬚是黃色的。曹彰成功壓制烏丸族的叛變後，曹操抓著曹彰的鬍鬚高興地說：「黃鬚兒竟大奇也！」（黃鬚兒真了不起啊！）黃色是魏的象徵色，它取代了漢朝的紅色，或許因此被視為吉利的顏色。

與曹彰成鮮明對比的要算是孫權了。孫權的鬍鬚是紫色的。魏將張遼向投降的吳國士兵打聽：「向有紫髯將軍，長上短下，便馬善射，是誰？」（剛才那個紫鬍子將軍，身長腿短，騎馬善射，他是誰啊？）士兵回答：「孫會稽。」（孫權）。《演義》中說孫權是「紫髯碧眼」，不但鬍鬚是紫色，連眼睛都是綠色的，但「碧眼」是添油加醋的說法，並非事實。

這兩人的鬍鬚是奇特的，與之相較，關羽的長鬚就正統得多了。關羽的美髯予人印象太過深刻，諸葛亮寫給關羽的信中，都稱關羽為「髯」。不過，漢獻帝封關羽為「美髯公」則是《演義》的創作。總之，關羽、孫權、曹彰三人，堪稱三國時代的鬍鬚三傑。

與鬍鬚三傑成對比的，就是沒有鬚子的劉備。劉備入蜀時，劉璋的部下張裕就譏笑劉備嘴上無毛，說袁紹盡誅宦官時，誤殺了不少沒有鬍子的人。可見劉備的臉就像宦官一樣光溜溜。說到鬍鬚，絕對不能不提張飛。《演義》中以「豹頭環眼，燕頷虎鬚」來形容張飛，但這不是事實。唐代詩人李商隱有一首《驕兒》詩，內容敘述自己的兒子有多麼調皮搗蛋，他寫道：「或謔張飛鬍，或笑鄧艾吃。」（有時嘲笑客人像張飛那樣大鬍子，有時嘲笑客人像鄧艾那樣口吃。）這是最早有關張飛鬍鬚的記述。所謂的張飛鬍，應該也是來自民間傳說吧。

九品官人法

閒話休提，還是回到曹操死後的歷史上。曹操死後之初，魏國的內部情況並不穩定，漢中被劉備奪走，雖然勉強頂住關羽的攻擊，但荊州南部又被孫權占領，可說一無所獲。而且，前一年九月發生了一件大事，曹操的同鄉且為親信的魏諷，趁曹操出征時在鄴都預謀叛變，幸好被曹丕及時發現而下令誅殺，然而此事連坐數千人喪命，連魏諷所推薦的相國鍾繇都慘遭罷免，因此鄴都營中氣氛詭譎。曹操死時，曹丕的屬官們還打算暫時封鎖死訊，再加上有曹植、曹彰這兩位競爭對手存在，曹丕的不安勢所難免。難怪他待父親的葬禮一結束便就任魏王，並改年號為延康，又於該年十月即位稱帝，如此急於鞏固自己地位的心態，豈止迫不及待而已。

曹丕從就任魏王到即位魏帝期間做了兩件事，一件是將曹植、曹彰等兄弟們趕回各自的封地，並派人加以監視，還殺掉曹植的親信丁儀、丁廙兄弟。即便如此，曹丕依然不能寬心，於是自始至終將弟弟們幽禁在各自的封地中。這件事導致曹丕本人以及後繼皇帝們的孤立，也是魏國走向衰敗的原因之一。

另一件即是採納陳群的提案，實施九品官人法。漢代的官吏選拔制度，是由各地所推薦的人才擔任地方官，而九品官人法就是此制度的改良版，也就是在各州設置專責推舉人才的「中正」官，由他們將人才分等級後向朝廷舉薦。人才等級分成上中下三等，而每個等級又再分成上中下三等，一共是九等。不過，人才分級並非完全依照人物本身的條件，家世高低也是品評標準之一，因此，就演變成追認東漢時代已經世襲化的各地豪族及名士階層。提出這項制度的陳群出身於名士中心地潁川的名門望族，也就是說，他本人即為名士的代表人物。曹丕不信任弟弟而把他們全都鎖在封地，形同幽禁，造成他本身孤立，不得不強烈依賴這些豪族及名士。結果，曹操時代的用人唯才準則大大退步，不久，具代表性的豪族司馬氏抬頭，給政權埋下隱憂，招致魏國滅亡。

因九品官人法而確立並鞏固下來的豪族統治現象，一直由南北朝持續到隋、唐時代初期，後來才被改進的科舉制度取代。就這層意義，可以說九品官人法的制定，與屯田制及之後將提到的禪讓制度，都是三國時代影響後世甚深的代表性制度。

順帶一提，當年劉備還在徐州時，陳群曾在他底下做過事，而曹丕身邊的頂級官僚王朗和華歆，都是從孫策那裡歸順曹操的，由此不難窺見，當時的名士們是如何看待魏、蜀、吳三國了。

曹丕的即位——玩弄禪讓把戲

延康元年（二二〇）十月，漢獻帝下詔讓位給曹丕，曹丕經過三次推辭才終於首肯，於潁川郡潁陰的繁陽築壇即位，是為魏文帝。這種不經武力革命，將皇位和平轉移他人的形式，稱為「禪讓」，相傳沿襲自古代的聖天子堯將帝位讓給比自己兒子更賢能的舜，舜也同樣將帝位讓給禹。不過，這是戰國時代的傳說，不一定是史實。與此類似的和平政權轉移，篡奪西漢王朝改立新朝的王莽即是一例，但王莽並未進行禪讓儀

受禪台遺跡　河南省臨潁縣。曹丕接受漢獻帝禪讓，即位皇帝時所建，高約十三公尺。

式。因此，曹丕是中國歷史上首位舉行此儀式而即位的皇帝。

然而，傳說中，堯、舜皆為主動讓位給有德的後繼者，但漢獻帝明顯是屈於脅迫而心不甘情不願地讓位，所以這是假托理想的禪讓佳話所搞出來的把戲，事實就是篡奪。漢皇族劉氏稱自己為堯的子孫，曹氏則稱自己為舜的子孫，全是把戲中的一環，而曹丕照著劇本走，三度辭退獻帝的詔書等，一切的一切可說是一場讓人看破手腳的鬧劇罷了。

不久，曹丕娶了獻帝的兩名女兒為妻，因相傳舜娶了堯的兩名女兒為妻，於是曹丕如法泡製。之前已經提過，曹操將女兒嫁給獻帝為后，成為漢朝的外戚，因此曹丕是皇后的哥哥。這兩位獻帝的女兒雖非皇后所親生，但都算是曹丕的外甥女，娶外甥女為妻有違儒教倫理，但曹丕似乎不很在意。

之所以如此拘泥禪讓儀式而搞出一堆把戲，是因為若不如此，就無法名正言順地取得為期四百年的漢朝政權吧。其實官僚之中並非人人都歡迎曹丕即位，例如頂級官僚華歆和陳群，在曹丕登基時就沒做出歡欣的表情。曹丕怪罪下來，陳群辯解這是有苦衷的，因為他們曾受命於漢朝，即便對曹丕即位感到歡喜，也不能喜形於色。由此不難窺知他們內心的五味雜陳，雖然明白漢朝滅亡是遲早的問題，依然難以接受這個事實。出身四世三公名門的楊彪，更是斷然拒絕曹丕的任官邀請。

《上尊号碑》拓本　上尊號碑為臣下奏請曹丕即位的上奏書。

登基後，曹丕繼續把親兄弟撇在一邊，想依靠的大臣又都是這類對他即位抱持複雜心情的人，因而形同背負了一個沉重的包袱。曹操生前說過，稱帝就像坐在火爐上，說的正是曹丕此刻的窘境吧。既然舉行了禪讓儀式，自己就是聖君，必須有聖君風範，而且從禪讓的道理來看，禪讓一方等於也是聖君，自然不能處死。拜此之賜，獻帝變成了山陽公，還比曹丕多活了好幾年。或許被人從如坐針氈、有名無實的帝王寶座拉下來後，獻帝反倒鬆了一口氣。

在舉行禪讓儀式的受禪台前面，後來豎立了「上尊號碑」和「受禪碑」兩塊巨大石碑，分別刻上大臣奏請曹丕即位的上奏書，以及記錄禪讓部分始末的長篇浮誇文章，算是這場鬧劇的總結吧。這兩大石碑和受禪台遺跡皆保存至今。此後，從晉、南北朝到隋唐，乃至宋太祖於九六〇年最後一次舉行禪讓儀式為止，前後七百餘年，這種充滿欺騙色彩的鬧劇，成為改朝換代的必定戲碼反覆上演著。

隨著曹丕即位，年號也由延康改為黃初。根據五行之說，漢為火德，後繼的魏為土德，土的象徵色為黃色，因此定年號為黃初；道理和黃巾賊的口號「黃天當立」一樣。這種依五行循環而來的改朝換代說，和禪讓相同，在之後漫長的歷史間，成為篡奪王朝劇碼的理論根據。就在這一年的年底，曹丕於洛陽興建宮殿後遷都，這也是為了遵行漢朝的傳統吧。

劉備的即位——復興漢室的謊言

漢朝滅亡與魏帝即位的消息轉眼間傳遍了整個中國。最早對此消息做出反應的人是劉備。由於誤傳獻帝被殺，劉備立即服喪，追諡獻帝為孝愍皇帝，因為獻帝是魏國這邊的叫法，意為獻上皇帝之位。然後，劉備在群臣的擁戴下即位，定年號為章武，成為蜀國的昭烈帝。不過，蜀是益州的古名，正式的國名依然是漢。此外，章武的武取自光武帝的武，彰顯劉備想學光武帝，立志討伐如王莽般的篡奪者曹丕，復興漢室。時值魏國的黃初二年四月，曹丕才即位半年而已，劉備的動作多麼神速。

問題是獻帝並沒有死。劉備誤信謠言，為獻帝服喪。而在魏國，也有人以為獻帝已死而悲痛落淚。一個是後來擔任曹丕侍中（侍從職）的蘇則，另一個就是曹植。蘇則是在涼州的金城（今甘肅省蘭州市）得知禪讓消息，以為獻帝已死而服喪，後來知道獻帝還活著，就為自己的冒失後悔不已。而曹植當時身為臨菑侯（臨菑是青州，今山東省臨淄市），受困於封地，也以為獻帝已死而痛哭流涕。曹丕聞訊後不滿地說：「吾應天而禪，而聞有哭者，何也？」此時，據說身為侍中而待在曹丕身邊的蘇則，認為曹丕一定是在說自己而欲上前辯解，被旁邊的同僚急忙咬耳朵：「不是說你。」這才作罷。當時，曹植被幽禁於封地，行動受到監視，常有人向文帝報告說，曹植酒醉罵人等不利於他的消息。曹植為獻帝哭泣的事，肯定也是監視者向曹丕打的小報告。

從這些事情我們可以得出兩點結論，其一，當時獻帝被殺的謠言傳布很廣，連曹丕身邊的人都受到了影響；其二，有股勢力利用這則謠言達到政治目的。說穿了，就是有人故意散布這則謠言。

而利用這則謠言達到政治目的的，顯然就是劉備的即位。獻帝被殺這件事是誤傳，劉備大概，不，肯定是知道的，他急著即位就是最佳證明，如果時間一久大家都知道獻帝還活著，這場戲就不能演了。就這層意義來說，劉備的即位也是一場不折不扣的鬧劇，而且匆匆上演，草草收場。

在擁戴劉備即位的上奏書中署名的，包括黃權這類曾經強力反對迎劉備入益州的劉璋時代的舊部屬，他們並非真心希望劉備即位，費詩更是公然反對說：「即位還太早。」惹劉備不悅。雖是漢皇族，但劉備的家系是系譜上找都找不到的旁系再旁系，他急於即位，等於暴露出雖然嘴巴喊著復興漢室，其實是自己想當皇帝的野心。魏國內對漢朝仍念念不忘的人，也因為劉備的即位而對他心生反感。

不過，劉備之所以急於即位，到底還是因為失去荊州和關羽讓他心急如焚。上庸太守孟達怕劉備怪罪他未前往援救關羽，乾脆投靠魏國，這件事也一定讓劉備更焦躁不安。曹丕對孟達的歸順應是喜出望外。而諸葛亮以孟達叛逃事件為藉口，殺掉劉備的義子劉封，斷絕將來可能發生的後繼者之爭。諸葛亮不反對劉備即位，說明他的三分天下之計所標榜的復興漢室理想，終究不過是個口號罷了。

後來，劉備於夷陵大戰中慘敗，蟄居於白帝城，這時吳國的使者鄭泉來訪，劉備問鄭泉，孫權對自己即位皇帝是否有所不滿。鄭泉回答，曹操父子篡奪帝位，身為皇族的劉備非但不討伐，還自行稱帝，讓天下人失望。語氣婉轉，責難之意明顯。據說劉備聞言十分慚愧。

孫權的戰略與野心

孫權接連聽到曹丕、劉備即位的消息後，就找了占卜師看看吳這個地方是否有天子之氣。對於即位，孫權也是野心勃勃的，但他既非漢皇族，也沒有接受漢帝禪讓的條件，只能從占星預言中去找根據了。而且，吳國境內不斷發生山越叛亂事件，外面又有劉備的攻擊威脅，孫權此時只能隱忍自重，暫時不去想稱帝的事。

夷陵之戰與劉備之死

二二一年四月，劉備即位後不久，孫權就將都城遷往長江中游的鄂州，然後改名武昌（今湖北省鄂州市），準備迎戰劉備的攻擊。果然，到了七月，劉備宣示親自率軍攻吳。趙雲等多位部下都持反對意見，認為此時的敵人是魏不是吳，但劉備不聽。孫權也派諸葛亮之兄諸葛瑾前來講和，然而劉備置之不理，強行占領了荊州最西邊的巫縣，並且下長江進兵至秭歸（參考本書第九一頁圖）。

關於劉備為何如此固執地非要對吳開戰，一般認為是為了替關羽報仇。尤其就在出兵之際，張飛遭暗殺，暗殺者又投奔吳國，這讓劉備對吳國更加深惡痛絕。不過，實在很難想像光這兩點就能讓劉備不顧眾人反對而一意孤行。對劉備而言，荊州堪稱第二故鄉，而且他的很多部下是從荊州時期就跟隨他，因此，他很可能是陷入一種強迫觀念中，認為無論如何都非奪回荊州不可。

孫權見與劉備的決戰已無法避免，八月，派使者赴魏表示願意稱臣，曹丕便封孫權為吳王。這下，吳國就不必擔心受到魏國的攻擊。翌年二月，劉備再順長江南下，到達夷陵（今湖北省宜昌

白帝廟　建於劉備死亡之地白帝城舊址。現因三峽大霸的關係，長江水位升高，成為浮在長江上的一座小島。

市）南邊的猇亭，又派遣馬良前去懷柔南部山區的蠻族。黃權曾警告切勿深入敵區，但劉備根本不聽，還把黃權趕去駐守長江北岸。此時出征已經超過半年，軍中士氣鬆散。劉備以自己熟悉荊州地理環境而大意，竟在長江南岸搭起四十座營寨，綿延四百里。迎擊的吳國主將陸遜，之前始終不同意部下主張的速戰速決，但見到劉備的布陣模式後，決定改變作戰方針，以火攻方式一舉殲滅。結果蜀軍大敗，折損士兵八萬餘人，劉備狼狽地逃到白帝城。駐守江北的黃權因退路遭斷，被迫投降魏國。

孫吳曾在赤壁之戰以火攻大敗曹軍，這次再度以火攻取得勝利。在赤壁之戰中與孫權並肩作戰的劉備，此刻應該慚愧自己的無能吧。此後，劉備未再回到成都，一直待在白帝城，翌年，二二三年四月，在抑鬱中病死，得年六十三歲，比曹操少活了三年。臨終前，劉備把諸葛亮從成都請來，對他說：「如果劉禪無能，你就來當皇帝。」這就是有名的「劉備托孤」，可見劉備已經了無自信了。

《演義》把這部分史實寫成了劉備為關羽報仇的一場復仇大戰。關羽之子關興、張飛之子張苞全都奮勇上陣，連斬當初擒獲關羽的潘璋、馬忠、朱然等人，陸遜也陷入諸葛亮的八陣圖中，最後落荒而逃；種種敘述宛如蜀國贏了這場大戰。不過，將魏寫成敵人，將吳寫成丑角，正是《演義》

的一貫筆法。此外，通行本的《演義》中，「夷陵」表記為「彝陵」，這是因為在異族出身的清朝，「夷」字必須避諱，明代的版本則全部使用「夷陵」二字。

孫權的忍辱負重

夷陵之戰前後，孫權正面臨莫大危機。孫權向曹魏稱臣時，曹丕的參謀劉曄說：「孫權看到劉備可能攻打他，又害怕我們趁機襲擊，所以不得不向我們假意稱臣，我們可不能信他，我看我們應該和蜀聯手一起夾擊吳才對。」如果這時曹丕採納劉曄的意見，孫權就岌岌可危了。但是曹丕說：「我們討伐前來稱臣的人，懷疑前來歸順的人，認為對方一定是害怕才假裝這麼做，這樣不好，我們應該接受孫權的歸順，從背後攻擊蜀國才對。」如果魏國攻擊蜀國，對孫權而言，這真是天大的好事了，恐怕孫權也不無期待吧。對於曹丕提議攻蜀，劉曄又持反論說：「如果從背後攻蜀，蜀就會從吳撤軍了。」但曹丕不聽，封孫權為吳王。

試想此刻曹丕的心情，他對孫權的歸順肯定十分得意。自己即位後，劉備也不落人後地即位對抗，孫權卻於此時歸順而來，對比之下，自然歡欣有餘。再加上曹丕懷疑眾臣似乎心向漢朝，並不那麼期待自己即位，因而惱怒。與其說是眾臣確實不喜曹丕登基而惹怒，不如說是曹丕始終擺脫不了漢朝的陰魂不散，這就是他當上皇帝所該付出的代價吧。劉曄的話雖有道理，但他和劉備一樣，都是漢皇族出身，這番話難免令曹丕起疑。從曹丕那句「我們不該動輒懷疑前來歸順的人」，即可窺知他的這層心理吧。對曹丕而言，孫權的歸順無疑是即位以來最大的樂事，也是向天下展現皇帝威嚴的絕佳機會。曹丕授予孫權「吳王」封號，但此時他的弟弟們都還只是公爵而已，可見對孫權是破格禮遇的，而且想利用孫權達到最大的政治性目的。

不過，曹丕並非完全相信孫權的俯首稱臣，也明白於此時攻打蜀國只會讓孫權得利而已，於是決定隔山觀虎鬥，例如一聽到夷陵之戰中劉備的布陣模式，曹丕只以宛如評論家的口吻說：「與兵法不符，劉備必敗。」並未插手。此間三人各懷鬼胎，同關羽攻打樊城時的情況一樣，而這種勾心鬥角、機關算盡，也正是三國時代最令人玩味的部分了。不過，魏、吳兩國都有各自的外交戰略，相形之下，不得不說蜀在這方面欠缺多了。

這個時期的孫權可用一個「忍」字概括。受封為吳王時，群臣皆力勸孫權乾脆自稱「九州伯」獨霸一方，武將中甚至有人激憤落淚；但孫權默默承受這一切。後來魏又要求吳進貢象牙、孔雀、犀牛角等南方特有珍品時，眾臣也氣得要孫權別答應這種無禮要求；但孫權表現得落落大方，說那些東西於己就像瓦石般無足輕重。不過，當曹丕要孫權的長子孫登到魏國充當人質時，孫權既未答應也未拒絕，而是找各種理由推托，陽奉陰違。

陽奉陰違的證據：年號黃武

孫權曖昧的態度終於惹怒了曹丕。二二二年九月，曹丕派三路大軍逼臨長江下游的廣陵、濡須口，以及中游的荊州南部，揚言若不交出人質就要進攻吳國。孫權一方面上書再次表達恭順之意，並答應送交人質，另一方面卻言行不一地出兵擊退魏國侵襲。這是孫權最大的危機，然而曹丕此舉已然慢了一步。若要攻吳，當初就該採納劉曄的建議，於夷陵之戰時出兵才對。孫權一貫採取忍辱負重的態度，這種戰略顯然勝過了曹丕。

既然不顧群臣反對，封孫權為吳王，曹丕就得拿出孫權誠心服從的證據來，因此急於得到人質；但他顯然欲速則不達。曹丕的聰明雖與父親不相上下，但從他對待弟弟們的方式，即可知道他的個性有點神經質且苛刻。過於性急而冒然行動，讓孫權放棄魏吳同盟，轉而企圖再次與蜀聯手。就在擊退魏國大軍後，孫權派使者前往白帝城，刺探與劉備講和的可能性。

話說回來，當曹丕大軍逼臨長江時，孫權建年號為黃武。制定年號是皇帝的專權，孫權不是皇帝卻恣意而為，非常奇怪。可見孫權想藉此昭告天下，表面上雖未稱帝，但實質上自己已經是皇帝了。這也是孫權一貫的忍辱負重戰略中的一環。而且，「黃武」兩字，顯然取自魏的年號「黃初」及蜀的年號「章武」而來，由此不難看出隱忍自重下，孫權其實野心勃勃。不知曹丕與劉備見此年號後，作何感想。

孫權既然歸順曹魏，也得到吳王的封號，理應使用魏國的年號才對。但在走馬樓木簡（之後會提到）上，卻寫著建安二十七年。其實建安只到二十五年，二十七年是魏的黃初三年（二二二），也就是吳的黃武元年，可見吳國在建立黃武這個年號之前，一直使用漢朝的年號建安。另一方面，吳國製作的銅鏡，上面的銘文常可見到魏的年號黃初。或許吳國對內使用漢的年號建安，對外，例如在銅鏡這種可能會傳到國外去的物品上，便使用魏的年號。這也是孫權陽奉陰違的鐵證之一。順帶一提，蜀國向來使用漢朝的年號建安，但建安二十六年劉備即位，立即改元章武。也就是說，使用漢朝年號時間最長的，並非是繼承漢朝大業的蜀國而是吳國，這十分諷刺。

黃武之後，歷經八年，二二九年四月，孫權終於正式登基，改元黃龍，成為吳大帝。這條登基之路走了十年。至此，三位皇帝到齊了，嚴格來說，這才真正進入了三國時代。

諸葛亮的南征北伐

劉備死後，蜀國的所有權力都依劉備所託，集中在諸葛亮手中。繼承王位的劉禪當時年僅十七歲，而且是三國時代的頭號昏君。之後，劉禪也從未介入政治。魏國和吳國都發生過皇室的內訌，但蜀國沒有，一來因為皇族人數少，二來皇帝也無實權。

第二次吳蜀同盟

對諸葛亮而言，當務之急便是挽回劉備晚年的失策，特別是修復與吳的關係。孫權之前已遣使者向劉備傳達講和之意了。劉備死後半年，二二三年十月，諸葛亮便派鄧芝出使吳國，極力說服孫權，表示與蜀結盟才有利於吳。而面對曹丕執意要求人質，孫權已然感到與魏無法再同盟下去了，因此與蜀結盟早在他的預定計畫中。劉備之死更讓孫權決意與魏完全斷絕關係，與蜀結盟。魯肅路線再次復活了。經過夷陵之戰，孫權體認到以吳國之力要併吞蜀國是不可能的事了，而要對抗三國中實力最強大的魏國，就非吳蜀結盟不可。此刻，孫權應該了解到魯肅的先見之明。

此外，這裡還必須注意到一點，魏吳同盟是建立在吳臣服於魏的基礎上，但吳蜀兩國是以對等關係結盟的。因為孫權已經定年號為黃武，實質上算是自行稱帝，對蜀來說，此舉為一大讓步，若蜀的實權在劉禪而非諸葛亮手中，這種對等的結盟關係應該談不成了吧。不過，兩國之間還是存在著一些微妙的意見分歧。

翌年，二二四年春，孫權對再次出使而來的鄧芝說：「若天下太平，二主分治，不亦樂乎？」（等到天下太平的時候，我們二位君主分別統治，不是很快樂嗎？）如果這是孫權的本意，那就表示他認為中國不統一也無妨。事實為何呢？鄧芝回答：「夫天無二日，土無二王，如並魏之後……則戰爭方始耳。」（天無二日，土無二王，如果攻併魏國之後，……戰爭便會開始了。）據說孫權聞言大笑。說穿了，這是一場既合作又競爭的同盟關係。而且這時候，與當年的荊州之爭一樣，兩國之間還存在著益州南部領土的歸屬問題，這個部分稍後會提到。無論如何，蜀國的讓步，讓外交問題得以圓滿解決這點，諸葛亮和當年的魯肅堪稱是英雄所見略同吧。

曹丕親征與死亡

聽到孫權背叛的消息，曹丕想必大怒，此舉等同讓皇帝的尊嚴掃地。是年秋天，曹丕不顧臣下反對，親自率軍來到長江下游的廣陵（今江蘇省揚州市），隔長江與之相望的便是吳國的建業（今江蘇省南京市）。此時，吳將徐盛命兵士在一夜之間搭建以木材和蘆葦建造的假城樓，綿延數百里，讓魏軍大為吃驚。曹丕問部下：「孫權來是不來？」血氣方剛的他正恨不得眼中釘孫權快出現，好一決死戰。然而孫權並未現身，曹丕只能望滔滔江流興嘆，最後撤軍。但曹丕不死心，翌年秋天再次親率大軍來到廣陵，卻依然無功而返，回到洛陽後不久就病死了，得年僅四十歲。

曹丕兩次無謀地率軍親征，顯示他個性頑固並對孫權深惡痛絕。而這兩次親征加上曹丕早逝，讓魏的前途蒙上不祥之雲。此外，這兩次親征，曹丕一反過去從合肥、濡須口出兵的做法，而是選擇下游的廣陵，這點頗值得玩味。或許他是看準了無法從合肥方面取勝，便改採攻其不備的戰術。但終究還是失敗了。從廣陵渡長江這條路，後來雖然成為南北大運河流經的交通要道，但當年還沒有運河，從淮水到長江，航行十分困難。

得知曹丕的死訊，孫權立即改採攻勢，親自揮軍攻打魏的江夏郡，還派諸葛瑾進攻襄陽，但皆以失敗告終。此後，魏、吳之間的戰爭持續呈一進一退的膠著狀態。

二帝並尊與領土分割案

二二九年四月，孫權即位，自此吳蜀同盟進入一個新的局面。歷經十年雌伏，孫權選在此刻即位有幾個因素，一為國內的山越叛亂大致平息了，一為與魏的戰況趨向穩定了；但是，恐怕自前一年起，諸葛亮開始北伐魏國才是最大主因吧。諸葛亮的北伐行動是以吳蜀結盟為前提的，因此，孫權選在此時即位，應是料定了蜀國不會為此破壞兩國的同盟關係，再加上魏國忙於與蜀交戰，根本無暇顧及吳國。即位後，孫權立即遣使赴蜀，建議二帝並尊，亦即吳國與蜀國的皇帝呈對等關係。之前孫權就曾對來使鄧芝半開玩笑地說過這樣的話，這回可是正式提出了宣言。

對蜀而言，與吳以對等關係結盟已是一大讓步。孫權若未即位，問題還能暫且擱置不談，但孫權已正式稱帝，問題便不是那麼簡單了。二帝並尊成為諸葛亮的一大難題。果然，蜀國內部，高舉大義名分，主張廢棄同盟關係的意見大為沸騰。依據蜀國的建國方針，蜀是漢王朝的唯一繼承者，自然不容二帝並存。然而諸葛亮獨排眾議，認為應當「應權通變，弘思遠益」承認孫權的帝位，並派陳震前往吳國祝賀。對於正在北伐中的諸葛亮而言，其實也是別無選擇吧。蜀國不承認曹丕的帝位，認為他篡奪了漢朝，卻承認孫權的帝位，根本是自相矛盾、自打嘴巴，但聰明如諸葛亮不可能不注意到這點。這也說明蜀國所謂的大義名分，事實上早已露出破綻了。

孫權對陳震說明了二帝並尊的原則，並進一步締結具體的盟約。內容首先是關於滅魏後的領土分割，將豫州、青州、徐州、幽州劃分給吳，將兗州、冀州、并州、涼州劃分給蜀，正中央的司州則以函谷關為界，東邊給吳、西邊給蜀。再者，如果吳受到攻擊，蜀國會出兵相救，同樣地，蜀國受到攻擊，吳國也須出兵助援。此外，雙方簽定攻守同盟、互不侵犯條約，約束彼此互不侵犯領土。而之所以將領土分割得如此仔細，

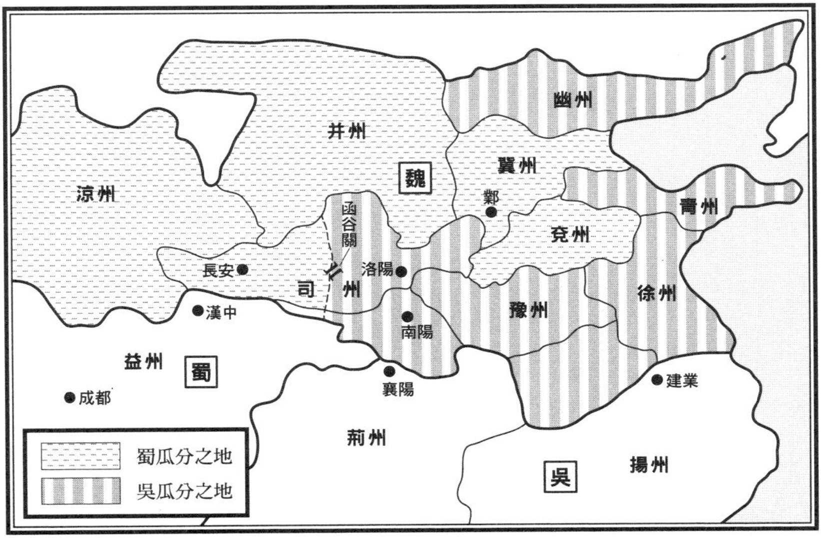

吳、蜀兩國瓜分魏國案

是因為雙方認為諸葛亮的北伐讓征服魏國大業變得具體可待。

這個盟約，是中國史上首度由兩個帝國以完全對等立場締結，也是最後一個互不侵犯條約。只有在以魏為共同敵人的三國時代，才會發生這種事情。而這件事之所以可能，是因為吳國提出二帝並尊的現實主義戰略，讓蜀國將向來的大義名分束之高閣，不再拘泥王朝的正統地位，也不再堅持統一了。因此，實質意義上的三國鼎立，可說是在二帝並尊這個戰略下才得以實現的。

這段期間，孫權已經設想實際占領了魏國的領土，進而任命各州長官。例如，朱然被任命為兗州牧，全琮與賀齊先後被任命為徐州牧。可別取笑這是紙上畫大餅，孫權還基於與蜀國的協定，撤銷了朱然的兗州牧，因為兗州劃分給了蜀國，可見孫權是玩真的。在蜀國方面也一樣，後主之弟魯王劉永被改封為甘陵王，梁王劉理被改封為安平王，因為魯（青州）和梁（豫州）都劃分給了吳。這也證明蜀國是真心與吳結盟的。

孫權鞏固了與蜀國的同盟關係後，再次將首都由武昌遷回建業。登上開往建業的大船時，他的表情該是何等得意啊。

諸葛亮南征

對諸葛亮而言，除了改善與吳國的關係，另一個大課題便是南方問題。現在的四川省南部及雲南、貴州二省，至今仍是少數民族的居住地，當時必然更為如此。統治南方這些異族地區，是蜀國極為重要的課題。而且，這時候益州郡的豪族雍闓已經串通吳國的交趾（今越南北部）太守士燮，打算投靠吳國。雍闓把蜀所任命的益州郡太守張裔抓起來

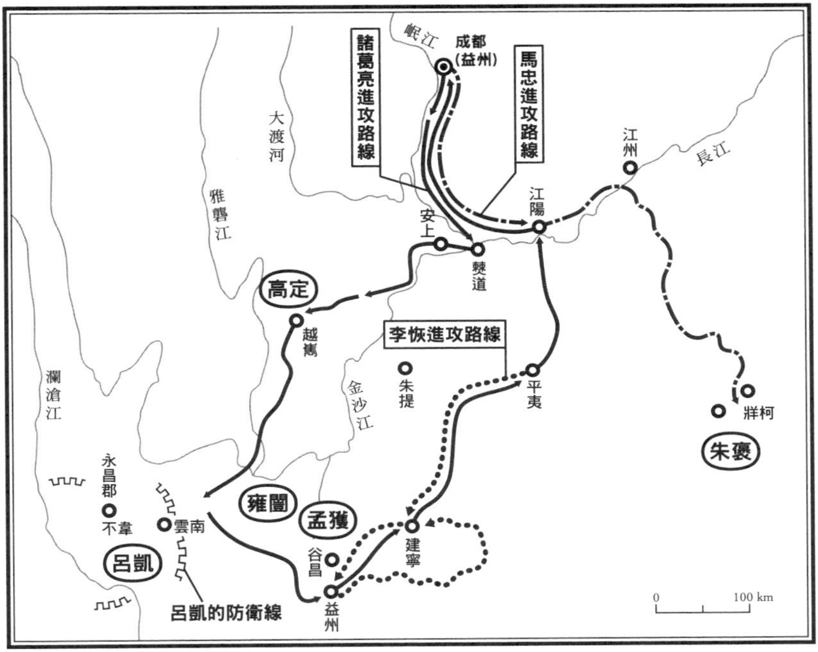

諸葛亮南征圖

送給吳國，又煽動異族首領孟獲起來叛變。如果放置這些亂象不管，很可能會干擾到正在進行中的吳蜀同盟，不但如此，為了日後的北伐著想，非先平定南方不可。

蜀國建興三年（二二五）二月，諸葛亮率部將李恢、馬忠，兵分三路前往平定南方，深入異族居住地。諸葛亮〈出師表〉中的「五月渡瀘，深入不毛」，指的就是這件事。不過，這次的平定作戰，除了以武力鎮壓叛變首謀雍闓之外，對於其他異族皆是採取慰撫懷柔的方式，《演義》中有名的「七擒孟獲」就是最好的例子。對於這些生活在深山密林中的異族，當時蜀國還不具備統治能力，也無統治必要。這地區是直到蒙古的忽必烈遠征後，才正式成為中國領土，而漢族對此地區的

出師表　諸葛亮記述自己北伐、南征的意義，向劉禪表示忠心。圖為成都武侯祠中，南宋武將岳飛手書之石碑。

開發，則是明代以後的事了。

關於諸葛亮南征的事，《演義》中主要以七縱七擒孟獲的故事為主，由於史書上不太找得到這部分的記述，因此《演義》就只能仰仗虛構了，於是出現一喝就會變啞巴的啞泉、能解啞泉之毒的安樂泉，以及能駕御猛獸、擅用妖術的木鹿大王等，簡直跟《西遊記》中降妖治鬼的內容沒兩樣。此外，雲南、貴州一帶今日仍有眾多關於諸葛亮遠征的傳說，但這些都是後人瞎編的，與諸葛亮遠征的史實無關。

孫權的南北政策與對海洋的關心

位於諸葛亮平定區域以南的交州，也就是現在的廣東、廣西兩地以及越南北部，自漢武帝以來就是中國的領土。當中，位於現今河內一帶的交趾郡，自東漢末年開始由太守士燮統治，而在這個時期，名義上歸屬於吳，但其實頗有一個獨立王國的模樣。當年，許多學者及文化人為躲避中原一帶的戰禍，遷徙至此，形成獨特的文化。士燮本身就是一位出色的文化人。

黃武五年（二二六），士燮一死，吳國的交州刺史呂岱就誅殺士氏一族，將交趾郡直接納入管轄，還要求南方的扶南、林邑、堂明諸王向吳進貢。扶南是柬埔寨，林邑是越南南部，至於堂明則不太確定，宋代的《諸蕃誌》是一本專門介紹東南亞地誌的史籍，有人認為書中的單馬令可能就是堂明，果真如此，那就是指蘇門答臘島或者馬來半島。也就是說，吳的國家戰略已經擴及遙遠的東南亞了。孫權派遣使者到這些地方進行交流，還對該地的風土、特產等進行了一番調查。使者朱應所著的《扶南異物誌》、康泰的《扶南土俗傳》、《吳時外國傳》等，都是不錯的成果。

之後，黃龍二年（二三〇），孫權又派部將衛溫及諸葛直，前往夷洲和亶洲進行考察。夷洲應該是現在的臺灣，亶洲可能是日本，也就是當時倭國的某地。這場考察雖然失敗，但也顯示出孫權似乎對海上交通頗感興趣，而且他對海上的興趣不僅在南方，也放眼北方。

黃龍元年五月，也就是孫權即位後不久，蜀國使者陳震來訪之前，孫權就已經派校尉張剛和管篤前往遼東。之前提過，當時從遼東到朝鮮半島北部，是一個由公孫氏統治的半獨立王國，孫權的意圖是採取遠交近攻戰略，也就是與當時的遼東太守公孫淵結盟，以便從背後威脅魏國。與西邊的蜀、北邊的公孫氏同盟，然後從南、北、西三方對魏國進行圍攻，這就是孫權心中宏大的戰略計畫。

出使遼東、高句麗

由吳前往遼東，必須經過從黃海北上這條海上航路。從之前提過的吳蜀兩國領土分割協定即可看出，劃分給吳的幽州和青州，兩地並未相連，因為中間的冀州是劃分給蜀的。這就說明孫權一開始即把前往幽州（遼東）的路線設定在海上，而且，與蜀結盟以及與公孫氏結盟，是不可二分的一個計畫。不過，孫權派去遼東的使者吃了閉門羹，恐怕是公孫淵對魏有所顧慮而不敢下決心與吳結盟吧。不過，孫權並不死心。

到了嘉禾元年（二三二）三月，孫權再度派遣將軍周賀及校尉裴潛前去遼東，這回終於獲得公孫淵接見，能夠與之交涉。然而，就在周賀等人回程途中，將船停靠在山東半島尖端的港口成山時，遭埋伏於此的魏將田豫襲擊而死。可見魏國對於吳國與公孫淵的往來也是神經緊張的。不過，周賀等人的交涉獲得成功，該年十月，公孫淵即派使節前來吳國表達稱臣之意。孫權大喜，立即封公孫淵為燕王，並且不顧群臣的強烈反對，派太常張彌、執金吾許晏、將軍賀達等四百餘人組成大使節團，連同一萬名士兵前往遼東。不過，由於魏國作勢攻打遼東，公孫淵便改變心意，他殺了張彌和許晏，並將首級送到魏國，魏國還封他為樂浪公作為獎勵。孫權聞訊後大怒，揚言要親自討伐公孫淵，經眾臣勸阻才打消念頭。為爭取遼東，魏和吳之間的外交戰打得可激烈了。

孫權再次嘗到敗果，不過，這次倒是獲得意外的收穫，使節團的部分成員逃到高句麗，見到了高句麗王（東川王）。高句麗王派員護送他們回吳國，還表示願意歸順稱臣，於是孫權派出使節，並授予高句麗王「單于」的封號。不過，這件事又被魏國從中作梗，魏的幽州刺史送達命令，要求高句麗王殺掉吳國使者。因此吳國使者與高句麗王之間產生糾紛，最後只得到幾匹馬就回國了。

魏國青龍四年，亦即吳國嘉禾五年（二三六）七月，高句麗王殺掉吳國使者胡衛，將首級送到魏國。這件事在吳國的史料中並未記載，但應該是真的，也就是說，後來孫權又再次派遣使節到高句麗去。

最後一次是赤烏二年（二三九）三月，因前一年司馬懿討伐遼東，孫權派兵前往救援，可惜為時已晚，公孫淵被殺，孫吳軍與曹魏軍打了幾場零星戰役後，抓到幾名俘虜就撤軍了。

總之，一如眾臣所擔心的，孫權的遼東戰略最終以完全失敗收場。不過，利用海上交通與相隔遙遠的地方進行交流，孫權這個戰略構想本身是極為嶄新且獨特的。同時代自不在話下，即便後世，恐怕也無任何皇帝像孫權這樣對海洋充滿關心。孫權的父親孫堅曾是奮勇擊退海盜的男子漢，或許孫氏一族對大海持有特殊的情感。只可惜孫權的戰略太過前衛了，依當時的航海技術，因為風向之故，從吳國到遼東一年僅能出船一次。如果孫權是生在航海技術稍微發達的時代，他的戰略一定能開花結果。

北伐開始

達成與吳國再次結盟的使命，並且平定南方後，諸葛亮於建興六年（二二八）正月，終於開始北伐，企圖消滅曹魏，恢復中原。對於以漢朝正統繼承者自居的蜀國來說，消滅篡奪者魏國乃是國家的至高戰略，而且勢在必行，無論付出多大的犧牲皆在所不惜。諸葛亮打從前一年起就留在漢中，進行周密的準備。漢高祖劉邦當年也是從漢中打進中原，消滅項羽後取得天下的；對繼承劉備遺志的諸葛亮而言，最大心願就是重現這一段輝煌的歷史。之所以做出讓步與吳國以對等關係結盟，一切都是為了成就北伐這個悲願。出征之前，諸葛亮上疏給劉禪的〈出師表〉中，即明確記述了「興復漢室，還於舊都」這個北伐目的。

蜀的漢中與魏的關中（長安一帶，今陝西省中部）、隴右（涼州）兩地之間，東西橫亙著海拔

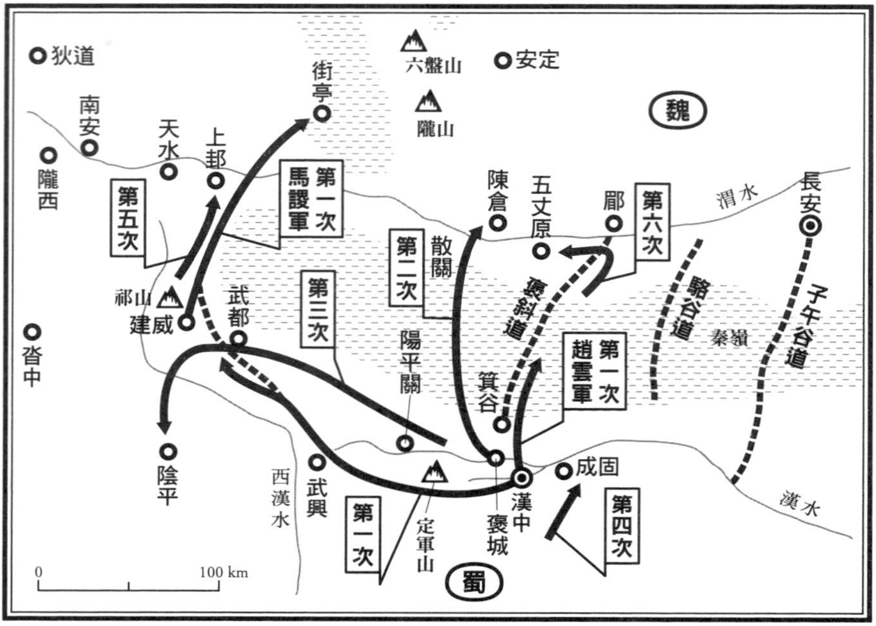

諸葛亮北伐路線圖

二千公尺以上，成為黃河水系與長江水系分水嶺的秦嶺山脈。翻越秦嶺山脈進出北方的路徑有好幾條。首先是最東邊的子午谷道，地勢險峻但可直接到達長安南邊。往西依次是駱谷道和褒斜道，分別通往渭水河畔的五丈原和長安西邊的郿。再往西是從散關通往陳倉，這條路徑自古就是連結蜀和關中的大道。而最西邊的是通往隴右的祁山，不過，從這裡到長安就會往西繞一大圈。

此外，還可以沿漢水往東下到荊州，不過途中須經過上庸，駐守上庸的孟達已經投靠魏國。諸葛亮此時寫信給孟達，勸他再次歸順蜀國。曹丕死後，孟達對自己的地位感到不安，因此對諸葛亮的建言頗為心動，但這些都被司馬懿早一步察知，於是孟達遭誅殺，諸葛亮的計畫還沒開始就受挫。

上面的五條路徑中，武將魏延建議從最

東邊的子午谷道奇襲長安。不過諸葛亮應是認為這樣太過冒險，宣稱要經褒斜道攻取郿，派趙雲及鄧芝駐屯於褒斜道途中的箕谷，以牽制駐守長安的魏將曹真，自己則親自率領大軍走最西邊到祁山。據說，魏延為此大表不滿，罵諸葛亮是個膽小鬼。此時在魏國，曹丕剛死，明帝曹叡即位不過兩年，加上與蜀國長年無戰事，此時諸葛亮突然北伐，造成人心惶惶，而且祁山附近的天水、南安、安定三郡皆一起響應蜀軍，令緊張情勢瞬間升高。

蜀棧道　搭建於峽谷斷崖上的棧道，是北伐時不可或缺的兵站之道。圖為四川省廣元市的明月峽棧道。

揮淚斬馬謖

不過，曹叡不愧是曹操之孫，他是一位英明的君主，此時一方面要群臣保持冷靜，另一方面還自己坐鎮長安指揮，並讓張郃帶五萬精兵前往抵禦蜀軍。諸葛亮出師以來一直處於優勢，他派馬謖到渭水北岸的要塞街亭去迎戰張郃，但馬謖缺乏實戰經驗，不聽諸葛亮的命令而將陣營設在山上，結果被張郃切斷水路大敗，而東邊的趙雲也被曹真所敗，諸葛亮只好無奈地退回漢中。

事後，諸葛亮揮淚斬馬謖的故事非常有名，細想，這也是諸葛亮第一次指揮正式的戰役。《三國志》的作者陳壽對諸葛亮的評價是：「治戎為長，奇謀為短，理民之幹優於將略。」

應屬公允。

歸根究柢，或許當初依魏延之計奇襲長安才是正確的。無論如何，初戰失利升起魏國的警戒心，讓北伐更加困難重重。另外，此時從魏投靠過來的姜維，後來成為諸葛亮北伐大業的繼承者。

第二次北伐是在同年十二月，諸葛亮率軍從散關出發，包圍陳倉，但遭遇魏將郝昭的頑強堅守，才二十天就因為兵糧告罄而撤退，唯一的斬獲就是撤退時殺掉了追擊而來的魏將王雙。其實，這場戰役是呼應這年八月，吳國的陸遜在石亭大勝魏軍而臨時決定出兵的，亦即吳蜀同盟下的產物；吃下敗仗後，諸葛亮應該已經深切體認到，吳蜀兩國必須更強化同盟關係，同時出兵才行。

隔年，建興七年（二二九）春天，諸葛亮派陳式前去攻打魏的武都郡和陰平郡。這兩郡雖屬魏國領土，卻大大突出於蜀國領土內。魏派雍州刺史郭淮前往救援，遭諸葛亮強勢抵禦，最終被蜀國奪下了。這是六次北伐中唯一一次像樣的勝利，諸葛亮也因此恢復了前一年因敗戰而引咎辭去的丞相職位。

連年遭蜀攻擊後，魏國於太和四年（二三〇）正月，於合肥興建新城以加強對吳的防備後，便於七月大舉反擊蜀國。由於蜀的漢中和魏的關中、隴右之間的各條通道，以漢中為中心呈放射線展開，各路的出口相隔甚遠，因此由蜀攻魏，很容易遭魏軍各個擊破，但反之由魏攻蜀，則因各路出口集中於漢中而有利。此次戰役採分進合擊戰術，由曹真擔任總帥，領大軍從子午谷道、褒斜道、祁山—武都這幾條路徑分頭進攻，另由司馬懿溯漢水直指西城，然後全軍匯聚漢中予以痛擊。蜀國身陷危機之中，所幸連下三十天大雨，魏軍只好全軍撤退。

次年，建興九年（二三一）二月，諸葛亮再次出兵祁山，這次改由司馬懿擔任總帥，兩軍於上邽對峙，蜀軍大勝，斬首級三千，但到了六月便糧草告罄而撤。此時，追擊蜀軍的張郃戰死；他的死算是為馬謖報了仇。話說回來，這次的北伐行動，諸葛亮用了一招祕密對策。當時，北方鮮卑族的勢力正逐漸擴大中，諸葛亮派遣使者前去拜訪首領軻比能，提議由兩軍聯合夾擊魏軍。軻比能答應了，並且出兵到長安北部的北地郡石城，但後來因蜀軍撤退，夾擊戰術未能實現。

五丈原諸葛亮廟　三國時期，諸葛亮屯兵五丈原與司馬懿對陣，後因積勞成疾病死五丈原（今寶雞市境內），人們為了紀念諸葛亮，在這裡修建諸葛亮廟，五丈原由此聞名於世。

巨星隕落五丈原
——諸葛亮之死

數度北伐皆因糧草不足而敗，諸葛亮痛定思痛，此後兩年間，致力籌措兵糧與改善武器，積極備戰。建興十二年（二三四）二月，他自信滿滿地率十萬大軍從褒斜道出渭水南岸，駐軍於五丈原（今陝西省岐山縣）。這次除了用「木牛」、「流馬」等器具來運送兵糧外，還在五丈原一帶分兵屯田，作長久之計。

此外，諸葛亮派遣使者到東吳，要求有同盟關係的吳國同時出兵。孫權答應，並親自領十萬大軍從巢湖直指合肥的新城，又派陸遜、諸葛瑾攻打襄陽，派孫韶、張承進攻廣陵和淮陰。吳蜀兩國可說傾全軍之力，因為能否實現由雙方共同瓜分魏國領土的協定，就取決於這一場戰役了。

另一方面，受到吳蜀四路大軍的強力威脅，魏明帝也有了打殊死戰的決心。此時，負責對吳戰線的主將征東將軍滿寵，提議放棄合肥的新城，退至壽春迎擊，但明帝不接受，他親自坐鎮壽春，另派軍支援西邊負責對蜀戰線的司馬懿，嚴命僅能加強防備，絕不能出擊。此時，孫權軍中爆發疫病，加上沒料到明帝會親自出征，於是引軍撤退，聽聞此訊的東西兩路吳軍也都隨之撤退了。諸葛亮不斷挑釁司馬懿，後來還送婦人衣服前去羞辱；司馬懿終於忍無可忍上奏請戰，明帝派辛毗趕來強力制止才作罷。

雙方持續對峙百餘日，到了八月，諸葛亮終因積勞成疾，病死陣中，得年五十四歲。死訊傳來，司馬懿這才興兵追擊，但看到蜀軍結陣而退的態勢，以為有詐便不敢再追下去了。「死諸葛走生仲達」（死掉的諸葛亮嚇走了活著的司馬懿）說的就是此事。

就這樣，吳蜀聯手的同時總攻行動落得草草收場，諸葛亮的北伐大夢也成泡影了。諸葛亮死後不久，孫權擔心魏軍進一步攻擊蜀國，就在荊州的巴丘增強軍備，名義上是為保護蜀國，但打的如意算盤是，如果情況允許便與魏一起瓜分蜀國領土。蜀方為對抗這種情勢，也在白帝城增兵以防不測。孫權以此責問蜀國的來使宗預，宗預反駁說：「彼此彼此吧。」孫權按例以大笑來化解這場尷尬。自荊州之爭以來，吳蜀兩國彼此猜疑，互信不足，此番雖然結盟，終因不能同心齊力，導致同時伐魏這場戰役以失敗告終了。不過，最後魏國並未趁機攻蜀。

從以上的北伐經過來看，我們知道，就算吳蜀兩國結盟，只要魏軍全力防備，就不可能攻克；

反之，即便吳蜀兩國軍力脆弱，但只要兩者結盟，魏軍也不可能消滅他們。三國就是以吳蜀同盟抗魏這個形式鼎立，並逐漸陷入一種膠著狀態。之後，蜀將姜維又朝隴右方面北伐過幾次，但都未能獲得大的戰果，而吳魏兩國依舊在荊州與合肥二線爭戰不休，無一方能奪得決定性的勝利。

在這種膠著狀態中，各國皆因內部紛爭而慢慢走向衰亡。三國中體力最弱的蜀率先滅國，接著魏也因內亂而被晉取代，晉不久就滅掉了吳。不過，晉後來也被實力壯大的北方遊牧民族追打，最後逃到曾是敵人的吳國境內，算是歷史開的一個玩笑吧。當曹操、劉備、諸葛亮等時代英雄相繼消失於舞台時，獨留下來的孫權也已經五十三歲了，曾經的風光不再，直到七十一歲去世的十八年間，一直為國內的紛擾憂心不已。

「六出祁山」的真相

在諸葛亮率軍征討魏國的六次戰役中，嚴格說來，只有第一、第二、第五、第六這四次能稱為「北伐」，而出兵祁山的只有第一和第五次而已。然而《演義》中將這六次北伐名為「六出祁山」，意指都是出兵到祁山。但一如前述，《演義》裡的地理關係，尤其是北方，很多與事實不符，在「六出祁山」這裡更是。例如第一次的北伐中，趙雲等人駐屯的箕谷地區，明明與祁山一東一西相隔甚遠，《演義》卻寫成箕谷和祁山位於同一個方向，這是怎麼回事呢？

宋代出版的《歷代地理指掌圖》，是現存最古老的歷史地圖集，其中的「三國鼎峙圖」裡，祁

祁山　北伐時，諸葛亮駐屯於此山丘，高約二十公尺。現有陣地遺跡及武侯祠。

山的位置被畫得比實際更靠近東邊；而且說明中有諸葛亮「由斜谷道取郿，遂據箕谷，攻祁山」的記述。斜谷道即之前所說的褒斜道。依這段敘述，箕谷和祁山確實位於同一個方向沒錯，不過，這段文字出自《資治通鑑》，原文其實是：「由斜谷道取郿，使趙雲、鄧芝為疑軍據箕谷，……亮身率諸軍攻祁山。」也就是說，這是大幅省略原文所鬧出的錯誤。《演義》恐怕是參考了犯下這種錯誤的地理書籍，才會導致故事中的地理位置錯亂。而在宋代，祁山一帶因為靠近宋軍與西夏、金朝的作戰地點，被視為軍事地帶，地理情報不易取得，這也是造成《演義》中地理位置混亂的原因之一。

第五章　三國的外交與情報戰略

外交角力

至此，我們不難看出，在魏蜀吳三國的爭霸中，外交戰略的重要性始終超越實際作戰方針。關於外交戰略的推移，我們可以大致分為三個階段，首先是以赤壁之戰（二〇八）為契機的吳蜀同盟，其次是關羽的樊城攻略（二一九）所造成的魏吳同盟，最後是劉備死後（二二三）吳蜀再度同盟。只要三國爭霸的局勢存在，任何一國與任何一國結盟就能得利，這是不言自明的道理。而魏與蜀都在爭奪漢朝的正統繼承權，有著不共戴天之仇，兩者絕不可能同盟，於是掌握外交主導權的就是吳國了。吳和魏聯手，或是與蜀結盟，情況就會大不同。

三國的人口比較

不過，三國並非勢均力敵，魏最強大，其次是吳，蜀最弱小。以領土來比較，魏擁有幽、冀、青、并、徐、兗、豫、司（洛陽一帶）、雍（關中和隴右）、涼等十個州，吳有揚、荊、交三州（其中揚、荊二州與魏瓜分），蜀只有益州而已。再從人口比較，蜀滅亡時的人口為二十八萬戶、九十四萬人（《蜀書．後主傳》裴注引王隱《蜀記》）；吳滅亡時有五十二萬三千戶、二百三十萬人（《吳書．三嗣主傳》裴注引《晉陽秋》）；相對地，魏有六十六萬戶、四百四十三萬人（《後漢書．郡國志》注引《帝王世記》，這是將魏滅蜀時的總人口，扣掉前述蜀國人口後的數字）。吳的人口為魏的一半，蜀的人口不到吳的一半。

值得一提的是，三國的人口總數為七百六十七萬人，不過是東漢末年人口五千六百四十八萬人（《晉書．地理志》）的七分之一而已。但這只是政府掌握到的數字，必須考量到三國時代有大量政府管理不到的流民。無論如何，戰亂造成人口銳減應是不能否認的事實。可見值此時代，人口多麼貴重，屯田制和強制居民遷移等政策的實施背景，都是基於人口銳減的事實。此外，據說蜀國的九十四萬人口中，兵士占十萬二千、官吏占四萬，吳國的二百三十萬人口中，兵士占二十三萬，官吏占三萬二千；總之，兵士約占人口的一成。魏國兵士人數不詳，如果同樣以一成來算，至少也有四十萬以上，也就是吳國的兩倍了。那麼吳蜀同時攻魏也不可能致勝。此外，蜀國人口雖不到吳的一半，官吏人數卻比吳還多，可見蜀國的內政出了問題。

三國外交的基本構造

鑑於上述狀況，最弱小的蜀國要戰勝最強的魏國，幾乎是不可能的任務，因此絕對有與吳國結盟的必要。與吳結盟，採東西同時夾擊戰術，才可能勉強與魏抗衡。劉備的關鍵性失策，就是無視這個外交基本原則而與吳國爭鬥。

另一方面，吳國雖然掌握了外交上的決定權，但若與魏結盟滅蜀，更為壯大的魏下回一定把矛頭指向自己，因此與蜀結盟才是上策。但是，孫權同劉備一樣，兩人相爭荊州這塊戰略要地的結果，就是破壞了吳蜀同盟關係。雖然日後又再度結盟，但關係脆弱，無法完全發揮功能，正是導致兩國滅亡的主因。

至於魏國，可以有三個選擇：第一，單獨作戰，對蜀、吳採取各個擊破的攻勢；第二，與吳同盟先滅掉蜀；第三，先讓吳蜀兩國爭戰，自己再與贏的一方對決。夷陵之戰，曹丕採旁觀態度，或許他選擇的是第三條路，但要離間吳蜀兩國必須進行相當的外交努力，只要蜀堅持以北伐為國家的戰略方針，那就難上加難了，因此還是與吳同盟才是明智之舉。不過曹丕封孫權為吳王，以高壓態度相待，終究錯失良機，把孫權再次推去與蜀結盟。

這些分析和觀點，我們後人一目了然，但對當事者而言，身處瞬息萬變的局勢中，自然未必能看得一清二楚。或者即便明白勢之所趨，也會礙於諸多複雜的情事而不能如願。可以說，正因為魏與吳、吳與蜀皆無法順利結盟下去，三國時代才得以存在吧。我們再看看魯肅，他不為眼前的利害所動，以大局著想，堅持外交基本原則，甚至做出一大讓步把荊州借給蜀國，一切以與蜀結盟為優先考量，在當時紛亂的局勢中，他的高瞻遠矚顯得何其可貴了。

接著我們來看看，在這種外交基本構造下，三國之間各自施展的外交策略吧。

往來頻繁的使者

外交任務主要由各國的使者擔任。魏與吳、吳與蜀在同盟期間，雙方使者往來頻繁，各顯身手。魏與蜀則無使者往來。這些使者代表一國的名譽，又肩負君主授予的使命，必須與對方君主進行種種艱難的交涉，還要收集對方國的情報，有時甚至得從事貿易，任務繁雜。因此，能夠獲選為使者的人，肯定為外交能力優異，尤其能與對方君主堂堂論戰的機智善辯之士。

孫權歸順魏國時，曹丕問吳國使者趙咨：「朕欲伐吳，可乎？」趙咨毅然回答：「大國有討伐之兵，小國有禦備之策。帶甲百萬，江漢為池，何畏之有？」令曹丕及魏臣皆敬佩不已。趙咨見曹丕態度高傲，回到吳國後，就勸孫權不要繼續與魏同盟，要走自己的路。此外，夷陵之戰後，吳國派鄭泉出使白帝城，與蟄居中的劉備交涉極為困難的戰後處理事宜，為之後的吳蜀同盟打下基礎。這兩人所達到的外交成果，可說為吳國帶來了莫大的利益。

作為蜀國的外交官，鄧芝和陳震二人也表現出色。鄧芝出使吳國，說服孫權兩國結盟的必要性。孫權說：「等到天下太平的時候，我們二個君主分別統治，不是很快樂嗎？」鄧芝回答：「天無二日，土無二王，如果攻併魏國之後，……戰爭便會開始了。」陳震則是成功與吳國締結互不侵犯條約。兩人皆是使命必達，漂亮地完成外交任務。

相較之下，魏國的浩周等人就是失職的外交官。他們出使吳國時，未能看出孫權的歸順以及答應交出人質全是謊言，造成曹丕判斷錯誤。另外，這些使者的命運有時是很殘酷的。例如吳國的馮熙，他是出使蜀國又出使魏國的專業外交官，由於出身潁川，出使魏國時，受到同樣也是潁川名士出身的魏國大臣陳群的勸誘，要他投靠魏國，甚至以巨額財富賄賂；馮熙雖然拒絕了，但在魏國的強大壓力下，為了不辱君命，最後選擇自殺。

機鋒相對

此外，等待使者的不僅是艱巨的外交任務，還有對方國君提出的各種刁鑽問題，他們必須辯才無礙，時而機智妙答，時而提出精闢的警句。例如吳國使者趙咨，曹丕問他：「吳王很有學問嗎？」自負博學多聞的曹丕，想藉此暗譏孫權不學無術。趙咨回答：「吳王雖然政務繁忙，但一得空便會博覽經書、涉獵史籍，只不過，他不會仿效書生吟詩作對。」藉機諷刺了愛好文學、以詩人身分留名後世的曹丕。

還有一次，蜀國的使者伊籍對孫權行拜見之禮，正要起身時，孫權說：「你又何必受這麼大罪去為一個無道的君主效力。」孫權聽說伊籍是能言善辯之士，因此才會出言刁難。孫權口中的「無道的君主」指的是劉備。伊籍立即回答：「不，一拜一起哪裡算是受罪呢？」這個「無道的君主」立刻被換成伊籍才剛拜見的孫權。孫權對伊籍的機智大為讚賞。

宴會上的論戰

君主正式接見使者後，為表示歡迎，通常會設宴親自款待貴賓，主要大臣也會坐陪；席間杯觥交錯，使者與對方國的君主、大臣之間就會進行各種無涉外交的對話。對雙方而言，這都是一場展露日常教養與知識、辯才，並關係到個人及國家名譽的論戰。

例如吳蜀同盟後，諸葛亮宴請前來的使者張溫，並特別請學士秦宓作陪。張溫很快便問秦宓：「大家稱你為學士，那你做過什麼學問？」問一名學士這種問題十分無禮，秦宓回說：「在我們蜀國，五尺小童都做學問，更何況我。」然後兩人開始展開激辯。張溫接二連三問一些與其說困難，不如說是稀奇古怪的問題，例如：「天有沒有頭？有沒有耳朵？有沒有腳？」秦宓全都引《詩經》的文句漂亮作答。最後，張溫問：「天有沒有姓？」秦宓回答：「有。」張溫：「那姓什麼？」秦宓：「姓劉。」張溫：「你怎麼知道？」秦宓：「因為天子姓劉。」一陣啞口無言後，張溫改變話題，又問：「太陽是不是從東邊起呢？」秦宓則回答：「太陽雖然從東邊升起，但是從西邊落下。」一句句擲地有聲，張溫終於甘拜下風。

乍見都是一些與政治無關的對答，其實卻顯示了兩國的優劣。不消說，東西自然指東邊的吳和西邊的蜀。此時，再去爭論西沉的太陽不是又會從東邊升起，已無意義，最要緊的是能立即把話頂回去，以挫對方銳氣。順帶一提，日本飛鳥時代的聖德太子曾寫過一封有名的書信給隋煬帝，之所以有名是因為「日出處天子致書日落處天子無恙」這句話，而這句話若是參考《三國志》而來，那麼歷史的定說就得重新解釋了。我們再來看看兩則對答的例子。

蜀國李密也是一位博學機智之士，他有次出使吳國，與孫權及群臣論辯當哥哥或是當弟弟好。孫權認為當弟弟比較好；這應該是他的體認吧，因為哥哥死後，他繼承了哥哥留下來的業績。但李密主張「當哥哥比較好」，原因是哥哥能有更多機會奉養父母。當時人們的觀念中，奉養父母為最高美德，百善孝為先，因此孫權及吳國眾臣皆對李密的回答讚賞不已。這種圍繞一個主題從正反兩面展開的論戰，名為「論難」，以現在的話來說就是「辯論」。「論難」於當時十分盛行，經常設定各種不同的命題展開唇槍舌戰，這點我們之後還會提到。

張奉也是蜀國的使者。一次出使吳國時，孫權親自設宴款待，他當著眾人面前，拿吳國大臣闞澤的名字開玩笑，闞澤一時語塞，同僚薛綜於是出手相救。薛綜先敬張奉一杯酒，說：「你老兄的蜀又算什麼呢？有犬則獨，無犬則蜀，橫目苟身，蟲入腹。」這是拿「蜀」字來玩拆字遊戲，而且「獨」、「蜀」、「腹」三字都押韻。張奉又說：「那麼吳又如何？」薛綜立即回答：「無口為天，有口為吳，君臨萬邦，天子之都。」「吳」和「都」押韻。薛綜的機智妙答贏得眾人喝采，張奉再也無話可說了，因為他不具備出口成章的詩韻功力，更遑論有足夠的聰明才智以此嘲諷對手。當時很流行這種即興作詩的趣味，之前提過曹植的七步詩，應是這種風潮下的產物。此外，上述這段問答，也有一說認為是蜀國費禕和吳國諸葛恪之間的對話。可見，這類的言辭交鋒在當時極為盛行。

據說孫權很喜歡在飲酒作樂時開這種玩笑戲弄人，而諸葛恪、羊衜等大臣也都是深諳此道的行家。有一次，孫權在與眾臣宴會時，命人牽了一頭驢過來，然後在驢子臉上寫「諸葛子瑜」四字。子瑜是諸葛瑾的字。諸葛瑾臉長，孫權藉此嘲笑他的馬臉，不，是驢臉。諸葛瑾之子諸葛恪立即起身上前，在「諸葛子瑜」的下面加上「之驢」二字。眾人見狀大笑，孫權也很樂，就將那匹驢子送給了諸葛恪。

吳蜀的國情比較

從君臣間的歡樂氣氛，我們可以感受到吳國宮廷的朝氣蓬勃，相形之下，蜀國在諸葛亮的薰陶下就顯得謹嚴而質樸。經常出使吳國的費禕，後來繼承諸葛亮成為蜀國的尚書令（實質上的宰相），對於吳國君臣的開玩笑、惡作劇完全不予理會，始終正經以對。有一回，孫權故意灌醉費禕後，向他刺探蜀國內情，眾人又七嘴八舌向他發動論戰，費禕稱醉推托事後再以書面應答，事後果然來信回答得一絲不苟。由此不難看出兩國國情之不同了。

不過，孫權晚年到死後，吳國宮廷這種活潑熱鬧的氣氛逐漸消失了，而蜀國方面的謹嚴質樸也流於惰性而走向衰退，兩國的使者不再頻繁往來，杯觥交錯間的機鋒論戰已不復見了。當年伊籍、馬良、鄧芝、陳震、費禕等蜀國外交大臣屢屢出使吳國，與孫權搭建親密的友誼，因而強化了吳蜀的同盟關係，如今這種事情不再有，吳蜀同盟已然空洞化。孫權的兒子孫休當政時，曾派呂玾（呂岱之子）出使蜀國求贈馬匹，回來後，呂玾便向孫休報告，蜀國已經混亂不休，呈衰敗之勢。不久，蜀與魏相繼滅亡，吳開始遣使赴晉，吳的張儼與晉的荀勖之間雖能進行同樣的論戰，但已無法展現出孫權時代那樣快活的氛圍了。《演義》寫諸葛亮於赤壁前一夜，在魯肅的陪同下赴吳國柴桑覲見孫權後，與張昭、顧雍、闞澤等群臣接連論戰，進而說服了他們，不過此事跟上述的史實不同，純屬《演義》作者的創作，無涉事實。此外，本書第一章提及的〈三都賦〉，那種自賣自誇的展現方式，也可說是反映了當時的外交角力戰。

三國間的政治聯姻

前面已經提過，官渡之戰後，曹操讓兒子曹整娶了袁紹長子袁譚之女，後來又讓自己的侄女嫁給孫策之弟孫匡，讓兒子曹彰娶孫策堂兄孫賁之女。前者是為了激化袁譚與其弟袁尚的對立，後兩者是為了加強與孫策的關係，兼在孫氏親族內安插親曹勢力，全都是政治聯姻的外交手段之一。除此之外，曹操還讓兒子曹均娶張繡之女，讓兒子彭祖娶漢

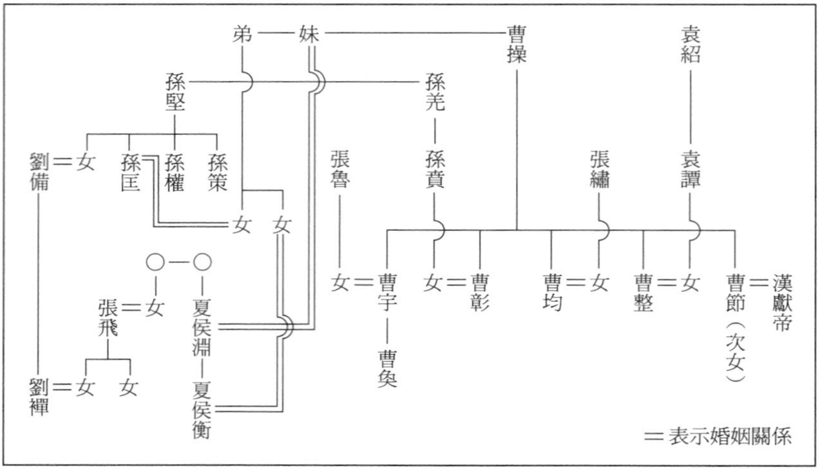

三國時代的政治聯姻關係圖

中的張魯之女；張繡為南陽軍閥，讓曹操吃了不少苦頭，他和張魯後來都投靠了曹操，所以這兩次政治聯姻的目的在於完全收服投降者。而彭祖就是後來的燕王曹宇，他的兒子是魏國的最後一位皇帝曹奐，因此，曹奐說不定是張魯的外孫呢。

孫權所做的最重要的政治聯姻，就是為了荊州攻防而將妹妹嫁給劉備，後來他又因同樣目的欲與關羽結親，但遭關羽拒絕。此外，當曹丕再三要求孫權將兒子孫登送到魏國當人質時，孫權提出讓孫登娶曹氏或曹氏親族夏侯氏之女的建議，但這並非出於真心，只是為了擺脫人質要求罷了。曹操以政治聯姻這招成功讓孫權的親族內部出現背叛者，孫權也一定想以牙還牙吧。

魏蜀兩國之間按理不會有政治聯姻才對，但出人意表地，據傳兩國的皇室竟是姻親關係。之前提過，曹操可能出身夏侯氏；夏侯氏中的有力人物夏侯淵，他的侄女，也就是次子夏侯霸的堂妹，有一次到山中撿柴被張飛抓走，張飛不知她是夏侯氏的人，便娶她為妻。他們生下的女兒後來成為劉禪的皇后。另一方面，夏侯淵在攻打漢中時，遭蜀國大將黃忠所敗而死。他的次子夏侯霸擔任護軍右將軍，為報父仇多次與蜀對戰，但之後司馬懿發動政變，夏侯霸自覺地位不保，便逃到蜀國去。當時，劉禪對夏侯霸說：「你父親是死於亂軍之中，並非由我父輩親手所殺。」並把張皇后所生下的皇子們全都叫出來，告訴夏侯霸，他們就是你夏侯霸的外甥孫。

以上都是出自《魏志．夏侯淵傳》裴注所引用的《魏略》。夏侯淵的妻子是曹操的妹妹，長子夏侯衡的妻子又是曹操的侄女，如果上面那段故事是真的，魏國曹氏與蜀國劉氏之間便確有姻親關係了。不過，張飛在山中巧遇夏侯姑娘而與她成親的事，實在太過離奇而令人難以置信，會不會是夏侯霸逃到蜀國時，劉禪為了拉攏他而故意編出來的謊言呢？果若如此，這就是一段為達政治目的而編出來的姻親關係了。無論如何，政治聯姻的確為三國外交戰略的重要手段之一。中國史上分裂的時代很多，但如三國時代這般盛行政治聯姻的，就屬絕無僅有了。

值得一提的是，劉禪的前後兩任皇后皆為張飛之女，孫權的步夫人則是宰相步騭的族人，也就是說，吳蜀兩國的皇后都是出身重要的大臣之家。魏國則無此狀況。此外，諸葛亮之子諸葛瞻為劉禪之婿，周瑜之子周循為孫權之婿，周瑜之女成為太子妃等，顯示吳蜀兩國，皇室與大臣家族通婚的情形很普遍，而魏國除了曹操之女嫁給荀彧之子，並無其他案例，這也顯示魏國厭惡外戚跋扈，魏國皇室與大臣之間的關係較疏遠吧。

亡命、投降與情報干擾

三國爭霸時代，有非常多像夏侯霸這樣逃至敵國後投降的人，或者被俘虜的人，其中不乏孟達這類反覆無常者，他先是從蜀國亡命魏國，再從魏國投降蜀國，因而被殺。有時，這些人也被當成外交上的有力手段，而最擅長此道的人莫過於孫權。

關於降將

關羽水攻樊城，魏將于禁戰敗投降，後來因關羽死，他又投靠吳國；而與之一同降吳的還有曾任徐州刺史的魏將浩周。孫權完全收服了于禁和浩周，後來他向魏稱臣時，便將這兩人送回魏國。回到魏國後，浩周在曹丕面前極力為孫權辯護，說他的歸順是真心實意的。曹丕之所以取信孫權，浩周的保證絕對大有關係。後來，曹丕要孫權送太子赴魏當人質時，孫權推拖不應，氣得曹丕派浩周到吳國去催人。此時，浩周向孫權表示，願以自己一族百人之命，擔保太子入朝後的人身安全，孫權聞言落下感激之淚，誓言送太子赴魏。

不過，孫權還是找盡各種藉口搪塞，最後並未送太子過去。據說曹丕大怒，雖未處罰浩周，但從此不再任用他。孫權開口要讓太子與曹氏、夏侯氏結婚就是在這個時候。總之，孫權算是徹底利用了浩周達成自己的目的。這種手段極為巧妙，不過，或許就是太過巧妙，反而招致反效果，刺激曹丕大發雷霆失去冷靜，二度對吳挑起無謀之戰。但反過來說，若連這個都在孫權的算計之中，那麼孫權便堪稱外交天才了。

利用這一招的，當然不只吳國而已。例如咸熙元年（二六四），魏滅蜀後不久，原來的吳國南都督徐紹與孫氏一族的孫彧雙雙被俘，魏國就送兩人連同他們的家屬一起回吳國，此舉就是想利用他們宣揚魏國國威，勸服吳國人早日投降，不過，有無效果便不知道了。與此同時，魏國還任命投降的吳將王稚為新附都督，派他經海路攻打吳國的句章（今浙江省寧波市），王稚擄獲官吏及百姓二百人，帶回魏國。

這些被國家利用、被命運翻弄的亡命者，往往末路淒慘。和浩周一起被送往魏國的于禁即是一例。得知于禁投降關羽，相較於新人龐德在同一場戰役中寧死不屈，曹操便顯露對于禁的不悅，而曹丕對他更是苛刻。曹丕派人將于禁投降關羽的場景描繪於曹操陵墓的牆上，讓于禁前去拜謁。于禁親眼目睹自己蒙羞的模樣，得知曹丕的冷酷，便在羞憤中抑鬱而死。

關於詐降

既然能利用這些亡命之徒來達到外交目的，那麼，利用詐降來欺騙敵方，效果應該更好吧。最常使用這種手段的依然是東吳，最有名的例子就是赤壁之戰中的黃蓋。曹操便是未能識破黃蓋詐降，才吃下火攻的敗仗。不知孫權是否因此嘗到了甜頭，之後多次來這招，而魏國也未能汲取教訓，屢屢上當。

最大一次詐降，應該算是黃武七年（二二八）魏國大舉入侵吳國時，吳國的鄱陽太守周魴欺騙魏國總帥大司馬兼揚州牧曹休的事件。周魴對曹休請降，並寫信詳細列舉了七件事可以破吳，然後私底下再讓孫權逐一掌握內情。孫權還特地派使者前去質問周魴，周魴便在來使面前削髮謝罪上演了一齣苦肉計。削髮在當時是極為嚴重的事，密探將此情況報告曹休後，曹休就對周魴投降一事完全信以為真，於是動員了十萬大軍。然而吳將陸遜早就做好萬全準備，在石亭將魏軍一舉擊潰，曹休落荒而逃，不久便羞憤而死。事後，孫權設宴款待周魴，表揚他為騙過曹休不惜削髮的功績。

周魴削髮之計，說不定就是《演義》裡，赤壁之戰時黃蓋使出苦肉計的原型。而《演義》寫成周魴是在曹休面前削髮，或許是為了避免與黃蓋的苦肉計重複，但這麼一來，顯然遠不如史實的奇巧。

後來，孫權又在黃龍二年（二三〇）和赤烏十年（二四七）分別讓孫布和諸葛壹對魏國的王凌及諸葛誕詐降，但都不成功。魏國已經不會再上同樣的當了。

反之，魏國也對吳國用了這一招。太和四年（二三〇），也就是吳國孫布詐降王凌這一年，魏國青州人隱蕃前來歸順吳國。隱蕃並非魏國官吏，而且能言善道，於是孫權相信了他並授予官職，但他後來謀反被發現而遭到誅殺。到了赤烏十三年（二五〇），魏國的文欽向吳國的朱異請降，立即遭到識破。魏國也對蜀國用過詐降手段，延熙十六年（二五三）發生了一起大事件，從魏國前來詐降的郭循在宴會上公然刺殺蜀國宰相費禕。費禕之死，應是加速蜀國滅亡的間接原因吧。

從以上這些事例看來，使用詐降之計而獲取大成功的是吳國，這也反映出，從吳國叛逃至魏國的人，包括孫氏一族在內，人數其實相當多。赤烏八年（二四五），就發生過吳將馬茂暗殺孫權投靠魏國未遂的大事件。換句話說，正是因為有很多真正的投降者，才讓詐降得以成功，更何況魏對吳所採取的一貫外交政策，就是促使吳國的文武百官前來投降。因此，對吳而言，這算是一招將計就計的苦肉計，這麼說來，孫權對曹丕稱臣，也是一場騙局。

另一方面，從魏投吳的人就不多，更不見曹氏一族。魏國用這招老是失敗也是這個原因。此外，就這層意義而言，同為較弱的國家，蜀國應該和吳國一樣，也積極對魏使出詐降之術才對，然而蜀國從未這麼做，恐怕跟諸葛亮不喜歡這招，也不擅長使用這招有關。

作為外交手段的書信

一如周魴詐降時對曹休寫了一封詳細的書信，書信也是外交上一種重要的手段。孫權對曹操作戰時，就曾以一封信達到讓曹操撤軍的效果。曹操也曾特地送一封奇怪的書信給韓遂，讓見信的馬超起疑，進而與韓遂心生嫌隙。這些都可說是利用書信發揮戰略效果的例子。

曹操寫信給韓遂，是因為曹操和韓遂的父親在同一年被推舉為孝廉，而且他和韓遂當年在洛陽也有過交往。這個時代受命於魏、蜀、吳三國的人，都像曹操與韓遂這般，不是朋友就是同鄉，不然就是像諸葛亮與諸葛謹，或是在魏國為官的諸葛誕一樣，不是兄弟就是同族，他們雖然彼此相距遙遠，但書信往來頻繁。

例如在魏蜀水火不容的時期，魏國高官華歆、王朗、陳群都曾寫信給蜀國的太傅許靖，問候他的家人是否平安。許劭評論年輕時的曹操是「治世之能臣，亂世之奸雄」，許靖就是許劭的堂兄，兩人都擅長人物評論，是「汝南月旦評」的創始者。許靖和華歆、王朗、陳群之父陳紀從小就是好朋友，因為戰亂，他從揚州逃到會稽，再到遙遠的交州，後來到蜀國投靠劉璋，結果就在劉備底下

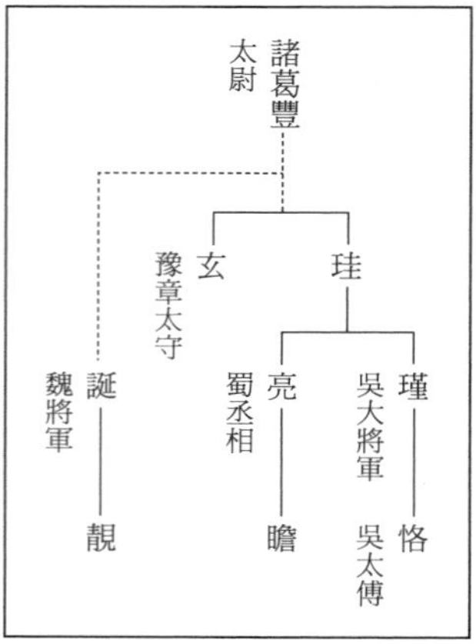

諸葛氏家系圖　據說諸葛亮與諸葛誕是同族，但親族關係不詳。

做事，可說是迫於無奈吧。同樣也是蜀國高官的劉巴，劉備登基時，所有的文誥策命皆出自他之手，而劉巴也是從荊州、交趾流浪到蜀國，魏的陳群寫信給諸葛亮時，就特別問候劉巴安好。而吳國大臣張昭在文人中深孚眾望，他和王朗以及魏國的名士陳琳為同鄉摯友，都是東漢以來的名士階層出身。

知識分子的關係網路

由於戰亂，知識分子分散各地，北自朝鮮半島中部的帶方郡，南到越南北部的交趾郡，西至敦煌，可說形成一個幅員遼闊的關係網路。他們分別受命於魏、蜀、吳三國，政治立場上雖對立，卻因為有共同的文化教養，經常透過書信往來交換情報，有時也做出不同於君主意向的行動。張昭不時與孫權唱反調就是最明顯的例子。就這樣，知識分子間形成了一種全國性的輿論，看似與三國的君主戰略一致，其實又有著微妙的差異。而三國最終走向統一，與知識分子共同的輿論息息相關。

例如諸葛氏一族分屬三國，並且擔任要職，這種狀況雖是戰亂造成的偶然，但之後，正如同日本戰國時代的真田氏那樣，很難說他們沒有戰略考量；換句話說，他們刻意分散風險，不論哪一國贏了，都能確保諸葛氏一族得以延續下去。當孫權命令諸葛瑾前去懷柔弟弟諸葛亮時，諸葛瑾予以婉拒，他表示，就像他自己不會背叛吳國一樣，弟弟也不會背叛蜀國。由此不難看出他想保留諸葛一系香火的顧慮。諸葛瑾之子諸葛恪擔任管理吳國軍糧的節度官時，叔父諸葛亮曾寫信忠告吳國宰相陸遜，言明自己的侄兒不適任該職。從這裡便可窺知諸葛亮懸念家族命運的另一面。諸葛亮之子諸葛瞻、魏的諸葛誕、吳的諸葛恪皆死於非命，但他們的子孫在之後的晉朝當官，可見延續一族香火這個戰略是成功的。不僅諸葛氏，於此時代，許多氏族皆在戰亂與王朝的興廢中求生存，直到南北朝，乃至隋唐時代，都能以名門貴族的家世代代繁榮下去，這就是戰略的成果。中國知識分子將國家命運與氏族命運分開考量的作法，直到後世都還看得到。今日，部分海外華僑仍有讓子孫分居世界各國的習慣，即能說明這點。

而分散在三國的知識分子，他們之間所往來的書信，形式上雖為私信，某個程度都是期待被公開的。這些書信被收進史書流傳至今，就是最佳明證。這些私信中往往夾帶著戰略用途。魏國的王朗寫給蜀國許靖的信中，除了問候家人，還拐彎抹角地宣說魏國的正統性，慫恿許靖歸順，戰略目的明顯。此外，華歆、王朗、陳群和諸葛氏一族的諸葛璋，在劉備死去那年，都分別寫信給諸葛亮，說明天命在魏，力勸投降。諸葛亮未對此直接回信，而是以一種名為「正議」的公開信予以反駁。這些也都是利用書信施展外交策略的例子吧。

檄文與「漫罵文學」

《演義》寫道，開戰之前，雙方都會先來一場漫罵大戰。故意漫罵敵人，激怒對方，誘使對方出錯，也是常用的戰術之一。至於現實對戰中是否真這麼做就不清楚了。不過，諸葛亮在最後一次北伐時，特地送婦人衣服去激怒遲不應戰的司馬懿，可見漫罵大戰確有其事吧。目前僅能從保留下來的檄文中看到漫罵敵人的文章，這些文章會以傳單方式在交戰前廣為散發，作為情報戰的一環。

三國時代首屈一指的檄文名手就是陳琳。陳琳原本在袁紹底下任事，官渡之戰前夕，為了促使人在徐州的劉備參戰，他為袁紹寫了一篇檄文，內容從曹操的宦官祖父曹騰、父親曹嵩，一路罵到曹操本人，堪稱極盡咒罵能事之檄文傑作。後來陳琳投降，曹操責備他說，大罵自己也就罷了，何必牽連先祖呢！不過曹操愛惜陳琳的文才，最終還是放過他了。據說，曹操有頭痛的毛病，原本病懨懨地躺在床上，只要讀到陳琳的檄文就能猛然地爬起來，頭也不疼了。

後來，曹操平定漢中，張魯投降後，陳琳寫了一篇檄文大罵孫權、恫喝吳軍，此舉恐怕是為了牽制有意進兵漢中的孫權，不知孫權看了以後作何感想。這兩篇檄文分別為〈為袁紹檄豫州文〉和〈檄吳將校部曲文〉，皆收錄於六朝時代梁昭明太子所編纂的名著《文選》中。兩篇漫罵文學夾在詩文集中，別樹一格，或許能讓讀者的頭痛不藥而癒。其中，〈為袁紹檄豫州文〉裡的「有非常之人，然後有非常之事；有非常之事，然後立非常之功」，成為膾炙人口的一段名句。

偽造文書之橫行

《演義》中有一段顯示曹操老奸巨猾的情節，令人印象深刻。曹操為了挖角劉備陣營中的徐庶，就抓了他的母親，然後偽造徐母家書，迫使徐庶前來投靠。前面提過，詐降具有戰略效果，如果手法高竿，偽造的書信也能發揮極佳的戰略效果。偽造徐母家書的事雖為《演義》杜撰的，但三國時代確實有這樣的例子。

自從曹丕與曹植開始爭奪繼承權後，曹丕的寵臣吳質就遭到曹操猜疑，而吳國從投降者那裡得知此事，便火速讓文臣胡綜寫了一封假的投降書，再派人散布於魏國境內。此舉自然是為了搞垮吳質，進而在魏國內部煽風點火，但下的工夫可真周到，全文由三條理路構成，完全達到無風起浪的效果。這篇文章收錄在《吳書．胡綜傳》中，若就無中生有這層創作意義來說，堪稱絕佳的文學作品。不過，吳質後來升官為侍中，吳國的詭計並未得逞。

此外，由於魏國江夏太守逯式屢次犯境，讓吳國大將陸遜傷透腦筋。當陸遜聽說逯式和將軍文聘之子文休不和的消息，便偽造了一封書信，當成是回應逯式接受吳國勸降的回信，信中寫道：「你和文休不和，願意歸順於我，這件事我們已經明白了。我們會派兵前去接你，請你速作準備，並告知你能前來歸順的日期。」這封信被放在國境地帶，士兵撿到後拿給逯式看，逯式便倉皇逃回洛陽了。據說逯式因此得不到士兵的信賴，後來遭到罷免。這就是偽造書信獲得成功的案例。

魏國也曾用同樣手法獲得成功。事情發生在諸葛亮與孫權約定結盟，並且同時進攻魏國的時候。一天，蜀國的偵察兵在國境邊界撿到一封孫權寫給諸葛亮的信。魏國的祕書監劉放模仿孫權的筆跡而篡改此信，使文字讀起來宛如孫權欲投降魏國。這封信被送到了諸葛亮手中，諸葛亮大驚，將此信送交吳國大將步騭，步騭再轉交給孫權。據說孫權擔心諸葛亮懷疑而連忙做出解釋，這件事對吳蜀的同盟關係影響有多大，我們無從得知，但後來又傳出蜀魏同盟這種荒謬的謠言，吳國還因此大為慌張，可見，為了破壞吳蜀同盟，魏國的確進行了一連串的諜報工作。

後來，魏國的諸葛誕在壽春叛變時，黃門侍郎鍾會假冒吳國降將全輝、全儀，寫信給他們的叔父全懌。當時全懌擔任吳國將軍，正在壽春城內支援諸葛誕，得信後誤以為真，便倒弋魏營了。後來鍾會成為魏國攻打蜀國的總帥，他為了鬥垮競爭對手鄧艾，偽造一封鄧艾送給朝廷的報告書，文中措辭傲慢無禮，最後也順利將鄧艾鬥垮了。鍾會不愧是一個擅於模仿他人筆跡的高手。《演義》中，曹操模仿徐庶母親的筆跡而寫了一封假家書，讓徐庶投靠而來，這個點子或許就是從鍾會偽造書信這件事得來的。

從以上事例我們可以看出，無論對外或對內，偽造書信都是這個時代慣用的諜報手段，激烈程度一點都不輸現代的間諜戰。這也顯示三國時代已是一個情報化時代，而且一直延續至今。只可惜，《演義》幾乎未將這種精彩的諜報戰表現出來，可能因為《演義》的故事是以蜀國為中心吧，蜀國念茲在茲就是北伐，從不搞這種精彩的諜報戰。

魏、蜀、吳的少數民族問題

對三國而言，如何管理生活於各領土內的少數民族，不僅是內政、外交上的重大課題，同時也與內政、外交、軍事等諸方面息息相關。這裡，我們就來簡單看一看魏、蜀、吳三國各自的少數民族對策。

魏國移民政策的功過

自西漢以來，居住於中國北方的匈奴成為威脅中國的一大勢力。然而歷經西漢、東漢的不斷征討與懷柔後，匈奴勢力大大削弱，到了東漢末期，取而代之開始活躍的是位於西邊的氐族和羌族等藏系民族，以及位於東北的烏丸、鮮卑等蒙古系民族。尤其從涼州到隴右地方的氐族、羌族，是東漢王朝的大患，為平定他們所耗掉的軍事費用壓垮財政，成為東漢滅亡的原因之一。董卓、馬超、韓遂等從西方發跡的軍閥，無一不是企圖利用氐族、羌族的勢力於中原稱霸。

曹操基本上延續漢代的作法，對這些少數民族採取一面討伐一面懷柔的兩手策略，但手法更為巧妙。他雖然動用了武力，例如殺死匈奴單于於夫羅，出兵討伐烏丸，派刺客刺殺鮮卑的首領軻比能，但主要還是推行懷柔政策。一方面，曹操將這些少數民族予以細分，進行分割統治，又積極讓他們遷居內地，將一部分人納入自己的軍隊，稱為「義從」、「勇力」等；另一方面，曹操對少數民族的領袖們施以漢化教育，企圖同化他們。而少數民族遷居內地以及同化政策，不但讓邊境地帶得以安定，也能補足內地人口之不足，等於發揮了一石二鳥功效。拜曹操如此周密的政策之賜，北方民族大致順服，並未發生什麼大問題。

不過，曹操這個巧妙政策也帶來了意想不到的後果。隨著少數民族不斷往內地遷徙，內地的人口比例產生變化，有些地方少數民族與漢族的比例幾乎相同，有些地方甚至比漢族還多，這是足以動搖國本的大問題。根據晉代江統的說法，當時關中一百萬人口中，約半數為少數民族。我們看到今日美國，黑人、拉丁裔、亞裔的新移民人口已經超過白人，便不難想像當時的情況吧。江統以及更早時候魏國的鄧艾都曾對此提出警告，主張將這些少數民族再次趕回塞外。

然而，少數民族仍然不斷內遷，西晉終於因此滅亡，他們繼續入侵北方，招來了五胡十六國這個大動亂時代。不過，以大局來看，始於三國時代的少數民族大移動，後來歷經南北朝的混亂期，到了隋唐時代，終於讓新文化綻放開來，因此若要評論功過，恐怕是功大於過。之後，契丹、女真、蒙古、滿州等少數民族持續入侵中國北方並定居下來，因而形成了今日的中國。

此外，曹操對吳國境內的山越也是積極採取懷柔政策，這對魏吳兩國的外交關係影響卓著。

從孟獲出頭看蜀國的少數民族懷柔政策

諸葛亮南征並非以軍事征服及統治為目的，而是為了對這地區的少數民族進行慰撫政策；之前已經提過，這地區真正成為中國的領土並且中國化，是在遙遠的元、明時代以後的事。只不過，諸葛亮不僅是慰撫而已，他和曹操一樣，也對這些民族實施分割統治與移民政策。首先，諸葛亮將這地區原有的四個郡增為六個，進行分割統治，並從中挑選一萬餘名兵士編入蜀國軍隊，稱為「飛校」；再授予各族領袖官職，例如因七縱七擒而成名的孟獲，就隨諸葛亮參加北伐，後來官至御史中丞。這些措施都是為了解決三國共同的人口不足問題，而蜀國缺乏士兵及人才的問題尤為嚴重。

在北方，蜀國也對羌族積極實施懷柔政策，因為羌族居住在與魏國接壤的國境地帶，他們的向背對蜀魏之戰有著重大的影響。姜維繼承諸葛亮北伐大業後，在這方面取得一定的成果，因而有姜維原本即是羌族出身的說法。劉備曾對孫權說過，一旦取得涼州便會奉還荊州，可見他對大批羌族所居住的涼州野心勃勃。涼州往西、絲綢之路沿線所謂的西域各國，大致上都向魏國稱臣納貢，但由諸葛亮所代筆的劉禪詔書裡，出現西域的月氏及康居（錫爾河流域的塔什干一帶）遣使而來的記述，可見為了拉攏這些西域諸民族，魏蜀之間應該有過不少爭執。

還有一件事情與此相關，而且令人玩味。我們之前也提到過，諸葛亮北伐之際，曾經想聯合鮮卑族的軻比能對魏國進行夾擊。後人都把諸葛亮標榜成一位忠君愛國的典範，而且是以漢族的民族主義來加以解釋，因此這件被認為不太光彩的事情也就不大提了。然而，這件事就跟魏國懷柔吳國的山越，吳國聯合高句麗夾擊魏國一樣，不過是反映出一個事實罷了，那就是三國時代的少數民族問題其實是外交政策的一環。因此，三國與朝鮮半島、日本的關係，也必須放進這種外交對策中思考才行。

吳國長期討伐山越

三國中，少數民族問題最為嚴重的就是吳國了。吳國的領土揚、荊、交這三州，原本就是少數民族的居住地，其中，荊州南部的「五谿蠻」、「武陵蠻」等民族，和蜀國西南部的民族一樣，直到後來也未被漢化，但在三國時代，他們和漢族之間倒是沒有發生嚴重的衝突。此外，交州南部，也就是今天的越南北部，越南人占壓倒性多數這點自不在話下，只有少數中國人占領了零星的一些地方。問題最大的就是山越，他們就住在吳國根據地揚州的山岳地帶。

根據《晉書・地理志》記載，吳國滅亡時，揚州的人口約為三十一萬戶，當中接近半數為山越人，而之前肯定更多才對。這裡原本就是山越的居住地，後來漢人才移居過來，這點與中國北方原本是漢族的居住地，後來少數民族才移居過來的情況剛好相反。如果將後者看成類似於今日美國白人與其他新住民的人口比例逆轉的情況，那麼前者就可說是白人與原住民爭鬥的美國拓荒時代了。

這時期，漢族與山越的衝突更形激化，有以下幾點理由。一為北方戰亂頻仍，漢族移民激增，不斷向山越居住的山岳地帶開發。山越原本以宗族為單位，於山岳地帶過著刀耕火種、自給自足的生活，因此被稱為「宗民」、「宗部」等。自從跟平地的漢族接觸後，自給自足體制日漸崩解，跟平地人的關係也由抗爭走向共生，乃至同化，但這也是對立激化的原因之一。類似這種山地人與平地人由抗爭、共存走到同化的發展關係，在世界其他地區也是屢見不鮮。

此外，魏國為了牽制吳國，經常策動山越叛變，也是促使衝突激化的重大原因。建安二年（一九七），曹操一方面封孫策為討逆將軍、吳侯，另一方面又任命吳郡太守陳瑀為安東將軍，讓他祕密煽動山越攻擊會稽，後來又授予丹楊郡的山越領袖費棧印綬，讓他發動叛變；種種作為都是在利用山越反吳。不過，吳國也識破這一點，當初周魴詐降曹休（參考本書第一五九頁），就是將計就計地利用了與魏串通的山越人。

基於上述內政以及對魏軍事行動的雙重理由，吳國不得不傾全力討伐山越，吳國大將可說無一人未參與討伐山越的戰役。而吳國之所以一時對魏稱臣，並且無法全心全意與蜀共同作戰，最大原因就是討伐山越而無暇顧及其他了。孫權派到蜀國的使者張溫就曾直率地說，討伐山越成功後，就能專心對付魏國了。吳國討伐山越的方式極為苛刻，反抗者一律處死，然後全員強制移住平地，年輕者充軍，其他人則淪為補充的勞動力。根據《吳志》的統計數字，編入吳軍的山越士兵達十五、六萬人之多，亦即吳軍半數以上皆為山越人。

對山越的長期討伐，直到孫權稱帝時才大致結束，此後漢族對江南地帶的開發得以大幅躍進。東漢時代，揚州長江以南只有四個郡，到了東吳時期則增為十個郡，可見開發成果豐碩。此外，與山越衝突最激烈的時候是東吳時代，之後即銳減，到了唐代幾乎已經完全同化。從此以後，江南地方一如眾所周知，直到今天都是中國首屈一指的穀倉地帶、文化先進地區。

雖與漢族同化，但山越獨特的文化並未完全消失，直至今日仍隨處可見其痕跡。例如從安徽與江蘇的南部、浙江，到福建、廣東等曾是山越居住的地區，今日仍使用著有別於其他地區的特殊方言，其中不乏漢字無法表記的單字，這些就是山越方言的遺留。

從山岳到海洋

一般認為，山越民族與越南等中南半島諸民族屬於同一個系統。「越南」意即「南方之越」（越語中，修飾語置於名詞之後）；果若如此，住在中國的越人就是「北方之越」。越南這個國名，說明越南人實已認同自己跟北邊中國的越人屬於同一民族。吳國與越南乃至東南亞各地交涉，可以說是討伐山越行動的延伸。而且，從中國南部的廣州等地前往東南亞，海路的意義遠大於陸路。

另外，春秋戰國時代的吳和越，以及近年發現的新石器時代河姆渡文化的主體，恐怕就是越人的祖先。河姆渡文化分布於浙江的沿海地區及部分島嶼，與海洋關係密切。山人與海人的關係出人意表地接近，這點從日本古代的山部與海部的關係即可窺知。以中國的廣東及越南為中心，北至長江流域，南至東南亞各地所出土的青銅器時代的銅鼓，上面經常可以見到海船圖案，顯示越人實為海民。孫權熱衷海上交通，想透過海路與東南亞、遼東半島，乃至臺灣、日本進行交流，除了著眼於政治外交上的目的，恐怕不無受到越人文化的影響。在思考吳國與魏、倭的關係時，絕對不能忽視這點。

武將與軍隊

三國抗爭的主體為各自的軍隊，這點無須贅言，而軍隊中有眾多的少數民族士兵，這點也已經提過了。不過，這個時代的軍隊與近代的軍隊不同，未必直屬於國家或政府。東漢末期以來由於戰亂，各地豪族多雇用私家軍以自衛，當時稱為「部曲」。部曲原為軍隊的編制用語，在三國時代則成為一個泛指軍隊的普通名詞，尤其專指豪族的私人武裝部隊。

部曲制與三國軍隊比較

大小無數的豪族私人武裝部隊於全國各地割據，經過不斷地分裂、兼併，逐漸壯大成軍閥，最終被魏、蜀、吳三個國家統合，這就是三國形成的實態。因此，三國的君主其實就是最大的軍閥，而君主底下的武將，其實就是豪族私人武裝部隊的首腦。《魏志．李典傳》中提到，魏國武將李典率宗族和部曲參加官渡之戰，即可說明這個事實。而深得曹操信任的魏國武將許褚，原本也是一個率領宗族數千戶固守城池的豪族私家軍首腦。江南的有力豪族，例如吳郡的顧、陸、朱、張四氏，都是一面在孫權底下做事，一面又擁有大批部曲。這些部曲平時從事農耕，戰時則隨主人出征，算是農民兼戰士。

三國形成後，魏國基於中央集權原則，一方面極力解散這些武將的私人武裝部隊，將之重新編入中央軍隊中，也透過實施軍屯制度來建立直屬於國家的軍隊。與之相較，吳國國內的豪族比北方的豪族更強大，再加上必須面對討伐山越這個難題，於是幾乎讓各武將保留他們原有的部曲。也因此，吳國軍隊帶有強烈的私家軍性格，各武將的私家軍也有父傳子、兄傳弟這種世襲傾向。吳國的政治體制表面上是中央集權的官僚制，實際上卻是豪族的聯合政權。就這層意義而言，吳國君主的地位十分接近日本戰國時代的大名，或是歐洲中世紀的封建君主。而隨後六朝時代的豪族統治，便是繼承了這種豪族聯合政權的性格。

至於蜀國的軍隊，由於劉備本身並非豪族出身，加上輾轉四處流浪，他的部隊不太具有豪族部曲性格，甚至可以說是由各路流民組成的。從蜀國當地人的眼光來看，蜀軍幾乎算是外人部隊。因此，蜀國軍隊乃至蜀國政權本身都比魏、吳兩國脆弱許多，原因之一便在於此。

軍隊與商業

軍隊本身就是一個龐大的消費集團。每打一場戰，就得耗掉莫大的軍糧、兵器等物資。戰爭促進了軍需產業及商業發展，這在任何時代都是不變的。更何況在近代以前，沒有任何組織的規模比軍隊還要大，因此在軍隊內部設立自己的軍需品工廠，從事商業活動，都是不足為奇。

魏國的司馬懿在與蜀交戰期間，於長安開設軍市，也就是軍隊直營的市場，並設置「軍市侯」這個官職來管理。無獨有偶，據說吳國的潘璋也在休戰期間開設軍市。傳聞潘璋生活過度豪奢，幹過許多不法勾當，或許就是從軍市中撈了不少油水。

吳國的永安二年（二五九），孫休下詔，警告州郡的吏民和諸營士兵，不得將船舶停在長江上從事商業活動。當時，長江沿岸各地與更上游的蜀國之間，物資交易頻繁，其中有不少像是蜀國馬匹這樣的軍事物資，因此士兵從事商業活動也很正常，何況軍隊手中掌握著情報。吳國在長江沿岸設置狼煙台，據說從武昌到建業，情報於一天之內即可傳達。當然，狼煙台是為軍事目的而設，不會作為商業用途（日本的江戶時代，曾用狼煙台向各地傳達大坂（大阪的舊稱）的大米行情），但是不難想像，軍隊的確掌握了大量有利於商業活動的情報。呂蒙突襲荊州的關羽時，讓船上的士兵假扮成商人，這件事意外說明了軍隊與商業的關係。

「吳下阿蒙」：武將的學識

三國時代的武將可分為兩大類型，一種是諸葛亮、周瑜這種文人，他們指揮軍隊，但並不拿武器上場作戰；另一種是關羽、張飛這種專門的職業軍人，實際上衝鋒陷陣的都是他們。

中國自古以來就是一個重文輕武的國家，即便今日，職業軍人的地位也遠不如文人官僚。有一個例子可以說明這點。一回，張飛前去拜訪蜀國官僚中的名士劉巴，結果劉巴一句話都不跟張飛說，把張飛氣炸了。諸葛亮聽說後便勸劉巴：「張飛雖然是個武人，但他十分敬重你，你就跟他說兩句話又會怎樣？」劉巴立即拒絕：「我幹嘛跟一介武夫說話！」孫權聽到這件事後，說：「如果劉巴為了討劉備開心而跟張飛說話，他就不是名士了。」張飛很敬重讀書人，結果還是落得被人瞧不起。關羽為人高傲自大，或許就是為了反抗大家對武人的輕視吧。

或許出於此故，武將中不乏發憤向學之人，有些學問更在文人之上。例如吳國的呂蒙就是從一介小兵做起的職業軍人，有一次孫權對他說，你也多少唸點書，他從此發憤圖強，而且進步神速。後來呂蒙成為荊州魯肅的部下，魯肅得知他學問大有長進之後，就拍拍他的肩膀讚美說：「卿今者才略，非復吳下阿蒙。」（你現在的才能和謀略，已經不是當年那個在吳下的呂蒙了。）呂蒙也驕傲地回答：「士別三日，即更刮目相看。」（士別三日，就要重新另眼相待了。）

呂蒙讀過的書除了《孫子》、《六韜》等兵書之外，還有《春秋左氏傳》、《國語》、《史記》、《漢書》等史書。尤其《春秋左氏傳》似乎是武將都愛讀的書，據說關羽能倒背如流。呂蒙發憤圖強的原因之一就是為了贏過關羽。此外，魏國的李典、賈逵等人也都是《春秋左氏傳》的忠實讀者。據說蜀國的王平是一個不會寫字、又認不到十個字的文盲，但他請人讀《史記》、《漢書》給他聽，還聽得津津有味。

武將們特別偏好閱讀史書，除了為提升學識，也是希望能從中學到可派上用場的戰略。後人也經常將《資治通鑑》等史書，特別是《三國演義》，當成戰術教科書來研讀，據說毛澤東就讀過《三國演義》，並將其中的知識應用到戰術上。

從鼓吹曲看軍隊的宣傳大戰

中國的軍隊為了激勵士氣，順便提供娛樂，自古就有唱軍歌的習慣。軍歌由大鼓和竹笛伴奏，因此稱為「鼓吹曲」，現存最古老的軍歌是漢代作品。三國時代，各國競相創作鼓吹曲，然而漢代的鼓吹曲每一首的內容皆不同，而三國的鼓吹曲則都是唱出自國歷史的組曲形式。這些鼓吹曲收錄於《宋書．樂志》，今天仍然看得到。

例如魏國的鼓吹曲十二首，就是將東漢末年到魏建國為止的主要事件，依時間順序組合而成，每一首都有曲名、簡單的說明以及歌詞。以下，我們就來介紹一下主要的內容吧。

第一首「《初之平》，言魏也」，是全十二首的序曲，第二首「《戰滎陽》，言曹公也」，是描寫曹操與董卓的滎陽之戰：

戰滎陽，汴水陂。
戎士憤怒，貫甲馳。
陣未成，退徐滎。
二萬騎，塹壘平。
戎馬傷，六軍驚。
勢不集，眾幾傾。
白日沒，時晦冥。

顧中牟，心屏營。
同盟疑，計無成。
賴我武皇，萬國寧。

滎陽之戰曹操大敗，還中箭負傷，借了堂弟曹洪的座騎才勉強逃過一劫，但這首歌卻在讚揚曹操擊退敵人的功績，宛如他獲得大勝，對於敗戰這點只寥寥幾字表示損失很大，而且把責任推給了同盟的諸侯。不得不說與事實相去甚遠。

我們再來看第三首「《獲呂布》，言曹公東圍臨淮，生擒呂布也」：

獲呂布，戮陳宮。
芟夷鯨鯢，驅騁群雄。
囊括天下，運掌中。

這首也是在歌誦曹操英勇殺敵的功績，文句頗有威勢。往下的各首依序從官渡之戰、征討荊州、平定關中，一直寫到文帝受禪即位，最後以歌頌明帝的功德作結，全都是在宣揚自國的光榮歷史以及對敵的輝煌戰果，至於赤壁敗戰這類不光彩的事，自然提都不提了。

相反地，吳國的鼓吹曲則對赤壁之戰的勝利大肆宣揚。吳國的鼓吹曲第四首「《伐烏林》者，言魏武既破荊州，順流東下，欲來爭鋒。大皇帝（孫權）命將周瑜逆擊之於烏林而破走也。」歌詞如下：

曹操北伐，拔柳城。
乘勝席卷，遂南征。
劉氏不睦，八郡震驚。
眾既降，操屠荊。
舟車十方，揚風聲。
議者狐疑，慮無成。
賴我大皇，發聖明。
虎臣雄烈，周與程。
破操烏林，顯章功名。

總之，這些鼓吹曲的內容全是擷取自己國家的光榮事蹟，並不完全忠於史實。例如吳國的第七首「《關背德》，言蜀將關羽背棄吳德，心懷不軌。孫權引師浮江而擒之也」，就把關羽寫成一個叛徒。而晉國的第二首「《宣受命》，言宣皇帝御諸葛亮，養威重，運神兵，亮震驚而死」，則說諸葛亮是被司馬懿的神威給嚇死的。

隨軍藝人

據說，吳軍與魏軍在濡須口對戰時，吳國大將甘寧率兵夜襲曹操陣營成功，凱旋歸來時，士兵們高歌鼓吹曲，大呼萬歲。同樣地，吳國的留贊也曾在出征前披頭散髮地仰天長嘯，和部下一起大聲謳歌再出陣。鼓吹曲就是在這種情況下為鼓舞士氣而歌的。不僅如此，與敵軍對峙時，鼓吹曲還會用來抬高自己的優勢，力挫敵人的威風，換句話說，它和檄文一樣，都是用來當作對敵的宣傳工具。這些鼓吹曲都是皇帝親自下達命令，由當時一流的文士作詞而成，例如魏國的繆襲、吳國的韋昭、晉國的傅玄等，可見各國多麼重視它的效果了。

此外，這些鼓吹曲全都是採取組曲的形式，而且附有簡單的解說，由此可以想像，很可能它還附有更詳細的歌詞能夠完整唱完吧，也或許是由專業的藝人來說說唱唱。中國的軍隊有隨軍藝人，這在後世的許多資料上皆有記載。以敦煌發現的唐代變文為代表的後世說唱文藝，都是透過說說唱唱的形式來敘述一個故事。上述的鼓吹曲多用七言句，這點和後世的說唱形式一致。此外，後世的說唱文學也像唐代的變文一樣，經常用來解說繪圖。曹丕曾將樊城之戰的場景畫出來讓于禁去看，由此推之，這些鼓吹曲可能已經具備對圖畫進行解說的功能。

《三國演義》等小說，其實就是從說唱文學發展出來的。有一點頗值得注意，魏、吳、晉的鼓吹曲都有流傳下來，唯獨蜀沒有。諸葛亮似乎不擅長打諜報戰，但各國都對鼓吹曲如此下工夫，蜀卻不來這一套，實在叫人匪夷所思。如果蜀國也有鼓吹曲，內容自然是歌誦一些蜀國光彩的事蹟，那麼，很可能就是以蜀為中心的《演義》的原型了。

舞踏俑（四川省博物館藏）　舞姿輕快優美的人物像。高二十五公分。蜀國時代之作。重慶市忠縣塗井五號崖墓出土。

第六章　走向衰落的三帝國

蜀國的衰敗與滅亡

諸葛亮死後，北伐大業頓挫，蜀國已經沒有什麼特別值得寫的事情了。繼任尚書令、大將軍等實質宰相職的蔣琬、費禕、董允三人，個個才能卓越，與諸葛亮在蜀國合稱「四相」。可惜蔣琬因病不幸早逝，費禕更為不幸，遭到魏國刺客暗殺。之後，諸葛亮體制日漸惰性化、空洞化，蜀國慢慢走向衰敗。

群臣內訌

蜀國群臣原本就是來自四面八方，簡雍、麋竺、孫乾等人當初是跟隨劉備從北方而來，諸葛亮、蔣琬、伊籍、馬良等人是在荊州加入劉備陣營的，而費禕、董和與其子董允等人則原為劉璋部下，內部組成極為複雜，意見不合也是在所難免。

諸葛亮在五丈原一死，蜀軍中，主張繼續北伐的魏延，與主張撤退的楊儀便針鋒相對，楊儀殺掉魏延後，沒多久也失足而死。這兩人歷來關係不佳，勢同水火，諸葛亮生前為此傷透腦筋。魏延被殺後，楊儀踩著他的首級說：「庸奴，復能作惡否？」並誅殺魏延一族，可見積怨多深。

其實，這樣的內訌在蜀國從不間斷。劉備即位之初，為建立各種完善的制度而任命許慈與胡潛為學士，然而這兩人也是交惡，常因意見不合互罵，甚至最後持鞭威嚇對方。劉備為此頭疼不已，還曾在宴會上安排演員演出兩人吵架的情景，藉以責難。即便如此，劉備仍不得不任用這兩個人，因為蜀國實在人才不足。

除此之外，魏延與劉琰、楊儀與劉巴、諸葛亮與黃元、張裔與岑述、姜維與張翼、姜維與楊戲等，《蜀志》群臣傳中，關於群臣不和的記述非常多。魏、吳兩國內部也為爭權奪利而紛爭不斷，但蜀國的這種對立，與其說是權力鬥爭，不如說是個人恩怨還比較貼切。劉備、諸葛亮在世時，還能一定程度地壓制各方，一旦喪失這兩位強而有力的領袖，蜀國便陷入各路人馬的內訌中，什麼事也做不成了。

皇帝劉禪也無為此解套的魄力與能力。他雖寵愛宦官黃皓，但未如吳國最後一位君主孫皓那樣成為暴君，就該慶幸了吧，或許他連成為暴君的氣魄都沒有。宦官黃皓也不過是一個貪圖私利的小壞蛋，對政治並無野心。總之，蜀國君臣全無治國之心，懶懶散散地陷入了坐以待斃狀態。

當中僅有一人不甘寂寞，那就是繼承諸葛亮遺志而繼續北伐的姜維。他多次進兵隴右，征服了當地羌族，取得一定的戰果，無奈眾寡不敵，加上他原是魏國降將，在蜀國樹敵不少；孤立無援中，逐漸被魏軍逼到了絕境。

之前提過，劉備即位時，位居名義上群臣之首的許靖與劉巴皆為當時的名士，與魏國高官王朗、陳群等名士亦有來往。這兩人都是為避難而從交州來到蜀國，說時勢所逼而不得不在劉備底下做事，一點都不為過。

名士輿論的壓力

特別是劉巴，當年劉備在荊州深孚眾望時，許多名士爭相投到他的麾下，唯獨劉巴一人不從，反而北上依附曹操，據說劉備對此懷恨在心。不久，曹操下令攻打荊州南部，劉巴再次來到荊州；但劉備已經占領該地了，劉巴無法回北方去，於是逃到交趾。後來劉巴為投靠劉璋來到蜀地時，沒想到劉備也來了。三番兩次躲著劉備，劉巴此刻心裡肯定尷尬極了，不得已只好向劉備道歉，幸好劉備不計前嫌，予以重用。

之所以不計前嫌，全是因為劉巴為當時的名士。三國時代，這些名士的言行，對全國知識分子所形成的輿論，具有相當大的影響力。為了與聚集眾多名士的魏國相抗衡，劉備很需要劉巴、許靖這些名士的協助，他任命許靖擔任最高官職太傅，讓劉巴撰寫登基時的誥命，就是最佳證明。我們閱讀《演義》，很容易留下凡事都是諸葛亮排第一的印象，其實作為名士，他的地位遠不及劉巴和許靖，他也相當敬重他們。

不過，對名士這般客氣，卻反倒成為蜀國的弱點。劉巴受到重用後，愈來愈驕傲自大，他不甩諸葛亮的居中斡旋，堅持不跟張飛說話，可見態度之囂張（參考本書第一七四頁）。劉備知道這件事後，一方面抱怨劉巴不協助自己完成統一大業，只想著回到北方的魏國去，一方面又說只有自己才用得了劉巴，可見劉備實在有不得不重用名士的苦衷。蜀國還有一位叫做來敏的人物，他的父親來豔曾做過漢朝的司空。來敏也是透過劉璋的關係而當官，他除了身為名士以外，毫無任何長才，而且經常言行不軌；但就因為他是名士出身，始終擔任高官。身為漢朝後繼者，對名士的重視似乎成了蜀國的宿命。

蜀國這種重視名士的態度，不可能不影響到其他官僚。這些北方名士們看來只是暫時棲身於蜀而已，卻受到高度禮遇，其他官僚難免心有不平，甚至乾脆擺爛。加上蜀國的名士人數遠不及魏，導致愈來愈多人悲觀地認為，漢朝的正統後繼者應該是魏而不是蜀吧。魏國名士陳群、王朗經常對許靖和諸葛亮投以書信攻勢，原因之一就是瞄準這點，也就是企圖對蜀國的輿論施壓。蜀國降魏時，魏國大將鄧艾寫信給蜀國臣僚，道：「自古聖帝，爰逮漢、魏，受命而王者，莫不在乎中土。」強調正統皇帝皆出自中國北方；蜀國群臣應在內心點頭稱是吧。換言之，蜀國在軍事上敗陣之前，已經先敗給這種輿論了。

蜀、魏兩國對名士如此重視，吳國的孫權則完全成了對照組。吳國的代表名士為張昭，孫權卻幾乎不聽張昭的意見，赤壁之戰時曾說，如果聽了張昭之見，自己恐怕淪為乞丐了；還說過劉巴如果跟張飛講話就不算是名士；種種言論都聽得出他對名士的諷刺。不過，孫權依然不能完全忽視張昭的名士地位，雖與之針鋒相對，卻也給予他終生禮遇。由此即可看出，三國時代以名士為中心，於全國形成的知識分子輿論有多重要了。吳國最終和蜀國一樣，都是敗於這種輿論。

對蜀國而言，更為不幸的是，不僅從北方逃過來的名士們對蜀國的前途不關心，就連在地知識分子也是冷漠以對，甚至對魏國更有好感。

冷漠的當地輿論

蜀國的學問中心在成都東北的廣漢郡，這裡十分盛行讖緯，亦即預言之學。廣漢是近年發現三星堆文化這種特殊青銅器文化的所在地，由此不難想像，此地的古代特殊文化在這裡經過漢化，在儒教普及後，以另一種形式流傳下來，也就是變得非常重視預言了。王莽篡漢時，廣漢的讖緯學者哀章就編造出「金策書」這個有利於王莽的預言。到了東漢，這方面的學者依然輩出，曾對劉璋之父劉焉說蜀地有皇帝之氣的人，就是廣漢學者董扶。

此外，名聲僅次於董扶的周舒，在解釋「代漢者，當塗高也」這句《春秋緯》上的預言時，認為「當塗高」是指魏國，這番說法在鄉黨學者間悄悄傳開來。而與董扶齊名的任安，其弟子杜瓊就曾牽強附會地說，漢代官吏之所以稱為「曹」（現今日文中仍有「法曹」一詞），即為曹氏取得天下的預兆。

當時蜀國學問最好的人是譙周，他曾受教於杜瓊。譙周仿效杜瓊，說劉備和劉禪這兩個名字就是「準備禪讓」的意思，暗指蜀將被魏取代。話都說到這份上來了，哪裡是預言，簡直露骨地表現出對劉備父子的厭惡吧。同樣也是廣漢出身的學者彭羕，竟在背地裡稱劉備為「老革」（老朽、老兵之意），結果遭劉備斬殺。

譙周對北伐魏國也是持批判立場。他寫了一篇〈仇國論〉，針對敵對國家之事進行議論，寓意深遠。內容設定為一個叫做「因余」的小國和一個叫做「肇建」的大國爭戰，因余就是剩下來的小國，暗指蜀；肇建就是剛剛建立的大國，暗指魏；然後由因余國的高賢卿和伏愚子展開對話。高賢卿表示，一如弱勢的漢高祖打敗強大的項羽，因余國也能戰勝肇建國；但伏愚子主張應該先讓人民休養生息。無庸置疑，高賢卿指的是堅持北伐的蜀國高官們，伏愚子則指譙周本人。當時蜀國因連年征戰，國力疲弊，人民陷入水深火熱之中。外來的人把北伐當成他們的人生意義，當地人則受此牽連而苦不堪言。譙周的〈仇國論〉是控訴蜀國人民之苦的當地代表性輿論。換言之，蜀這個外來政權，已經失去當地人的支持了。

魏軍大舉入侵蜀國時，以名分及利害說，力勸劉禪投降的人就是譙周。蜀國群臣中竟無一人能夠反駁譙周的主降論。《三國志》作者陳壽是譙周的弟子，他的《三國志》是以魏為正統，恐怕未必完全是顧及魏國後繼者晉的面子吧。

蜀國的自取滅亡

景元三年（二六二），已經掌握魏國實權的司馬昭（司馬懿次子）終於決意攻打蜀國。得到情報後，姜維立即上奏朝廷加強防備，但篤信巫術的宦官黃皓按下姜維的奏書不表，蜀國群臣中竟無人知道此事。翌年，景元四年八月，魏軍從洛陽出發，大舉進攻蜀國。征西將軍鄧艾率三萬大軍從最西邊的狄道直指姜維的駐屯地沓中，雍州刺史諸葛緒也率三萬大軍由祁山入武都，企圖截斷姜維的退路，而鎮西將軍鍾會則領十萬主力軍由褒斜道、駱谷道、子午谷道三路擁進漢中（參考本書第一四〇頁圖）。

依照魏軍的計畫，只要鄧艾和諸葛緒牽制住蜀國主力的姜維部隊，鍾會所率領的主力軍就能順

劍閣 又稱劍門關，自漢中入蜀的要衝，有棧道可通行。位於四川省劍閣縣。

利挺進成都。沒想到姜維部隊巧妙地繞到諸葛緒軍後方，令其退兵，進而守住從漢中進入蜀國的要衝劍閣（參考本書第一〇一頁圖）。這麼一來，鍾會的主力軍便無法自漢中南下，甚至考慮撤退。不過，出乎蜀軍意料地，鄧艾竟從陰平翻越山間險路，出現在劍閣與成都中間的江油。成都告急，朝廷急派諸葛亮之子諸葛瞻前往抵禦鄧艾軍，但諸葛瞻率兵到了江油之前的涪，就不再前進了。鄧艾擊破諸葛瞻的前鋒部隊，諸葛瞻後退到綿竹，然後戰死。綿竹距離成都僅咫尺之遙，成都陷入大混亂，劉禪考慮退至南方或逃亡至吳國，結果被譙周說服而降，同時命令姜維等各地將兵也必須無條件投降。據說姜維無奈地棄械投降，士兵們皆以刀擊石，悔恨交加。自魏軍大舉討伐，僅僅兩個月，蜀國就滅亡了。

我們來客觀看一下當時的情勢。首先，成都應有四萬守軍，雖不知諸葛瞻後來帶走多少兵力，就算一半，成都也還有二萬守軍才對。另一方面，隨同鄧艾翻山越嶺的兵力應該不到三萬，而且估計兵糧不足，再加上吳國接到救援請求後，已經出兵到壽春了。如果姜維能夠在劍閣阻擋住苦於兵糧不足而考慮撤退的鍾會主力軍，成都的蜀軍能夠死守城池的話，蜀國應該很有贏面才對。不過，顯然蜀國君臣已經了無鬥志。諸葛瞻未及時攻打翻山越嶺而來的鄧艾軍，躊躇間錯失良機就是最好的說明了。因此，可說蜀國並非遭魏所敗，而是自取滅亡。而獨排眾議，主張徹底抗戰的北地王劉諶，在祖父劉備廟前殺死妻子後自盡。

沒料到劉禪如此輕易降伏，鄧艾在無血入城後，得意忘形地寫信給司馬昭，建議應該趁滅蜀之勢進而伐吳，令其歸順。被鄧艾奪去攻下成都的頭籌後，鍾會自然心裡不爽。他偽造鄧艾寄到洛陽的報告書，害得鄧艾遭捕而被押解洛陽。而未隨著鄧艾一起翻山越嶺，選擇與鍾會合流的諸葛緒，也遭到鍾會誣陷他毫無戰意而被遣送回洛陽。這下，鍾會名實都是討伐蜀軍的唯一總司令了。

鍾會謀反

鍾會是魏國太傅鍾繇之子，也是同樣身為魏國高官的鍾毓之弟。鍾氏系出潁川名士，在魏國的排行位於司馬氏之上。這個時期，魏國的實權已經完全掌握在司馬氏手上，司馬氏篡奪已是遲早的事，可以說伐蜀也是為了篡權做準備。鍾會是一個聰明的野心家，很可能當初攻打蜀國時內心就有所算計了。不過，司馬昭也非等閒之輩，他就是看穿鍾會的心機後才派他去蜀國的。

鍾會取代鄧艾入成都後，便與投降的姜維商議，最後決定起兵謀反。他打的主意是，如果順利就能奪天下，如果失敗也能像劉備一樣雄霸一方。另一方面，姜維也想利用鍾會復興蜀國，因此暗中要劉禪再耐心等待。不過，得知鍾會進入成都後，司馬昭立即親自坐鎮長安，派遣賈充赴蜀。鍾會被司馬昭意外的火速行動嚇到，連忙召集討蜀大將，將他們監禁起來；姜維建議格殺勿論，鍾會猶豫不決間消息走漏，兩人最後死於亂軍之中，這個野心也就隨之破滅了。鍾會死後，由監軍衛瓘擔任指揮，他派人在綿竹殺掉正在押解回京中的鄧艾，就這樣，魏蜀兩國的主將鄧艾、鍾會、姜維三人，不到半年全部喪命。《演義》中將這些事寫成姜維的陰謀，但真正的幕後黑手應該是司馬昭吧。

姜維之墓　位於劍門關附近。後人為紀念姜維在此與鍾會對戰所造。

鍾會叛變讓成都城陷入無政府狀態，蜀國太子劉璿被殺，與關羽有殺父之仇的龐會趁機誅殺關羽一族，據說，該被殺的宦官黃皓反而靠賄賂逃過一劫。

蜀國這麼快就投降，讓吳國大感吃驚，得知鍾會死訊後，立即出兵西進攻蜀，但蜀國巴東太守羅憲向魏軍求援，成功阻擋了吳軍的進攻。羅憲曾經出使吳國，但這次並未選擇與吳合力復興蜀國這條路。從這件事便能看出來，吳蜀同盟早已洞空化，蜀國人心早已倒向魏國了。

樂不思蜀

蜀國滅亡後，劉禪及家族一起被送到洛陽，隨從的臣下只有郤正、張通等寥寥幾人。司馬昭對劉禪一族極為禮遇，除了封劉禪為安樂縣公，子孫五十餘人也都立為諸侯。這是做給吳國的孫氏家族看，企圖引誘他們前來歸順。

有一天，司馬昭命人在宴會上演奏蜀國音樂，從蜀國來的人全都聞聲落淚，唯獨劉禪狀似歡樂，司馬昭傻眼地說：「人之無情，乃可至於是乎！」又有一天，司馬昭問劉禪想不想念蜀國，劉禪回答：「此間樂，不思蜀。」事後郤正告訴劉禪，下次遇到這種情況就要痛哭流涕地說：「先父墳墓遠在隴蜀，乃心西悲，無日不思。」改天，據說劉禪果然依郤正教的那樣回答，司馬昭便問：「怎麼跟郤正說的一模一樣？」劉禪一驚，說：「就是郤正教我的啊！」惹得哄堂大笑。

這則故事十分有名，用來說明劉禪的愚昧之至，但是否為真呢？搞不好是因為劉禪被封為安樂縣公而編出來的也說不定。安樂縣是今北京北邊的一個地名，事實上劉禪並未去那裡，恐怕是為了顯示劉禪投降後生活安樂，而故意選用這個地名。果真如此的話，那麼劉禪也只能聽任安排，表現得樂不思蜀了，因為他根本犯不著去說思念蜀國之類的話來招人猜疑。不過，能從北伐這個重責大任中解脫，或許真的輕鬆愉快。劉禪的內心世界，旁人無從得知。

魏國內亂與司馬氏篡權

明帝的苦惱與死亡

魏明帝曹叡的生母甄式，原為袁紹次子袁熙之妻，曹叡的父親曹丕對她一見鍾情，娶之為妻。不過，曹丕後來寵愛郭氏，爭風吃醋的甄氏被賜死。曹丕即位後，皇后就是郭氏。父親殺了母親這件事，肯定傷害曹叡幼小的心靈吧。有一天，曹丕、曹叡父子一同狩獵，發現一隻母鹿帶著小鹿。曹丕射死母鹿，並命令曹叡射死小鹿。相傳曹叡哭著說，陛下已經射死母鹿了，我怎麼忍心再射死小鹿呢？不難想像，曹氏父子之間因為甄氏之死，應該留下一些心結吧。曹丕直到臨死前，才終於立曹叡為太子。

明帝二十四歲即位後，立刻追封母親甄氏為文昭皇后，並不斷向已經成為皇太后的郭氏打聽甄氏死時的樣子。把甄氏逼死的郭氏惶惶不安，最後憂鬱而死，也有一說是被明帝殺死的。明帝得知母親甄氏下葬時被口填糟糠、髮裹臉面，就以同樣方法埋葬郭氏。不過，不幸的是，明帝也是寵愛後來的郭皇后（與文帝的郭皇后無關），而把元配毛皇后殺死。他雖憎恨父親對待母親的方式，結果自己也做出同父親一樣的行為。而父子皆寵愛郭氏，莫非是命運的捉弄？明帝相當聰明且個性沉著果斷，長相一表人才，但因為口吃而沉默寡言，這點和他幼時的創傷恐怕不無關係吧。

明帝的時代與諸葛亮的北伐時期幾乎重疊。他得宜地指揮以司馬懿為首的眾將軍，冷靜處理來自蜀和吳的攻擊，不讓對方有可乘之機。而且，此時曾為父親文帝競爭對手的叔父曹植還在世，諸葛亮第一次北伐時，明帝親自坐鎮長安，就傳出明帝已死、曹植即將即位的謠言，這些內政上的諸多壓力，他都頂住了。

不過，諸葛亮一死，北伐告終後，不知是否因為緊張的心情鬆懈了，明帝開始剛愎自用。首先，他下令興建規模宏大的洛陽宮殿御苑。此舉遭到群臣反對，因為不顧戰亂造成的財政困窘與民生凋敝，大興土木將造成國家龐大的負擔；可是明帝非但不聽，甚至動員群臣到御苑搬土，建造庭園的假山，簡直算是暴行。

明帝還在景初元年（二三七）改曆。依照當時儒家的觀點，曆法有夏、殷、周三朝使用過的三種古曆，夏曆的正月是現今陽曆的一月，殷曆在十二月，周曆則在十一月。他們還對應天地人，稱夏曆為人統，殷曆為地統，周曆為天統，合稱三統，並認為改朝換代時就該隨之改變，而這就是西漢學者董仲舒以來的儒家主張。由於漢朝使用夏曆人統，繼承漢朝的魏朝就該使用殷曆地統才對，但文帝時並未實施，直到明帝時才採用。這是依學者的意見而為，算不上暴行，但將十二月變成正月，肯定造成諸多不便。像這樣依照三統而改曆的作法，之前有王莽，之後也只有武則天而已。

此外，明帝在後宮安排了大批宮女，過著豪奢荒淫的生活。他還下令，軍人的女兒凡是嫁給軍人以外官吏者，就要強制拆散，改嫁軍人，而且從中挑選姿色出眾者進入後宮，種種蠻橫的政策引起強烈反彈。

即便如此，明帝絕未因而不理政事。他也想對國內外展示一下自己身為帝王的威嚴，於是在景初元年（二三七），命令毌丘儉（一說為毋丘儉）征討一直懸而未決的遼東公孫淵，後來因大雨而落敗。之前已經提過，公孫淵和吳國一直保有聯繫。就在公孫淵自稱燕王，展現自立跡象時，翌年，明帝再派司馬懿出兵，終於一舉殲滅。再過一年，也就是景初三年的正月一日，明帝駕崩，得年三十五歲。明帝一死，可說魏國實質上也隨之滅亡了。

曹爽與司馬懿的權力鬥爭

明帝死後，年僅八歲的太子曹芳即位。明帝的皇子皆早么，曹芳並非明帝的親生兒子，家系不明。明帝晚年為遴選曹芳的輔佐大臣而苦惱，最後指派曹爽和司馬懿兩人共同輔佐幼主。曹爽之父曹真（原本姓秦，因曹操的關係而改姓）是曹氏一族中的有力人士。明帝原本屬意由曹操的兒子、也是自己從小就親近的燕王曹宇擔任輔佐重任，但近臣劉放等人建議皇族不宜參政，因而改為指派曹爽，並緊急召回滅掉公孫淵後待在北方的司馬懿，於是，以曹爽為中心的曹氏一族，以及以司馬懿為中心的官僚勢力，就此展開一場權力爭奪大戰。

這年十二月，又改回原來的夏曆，表面上是因為明帝於元旦死去，必須回避元旦這一天變成忌日，但其實這是藉口，真正用意為否定明帝的政治。

曹爽掌握實權後，一方面任用何晏、丁謐、李勝等親信，一方面將年長的司馬懿奉為太傅，使之遠離政權，而由自己和親信們攬大權，為所欲為。曹爽原本就是個公子哥，他的親信也都是以名士自居的輕佻浮薄之輩。何晏是東漢末期的外戚何進之孫，他的母親後來成為曹操的姬妾，因此從小在宮中和曹操的兒子們一起長大。

三國皇帝的婚姻觀

明帝的近臣中，還有一人與何晏的境遇相同，就是秦朗。秦朗的父親是呂布的部下秦宜祿。曹操消滅呂布後，關羽三番兩次向曹操提出想娶秦宜祿之妻的要求。由於關羽態度非常堅決，曹操便想看看這位秦宜祿之妻究竟長得多漂亮，結果就納她為妾了。關羽肯定很嚥不下這口氣吧。由此也可窺見與《演義》中關羽英雄形象不同的另一面了。妻子被曹操霸占這件事，讓秦宜祿不僅受到張飛的冷嘲熱諷，後來還死在他手下。而秦宜祿之子秦朗，就與何晏一起在曹操的宮中長大，二人的母親尹夫人和杜夫人，也都分別為曹操生子。

順帶一提，後世把這個秦宜祿的妻子錯以為是呂布之妻，然後又把她與貂蟬（虛構人物）混為一談，結果產生了關羽與貂蟬交好，或是關羽斬貂蟬這類無稽之談。雖然這類無稽之談未被《演義》採用，但是元代以後，它成為「關大王月下斬貂蟬」等戲劇或說唱故事的題材，在民間廣為流傳。

霸占他人之妻這種行為令人不敢恭維，但個性大剌剌的曹操根本不在乎，據說，他視秦朗與何晏如己出。再說，他的正室卞夫人原本就是娼家出身。當時，名門望族結婚講究門當戶對，但曹操的婚姻觀似乎跟豪族官僚們不同。卞夫人的兒子曹丕即位後，卞夫人成為皇太后。而曹丕也是娶袁熙的妻子甄氏為妻，只是甄氏後來失寵，有生之年未能成為皇后。

不僅娶他人之妻，還封之為后的就是劉備了。劉備原本就有妻妾甘夫人、糜夫人和孫權之妹孫夫人，但他即位後，成為皇后的人卻是劉璋之兄劉瑁的遺孀吳氏。據說這是因為算命師稱吳氏有貴人之相，不過，也有可能是劉備想藉此收服劉璋的部下吧。劉備和劉瑁雖為遠親關係，可是兩人同宗又同屬漢皇族；而儒教倫理嚴禁娶同族為妻，因此劉備遭人質疑是否真為漢室皇族。另外，劉禪的兩位皇后都是張飛的女兒，也就是姊姊死後，妹妹繼位。這種姊妹先後嫁給同一個男人的現象，在今天的日本也時有所見，並非什麼大不了的事，但這在儒教倫理也是禁忌。只能說，蜀國皇帝的婚姻觀與眾不同吧。

娶表侄女為妻的孫權

那麼吳國的情況又如何呢？孫權有好幾位夫人，其中徐夫人為孫權姑姑的孫女，亦即他的表侄女。此外，孫權的六子，也就是在孫權之弟孫亮遭罷黜後，成為第三任皇帝的孫休，他的皇后朱夫人是他姊姊的女兒，亦即他的外甥女。中國雖然認可異姓表兄妹結婚，但娶表侄女為妻不僅離譜，儒教倫理更視這種行為與獸行無異而大為禁止。吳國皇帝的婚姻觀和蜀國一樣，都不太正常。

三國時代，儒教倫理觀念尚未如後世那般普及民間，一般人結婚還沒受到太多的禮教束縛，而三國皇帝的婚姻之所以悖離儒教的家族倫理，或許只不過是依照當時民間的習慣罷了。可是，那些出身名士、豪族階層的大臣們都已經是忠實的儒教倫理信徒，因而產生不少因「不事二夫」而堅決守寡的貞節烈女。這種倫理觀的差異，讓君臣之間齟齬橫生，並成為三個國家均在短期間內滅亡的一個因素。尤其以官僚多為豪族階級、標榜儒教統治的魏國最為明顯，一般認為，曹氏一族與官僚之間的權力鬥爭，就是在倫理觀相違的背景下產生的。

還有，何晏與曹操之女金鄉公主成婚，但金鄉公主的母親不是別人，正是何晏自己的母親尹夫人，換句說話，何晏與金鄉公主是異父同母的兄妹。如果此事屬實，就真是所謂的「禽獸不如」了。《三國志》的注釋作者裴松之認為不可能發生這種違背倫常的事，金鄉公主的母親應該是秦朗之母杜夫人才對。無論如何，司馬懿等當時大多數的官僚，肯定對這樣的近親結婚看不下去了。順帶一提，在儒教倫理尚未傳入之前，朝鮮半島的王族和日本的天皇家族，原則上都是近親結婚的。這件事暗示出若揭去儒教這層面紗，中國與朝鮮、日本之間，其實存在頗多的共通點。

司馬懿的反擊

大將軍曹爽及其同黨操控年幼的皇帝，恣意擅改制度，甚至對蜀國進行無謀的攻擊，以致造成巨大損失，這些不當之舉司馬懿皆看在眼裡，但他極力回避與曹爽對立，稱病蟄居家中，隱忍自重。不過，曹爽並未對司馬懿完全解除警戒。

曹爽的親信李勝赴任荊州刺史時，藉辭別之名前去刺探司馬懿的狀況。司馬懿由兩名侍女左右攙扶著出來，然後把手上的衣服弄掉了，又說口渴，指著嘴巴要侍女拿粥過來，結果吃得滿胸口都是滴落的粥汁。李勝說要去荊州，司馬懿回答：「是喔？并州很遠，路上小心。」李勝糾正說：「不，是去荊州，不是并州。」司馬懿仍回答：「是喔？去并州喔？」於是李勝草草告辭，回去向曹爽報告司馬懿已形同個活死人了，曹爽這才完全解除戒心。瞧，演技多逼真啊。劉備與孫權也是演技一流，但都比不上司馬懿吧。

正始十年（二四九，之後改元嘉平），亦即曹芳即位將近十年後，司馬懿才終於行動了。這年的正月，曹芳前往父親明帝之陵祭拜，曹爽及其同黨隨行，趁此朝中無人之際，司馬懿以皇太后之令關閉城門，發表上奏書，細數曹爽罪狀並要求即刻罷免。曹爽在城外得知這個晴天霹靂的消息，一時不知所措。近臣桓範建議應該擁皇帝到許都，然後揭竿討伐司馬懿，但曹爽不聽，最後決定乾脆投降。這個從小嬌生慣養的公子哥，肯定做夢都想不到會被殺頭吧。司馬懿監禁曹爽一行人後，就找個藉口把他們全部處死了。

事後，司馬懿被任命為丞相，但他固辭不就。然而無庸置疑，他已經回到朝廷，掌握實權了。與曹爽關係密切的夏侯霸，就是在這時候亡命蜀國的。

皇帝親自發動政變

嘉平三年（二五一）司馬懿死後，權力由其子司馬師繼承。司馬師於三年後的嘉平六年廢少帝曹芳，將之降格為齊王。表面上的理由是曹芳荒淫無度，其實恐怕是皇帝已經二十三歲了，難以再把他當成機器人操控；另一個原因則是皇后之父張緝已有反對司馬氏專政的跡象了。

繼任皇帝的是曹丕之孫、高貴鄉公曹髦，當時還只是一個十四歲的少年而已。不過，這位少年顯然與司馬師的願望不符，他不愧為曹氏一族，聰明而且氣概非凡。司馬師曾問鍾會這個皇帝如何，得到的回答是：「才同陳思，武類太祖。」意思是文才等同曹植，武勇媲美曹操。司馬懿雖說：「那就是國家之福了。」但應該不是真心話吧。

果然，曹髦這位新皇帝十分熱衷於學問與文藝，經常召集群臣做詩、辯論儒家經典，學者們屢被皇帝犀利的問題問得張口結舌。正元二年（二五五）司馬師死去，其弟司馬昭繼位，權力依然掌握在司馬氏手中。曹髦對自己形同司馬氏的傀儡早就心生不滿，終於在甘露五年（二六〇）五月下了一個前所未聞的大決斷，就是由皇帝親自發動對司馬氏的叛變。

曹髦祕密召來親信王沈、王經等人，說出了自己的決心：「司馬昭之心，路人皆知也。朕不能坐受廢辱，今日當與卿等自出討之。」（司馬昭稱帝之心連路人都知道。我絕不能坐以待斃，等著他來廢掉我。今天，我下定決心和你們一起去討伐他！）王經等人大驚，力勸皇帝自重，但曹髦堅決地說：「是可忍，孰不可忍？」把親自擬好的詔書丟在地上，說：「行之決矣。正使死，何所懼？況不必死邪！」然後率宮中奴僕數百人殺敵而出。

這件事想必司馬昭也大吃一驚吧。他派部下賈充帶兵進宮一探究竟。賈充見曹髦手持利劍，士兵們皆無從勸阻，便唆使部下成濟：「畜養汝等，正謂今日。今日之事，無所問也。」於是成濟上前，一劍將皇帝刺死。曹髦時年二十，以一國之君來說，他的死可謂空前絕後的壯烈。之前雖然獲得「今日之事，無所問也」這句承諾，但後來成濟被以大逆不道問罪，全族盡皆遭到處死。

燕王曹宇之子曹奐被迎為新帝，但也只有十六歲而已，而且父親燕王仍在世。此時，年號改為景元，司馬昭被封為相國、晉公，接下來就只剩等待篡奪的機會來臨。

自從司馬懿發動叛變後，魏國便暴動四起，並且不是針對魏國，而是衝著司馬氏來的。

叛亂頻仍

第一起事件發生於嘉平三年（二五一），擔任對吳戰線最高統帥的征東將軍、官拜司空的王淩，欲擁曹操么子楚王曹彪為帝。王淩的叔父就是當年誅殺董卓的英雄王允。不過，這起陰謀因走漏風聲而敗，王淩自殺，楚王被賜死。

第二件是在嘉平六年（二五四），中書令李豐與皇后之父張緝共同擁戴曹爽的親戚兼盟友夏侯玄，最後三人都遭到誅殺。這是一起由曹爽餘黨所發起的叛變。夏侯霸亡命蜀國時，曾邀夏侯玄一起行動，但夏侯玄不從。前面提過，這起事件也是造成曹芳廢位的原因之一。

第三件發生於隔年的正元二年（二五五），同樣由身為對吳戰線最高統帥的揚州刺史文欽，聯合鎮東將軍毌丘儉於壽春發起叛變。毌丘儉為魏國宿將，討伐高句麗等戰功彪炳。兩人分別與曹爽以及李豐、夏侯玄過從甚密而起兵，但司馬師親自率軍前往壽春鎮壓，毌丘儉敗死。此時，吳國宰相孫峻也進軍壽春，但中途聽到叛變失敗的消息便撤軍折返，文欽及其子文鴦逃往吳國。文欽曾經詐降吳國，但這回是真的投降。司馬師則因心力交瘁，不久後病死。

第四次是在甘露二年（二五七），同樣又是對吳戰線的最高統帥諸葛誕於壽春發起政變。之前毌丘儉與文欽聯手叛亂時，曾邀諸葛誕加入，諸葛誕不但拒絕，還積極投入鎮壓行動。不過，諸葛誕原本就跟夏侯玄關係匪淺，而且有一次賈充從洛陽來看他，提到都城裡人人都希望皇帝將皇位禪讓給司馬氏，結果諸葛誕面色鐵青地把賈充趕回去，之後司馬昭派人召回諸葛誕，諸葛誕自知大事不妙了，於是起兵叛變。

這次，諸葛誕記取了毌丘儉和文欽失敗的教訓，事先與吳國串通好，將兒子諸葛靚送到吳國表示臣服之意。吳國立即派遣之前投降的文欽父子，以及將軍全懌、全端等人前往壽春救援，將軍朱異、丁奉，甚至是大將軍孫綝也都率大軍陸續出征。另一方面，司馬昭也大張旗鼓地恭請皇帝、皇太后御駕親征，率二十六萬大軍前往壽春。此時，魏國在關中的大軍都調往壽春了，蜀國的姜維準備趁虛而入，吳蜀與魏國的大戰一觸即發。

然而，吳國駐守荊州夏口的孫壹，以及駐守都城建業的全懌之侄全輝、全儀，卻在此時相繼降魏。這應該不是偶然，而是魏國的策反吧。接著，一如前面提過的，鍾會偽造全輝、全儀的手書，讓人在壽春城內的全懌倒戈魏國（參考本書第一六五、一六六頁）；諸葛誕又與文欽起衝突，文欽被殺，兒子文鴦投降於魏。就這樣，演變成一場敵我陣營外加投降者的大混戰，結果諸葛誕敗死，司馬昭險勝。而在對蜀的作戰方面，鄧艾採取從前司馬懿對付諸葛亮的戰術，堅守不出，頂住了姜維的挑釁。這場由諸葛誕之亂開端的戰役，三國皆傾兵而出，成為決定最後命運之戰了。

最後一次發生於景元五年（二六四，後改元咸熙），鍾會平定蜀國後，自己也發動叛變，結果以失敗告終。至此，反對司馬氏的勢力全被掃蕩殆盡了。司馬昭晉升為晉王，接下來就是伺機篡位。

再次搬演禪讓劇碼

然而，翌年咸熙二年八月，司馬昭就死了，長子司馬炎繼承父權，到了十二月，便接受禪讓登基為皇，成為晉武帝。魏國建國四十五年後，又再次上演禪讓劇碼。不過，魏文帝是在父親曹操死後十個月才即位，晉武帝卻是在司馬昭死後四個月就登基，也太性急了，當然，這是有原因的。

司馬炎之弟司馬攸過繼給伯父司馬師。司馬攸才能出眾，聲望甚至凌駕司馬炎之上，父親司馬昭也很寵愛他，據說一度想由他繼位，最後顧及長幼有序而作罷。但由於晉王之位原本應該屬於司馬師，司馬昭也說過，死後就會歸還王位，也就是讓司馬攸繼承，因此司馬炎如坐針氈。情況就如同當年曹丕與曹植一樣，司馬炎急於即位，恐怕就是這個原因吧。司馬攸後來受封為齊王，但始終遭到哥哥武帝的懷疑，鬱憤而死。

依照司馬昭的計畫，應該是滅蜀後三年就接著滅吳，天下統一後即登基稱帝。然而司馬炎太早即位，打亂了父親的計畫，因為才剛建立新王朝，無法立即展開大規模的軍事行動。吳國之後仍能維持命脈長達十五年，除了吳國本身國力就比蜀國強之外，估計也和司馬炎急於即位有很大的關係。

吳國的內政與內訌

孫權的不幸，肯定是因為他活得太久了。他的父親孫堅死時三十七歲，哥哥孫策死時二十六歲，曾經共患難的周瑜、魯肅、呂蒙，乃至對手曹操、劉備、曹丕和其子曹叡，還有諸葛亮等，全都比他早死；而他長壽達七十歲，想必晚年相當孤寂憂鬱吧。對孫權打擊最大的，就是在他六十歲那年，愛子孫登死去，年僅三十三歲。當年孫權想盡種種藉口拒絕將孫登送到魏國當人質，就是將希望全都寄託在他身上，孫登死後，那個當年豪邁闊達的孫權，就變成一個倔強且缺乏判斷力的老人了。

孫權晚年的鬱悶

最令人費解的是，孫登死後，孫權立寵愛的王夫人之子孫和為太子，但對孫和的弟弟魯王孫霸，也給予同等太子的待遇，於是家臣間出現太子派和魯王派之爭，導致眾多無辜的臣子被殺，宰相陸遜也痛心疾首而死。這種無謂的紛爭前後達九年，最後是在赤烏十三年（二五〇），孫權終於下決心廢太子，賜魯王死，重新立么子孫亮為太子才解決。兩年後，孫權就死了。

長沙走馬樓簡牘

一九九六年，湖南省省會長沙市的中心、五一廣場附近的走馬樓街，一家日資百貨公司的建築工地中，發現了三國時代的古井，從中出土達十萬片的簡牘。簡牘是紙張尚未發明的時代，用來書寫的木片或竹片，將這些木片或竹片用繩子串起來就成了書卷。「冊」字就是表現書卷形狀的象形文字。近年，中國陸續有這樣的發現，但如此大量的簡牘出土則屬難能可貴，尤其屬於三國時代的文物更是僅此一例。

現今的長沙市，自戰國時代以來，位置幾乎未變。走馬樓這個地名就是來自明朝的王府，推測三國時代這裡也應該是官廳所在。出土的簡牘還看得到年號，最早的是漢朝的建安二十五年（二二〇），最新的是吳國的嘉禾六年（二三七），由此可推斷這批簡牘為吳國的地方官廳文書。

黃巾之亂後，孫堅曾任長沙太守，但這個地方正式成為吳國領土則是在建安二十年（二一五），吳國與蜀國第二次分割荊州以後。簡牘中看得到「步侯」、「呂侯」、「呂岱」等文字，就是這個時期活躍於長沙一帶的吳將步騭和呂岱。尤其步騭受封為臨湘侯，封地就在長沙。簡牘中還有「臨湘侯相靖」這個步騭部下的名字。一如前述，簡牘中看不到魏國年號「黃初」，都是一直沿用漢朝的「建安」，可見孫權歸順魏朝只是表面的假象罷了（參考本書第一二九頁）。

三國孫吳簡牘　長沙出土，是20世紀中國重大考古發現。

吳國的租稅戶籍文書

簡牘的內容有租稅、戶籍、呈給上級官廳的報告、個人書信、名片等，種類繁多，其中最重要的是關於租稅和戶籍部分。有關農地租稅方面，都是寫在一種名為「吏民田家莂」的木簡上，這種木簡為杉木製，長五十公分，比一般的木簡還長，上面的年代大部分是嘉禾四、五年。「莂」是契約的意思，也就是將同樣的契約內容在一片木簡的左右兩側各寫一遍，然後從中劈開，一半當成收據交給納稅人，一半由官府保管。「吏民田家莂」木簡的一邊有鑿子劈開的痕跡，而且上面寫著「同」字或相當於此的符號，可見這是官府所保管的契約的一半。從這些簡牘的內容，我們可以得知當時的納稅方法如下。

首先，將官吏或百姓耕作的農地，分成向國家借來的「二年常限田」，以及由自己開拓的「餘力田」，兩者再依是旱田（歉收）或熟田（豐收）來決定繳納米、布、錢的稅額。須繳納的布和錢可以折算成米；歉收時則可免繳。米上繳到官府的倉吏，布和錢則繳到庫吏；繳交時會製作竹簡收據，年終時會再統整一次寫在木簡上。這就是「吏民田家莂」。木簡上記載著各項繳納稅額及繳納日期、納稅人和收稅官吏的姓名。而「餘力田」中，有的寫成「餘力火種田」，可見當時這個地方是採取刀耕火種的方式。

其次是戶籍部分。這是地方官吏向上級報告居民狀況的文書檔案，除了後面常有「破莂保據（劈下一半作為收據保存）」字樣，還會寫上「若有誤，甘受罰」。戶籍內容為姓名、年齡，屬於吏、民、軍哪一種身分，以及家庭組成等，有趣的是除此之外，還會寫上「長五尺」、「長六尺」等身高，「盲兩目」、「聾耳眇目」、「腫兩足」、「腹心病」等身體疾病狀況，更有「刑右足」、「刑左手」等受到的刑罰記錄。這些應該不是出於關心國民的健康狀況，而是作為徵募兵役或賦役時的參考資料。年輕女性在年齡下面還寫上一個「美」字，可能就是準備日後送進後宮吧

（不過，也有可能是「算」字之誤）。

至於這些官府文書為何會保存在古井中，有人認為這是將不要的文書丟棄在井中銷毀，有人認為是吳國滅亡時要祕密保存而故意埋在井底；眾說紛紜無從得知。無論如何，過去研究三國時代，我們只能參考《三國志》等文獻資料及少數碑文而無法仔細探究，如今隨著這批珍貴的長沙走馬樓簡牘的出土，我們就有線索進一步了解吳國的統治實態。不過，由於簡牘的數量龐大，要進行正確的解讀，尚有待將來的研究。

諸葛恪的野心

孫權死後，年僅十歲的太子孫亮即位，輔佐大臣諸葛恪是諸葛瑾之子，也就是諸葛亮的侄子。他的內心肯定期待自己與叔父一樣，能夠成為輔佐幼帝的一代名相。順帶一提，孫亮字子明，這恐怕是孫權為沾諸葛亮的光，而將兒子取「亮」這個名字。能夠輔佐和叔父同名的皇帝，諸葛恪的心情可見一斑。

諸葛恪雖是一位聰明伶俐的才子，但個性欠缺穩重，諸葛亮就曾擔心這點而寫信向陸遜忠告。他那種難脫名士之氣的二代公子哥調調，或許與魏國的曹爽相似。

諸葛恪做的第一件事就是在巢湖東側、魏國境內的東興築城。這件事當然刺激到魏國。魏國本來就認為孫權死去是攻吳的好機會，於是派諸葛誕攻打東興，再派王昶向荊州南郡、毌丘儉向武昌大舉進攻。諸葛誕和諸葛恪這對同宗族人，分別代表魏國和吳國，在東興展開對決，最後因魏軍掉以輕心，諸葛恪獲得勝利，王昶和毌丘儉也撤退了。

凱旋而歸後，諸葛恪更加得意洋洋，他認為「天無二日，土無二王」，王者莫不企圖統一天下，而且還說自己最近拜讀叔父的〈出師表〉，深受感動等等，顯露出統一天下的野心，想代替叔父實現未竟之夢。於是翌年建興二年（二五三）三月，他率二十萬大軍攻打魏國的合肥新城。群臣多反對，民眾也對動員大軍怨聲載道，但他根本聽不進去。

合肥的舊城位於水邊，吳軍容易乘船前來攻擊，因此太和六年（二三二），揚州都督滿寵提議在舊城西北三十里處建立新城（參考本書第一〇六頁圖）。這麼一來，吳軍要攻打這裡就得登陸才行，因此孫權曾兩度攻克不下。魏吳交戰，水邊對吳有利，反之陸戰則對魏有利，因此雙方始終無法決出勝負。果然，這時諸葛恪率二十萬大軍仍不能攻下城池，加上軍中疫病蔓延，眾多兵士病死，到了七月只好撤軍。這次遠征不但白白地消耗國力，也以失敗收場。此時，蜀將姜維也響應諸葛恪而出兵狄道，但因軍糧告罄而退，同樣以失敗告終。可見在國力上，吳蜀聯手也已經不敵魏國。諸葛恪回到都城後，在一次宴會上被孫氏一族的孫峻所殺。

孫峻殺死諸葛恪後，取而代之成為掌權者。他是孫堅么弟孫靜的曾孫。孫峻三年後死去，堂弟孫綝繼承權力（參考本書第五二頁孫氏家系圖）。孫峻、孫綝執權時期，在魏國剛好是毋丘儉、文欽及諸葛誕發動叛變的時候，尤其諸葛誕叛變時，魏和吳之間正展開最後的大決戰，這點之前已經說明過了。

在魏國，司馬懿殺曹爽，從曹氏一族手中奪下權力；在蜀國，從劉禪開始，劉氏一族便失去權力了；與之相較，吳國直到最後，權力都掌握在孫氏一族手上。只不過，孫氏內部的權力鬥爭也很激烈。孫亮長大後，益發痛恨孫綝的專橫，終於計畫謀殺，不料反被孫綝廢黜帝位，改擁孫權的第六子孫休即位。這是永安元年（二五八）的事。不過，孫休即位後立刻誅殺孫綝，兩年後又逼廢帝孫亮自殺。

孫休，也就是吳景帝，在位期間與魏國之間已無大型戰爭，算是比較和平的時期。孫休愛好學問，他建立學校、設置五經博士，致力於官吏、軍人子弟的教育等。不過，這只是暴風雨前的寧靜。永安六年（二六三）蜀國滅亡，吳國救援失敗，翌年，孫休也死了。

三國時代第一暴君孫皓

吳國的末代皇帝孫皓，他的父親是曾與魯王抗爭而被廢黜太子地位的孫和。景帝有四個兒子，卻立孫皓為帝，是因為景帝的兒子都還年幼，幼帝被認為不足以應付蜀國滅亡後的非常事態。這件事也顯示吳國大臣中，並無一人的實力足以與皇帝匹敵。孫皓此時二十三歲，富才識與判斷力，而且好學。不過即位後，孫皓立即丕變成一個暴君，這種性格上的異常，應與他不幸的成長際遇有關。他的父親孫和因為妃子張氏是諸葛恪的外甥女，諸葛恪遭誅殺時，孫和也被牽連進去而喪命。

孫皓首先殺害擁立自己為帝的丞相濮陽興和左將軍張布，再殺掉景帝的皇后朱氏及其長子與次子。此外，他還有很多暴虐行為，簡直罄竹難書，例如強迫臣下們喝酒，然後從旁監視，稍有閃失便毫不留情地處罰，據說最後還發展到剝臉皮、剜眼珠等酷刑。三國時代像這樣的暴君，絕無僅有。

天發神讖碑拓本　二七六年，吳國因出現祥瑞之兆而改元天璽，為紀念此功德而建立此碑。原碑石已經不見，現僅留下拓本。

不過，孫皓雖是暴君，但並非像劉禪那樣的昏庸。蜀國滅亡之前，他奪回了因反亂而一時被晉占領的交趾，算是做出一點成績。不過，蜀國滅亡後，憑吳一國之力要對抗魏或晉已是不可能，這件事相信他十分清楚才對。蜀國滅亡沒多久，魏國司馬昭派遣曾是吳國降將的徐紹和孫彧前來向孫皓分析局勢，他們說：「大必字小，小必事大。」暗示投降為上策，當時孫皓並未毅然決然地拒絕，可見心理上已經屈服了。

而這種局勢，不僅孫皓個人，他的臣子們也都心知肚明。據說吳國最後一位宰相張悌，在吳國將滅之前說：「吳之將亡，賢愚所知，非今日也。」孫皓也應該看出來眾臣的心思其實和自己一樣。或許正是這種焦躁不安，讓他對臣下異常地猜忌與暴虐。

孫皓知道自己在軍事上已經不是晉的對手了，便轉而迷信讖緯思想。例如吳郡的臨平湖發現一塊刻有「皇帝」字樣的石頭，鄱陽的歷陽山發現一塊刻有喜慶文字的石頭，或是吳興的陽羨山石室出現祥瑞之兆等，每當傳出一些附會山石崇拜的民間信仰之說時，孫皓便興奮得將年號一次次改成天冊、天璽、天紀，立石碑，還命令臣子在陽羨山舉行只有皇帝才能主持的封禪儀式，而且，此時豎立的「天發神讖碑」及「禪國山碑」，碑文奇特，不但記載了大量的神讖，並且字體怪異，宛如孫皓異常心理的寫照。

在這之前，孫皓聽到魏國壽春正在流行一首「吳天子當上」的童謠，就興沖沖說要去洛陽，帶著母親、妻子及後宮數千人奔出宮殿，令人懷疑是不是陷入一種團體式的歇斯底里狀態，但是，他的愛妃死掉時，他又數月閉門不出，以致大街小巷盛傳孫皓已經死了，這應該算是一種憂鬱狀態。就這樣，吳國上下喪失自信，宛如等待滅亡之日來臨。天紀三年（二七九）十一月，晉國大軍就殺過來了。

三國時代結束

晉國對於是否伐吳意見不一，有一派持謹慎立場，擔心北方異族入侵，另一派持主戰立場，認為應把握吳國勢力衰退的良機。武帝即位已經十四年，加上國情大致穩定下來了，因此決定採納主戰派的意見。大軍分數路進攻，司馬伷與王渾分別出兵建業對岸的涂中和橫江，王戎出兵武昌，胡奮出兵夏口，杜預出兵江陵，王濬則率水軍從蜀下長江直指建業。大軍一共二十餘萬人，總帥為對伐吳持謹慎立場的老臣賈充。這次特別避開合肥到巢湖這一條魏吳交鋒的老戰線。而最早到達建業的是距離最遠的王濬的水軍，顯示占領蜀國後積極建造大船的晉國，此時水軍實力已壓倒過吳軍。吳國丞相張悌等捨身奮戰，無奈大勢已去，翌年三月，孫皓終於投降王濬。

南京郊外的江蘇省江寧縣發現了這個時代的古墓，從中出土了我們之後將提到的吳國特有的神亭壺，而且墓室的墓磚上刻有「太歲庚子，晉平吳，天下太平」字樣。庚子是吳國滅亡的西元二八〇年，從這段文字，我們可以感受到，吳國人民終於從孫皓的恐怖暴政中解脫出來的快感。

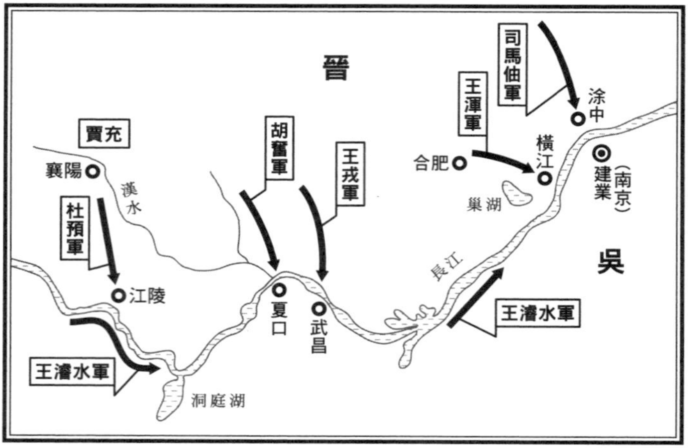

晉軍伐吳路線圖

此時，孫皓寫了一封信給群臣，表示吳國滅亡責任全在自己，要大家不必顧慮，應效命於晉，大展長才。然後，孫皓被送到晉都洛陽，受封為歸命侯，武帝對他說：「朕設此座待卿久矣。」孫皓回答：「臣於南方，亦設此座以待陛下矣。」在旁的賈充大罵孫皓的暴行，責問：「聞君在南方，每鑿人眼目，剝人面皮，此何等刑耶？」孫皓則滿不在乎地回答：「人臣弒君及奸回不忠者，則加此刑耳。」賈充無言以對，因為他就是個殺害魏國高貴鄉公的不忠者。孫皓的應對多麼痛快，可見他並非凡庸之輩。吳國滅亡、天下統一，已是不可逆的時代潮流，在另一層意義上，或許孫皓同劉禪一樣，都鬆了口氣。

之後，吳國很多臣僚都效命於晉，但他們心中對吳國充滿了懷念之情，例如陸遜之孫陸機，後來也在晉朝為官，他寫了一篇〈辯亡論〉，分析吳國滅亡的原因，字裡行間流露出對吳國的哀惜之情與身為吳人的驕傲。相形之下，蜀國滅亡後，群臣的態度就明顯冷淡多了。不久，晉朝果然如同對吳謹慎派的臣僚所擔心的那樣，被北方匈奴族所滅，而逃到吳國故地江南，另立東晉王朝。之後，整個南北朝先後由宋、齊、梁、陳四個漢族王朝在此建國，因此可以說，吳國雖亡，吳國的遺產卻得到了繼承。

此外，《演義》全書一百二十回中，於第一百一十九回述及蜀國滅亡及晉國受禪，最後一回就寫到吳國滅亡。自黃巾之亂到吳國滅亡前後達九十六年，當中蜀國滅亡後，吳國單獨與魏、晉對峙的時間有十七年，約占六分之一，但《演義》只用一回就草草結束，足見多麼不重視吳國。

第七章　三教鼎立的時代

儒教的統一

談到中國的宗教，首先就要提出以孔子思想為基礎的儒教，再來是中國獨特的民間宗教道教，以及自印度傳來的佛教。歷史上這三大宗教首次共同出現，就是在三國時代，換句話說，三國時代是三教最早真正鼎立的時代。不過，這種鼎立和魏蜀吳的三國鼎立不同，三教的勢力其實落差頗大。道教是這個時代才剛發聲的新興宗教，後來才迅速擴大勢力，而東漢時代才傳入的佛教，也是到了這個時代才走向穩健之路。歷史最長的自然是儒教，而且在這個時代完成了極大的變革。

新舊儒教的對立

儒教有兩個新舊的對立，一個是新注與古注的對立，另一個是今文與古文的對立。所謂新注，指的是十三世紀朱熹一派所做的經典注釋，又稱「理學」，以哲學性、思辯性的解釋為特徵。在朱熹之前的解釋就是古注，偏重對經典文章做字義上的具體注釋，而古注的完成時期正好是在東漢末期到三國時代之間。具體而言，鄭玄注的《毛詩》（詩經）、《周禮》、《儀禮》、《禮記》，何休注的《春秋公羊傳》，及趙岐注的《孟子》，全是東漢末期的作品；而王弼注的《周易》（易經）、何晏注的《論語》、杜預注的《春秋左氏傳》，都是三國魏晉時代的作品。《尚書》（書經）雖然號稱西漢孔安國所注，但一般認為這是魏晉時代的偽作。為《春秋穀梁傳》作注的范甯則是東晉人。由此可見，三國時代在經典解釋史上居重要地位。

其次，今文和古文的對立不涉及注釋，而是經典文章本身的區別。一般認為這是秦始皇焚書坑儒造成的。到了漢代欲恢復儒教時，所有經典已被銷毀殆盡，於是召集熟記經典的學者重新記錄成書。這些書籍以漢代的通用字體隸書寫成，因此稱為「今文經書」。不過，後來從孔子故居的牆壁中發現秦朝以前的文本，應是有心人刻意隱藏以躲過焚書之禍。這些文本是以秦朝以前的古字體籀文（大篆）寫成，故稱「古文經書」。今文與古文的差別不僅在於字體，內容也有所不同，而且《周禮》、《春秋左氏傳》等只有古文版本。

不過，上述概況究竟真實性幾分，則有待進一步確認，特別是關於古文的來歷眾說紛紜，不過，漢代經典存在著今文與古文的區別，這點是無庸置疑的，而且也因為文本的差異，產生今文學派與古文學派的對立，兩者終於得以統一，也是在東漢末年、三國時代。

通儒鄭玄的經典解釋

漢武帝把儒教定為國教時，採用的經典是今文文本；國都太學裡的博士們也都是今文學者。今文學者的特徵為重視家傳與師承，一人專精一門經典。儒教既然被奉為國教，也就以效命漢王朝統治為目的，因此可以稱為一種御用學問。到了東漢，預言王朝前途的讖緯之學盛行，儒教與之連結後，成為御用之學的傾向就更為嚴重了。

相對地，古文學派受到協助王莽篡漢的劉向、劉歆父子的推崇，一開始政治性也很強，進入東漢後雖然流行開來，但未獲得政府的公認，只能算是一門在野的學問。到了東漢末年，在野的古文學派中，出現一位集經典解釋之大成的學者，就是鄭玄。

之前的今文學者都是一門專精，但鄭玄學貫古今，更博覽緯書，追求對經典進行全面綜合性、系統性的理解，他的具體作法就是，欲解釋某經典上的文句時，則引用相關的其他經典，也就是以經注經。鄭玄用這個方法注釋了《春秋》和《孟子》以外的所有經典（《孟子》此時還未被視為經典）。而這樣融會貫通地解釋經典，讓之前的家傳、師承變得了無意義了。鄭玄的老師馬融曾一語道破：「學無常師。」鄭玄才是一位真正不受家傳與師承束縛，能通曉各種學說的通儒代表。事實上，他的學說在很多方面都與老師馬融不同。

鄭玄不仕官，終身皆為一名在野學者。這與他的治學觀念有關，他認為學問不應有特定的政治目的，也不應為王朝服務，應該客觀地進行學術研究才對。儘管不是在朝官員，何進、袁紹、孔融、陶謙等當時眾多的當權者及名人，都對他深表敬意，也都有意請他出山，連蜀國的姜維都景仰鄭玄的學問，便足以說明他的影響力有多大了。

《演義》寫劉備曾師承鄭玄，劉備敗於曹操，打算投靠袁紹時，鄭玄幫忙寫了一封介紹信給袁紹。但劉備投靠袁紹是緣於他曾經推薦袁紹之子袁譚；無論如何，小說在這時候把鄭玄這號大人物請上檯面，是很有意思的。此外，《世說新語》中提到鄭玄家供差遣的侍女都通曉《詩經》，《演義》便不著痕跡地將這段逸聞放進去了，確實很擅長利用這些小題材。

鄭玄的學問融會了今文與古文，但主體仍為古文，也是因此之故，東漢以來的今文、古文之爭得以平息，之後古文學派更占了優勢。東漢末年的熹平石經是以隸書撰寫的今文文本，而於魏國正始年間所立的正始石經，則是以古文、篆書、隸書三種字體所刻的古文文本。之前提過，關羽、呂蒙等當時武將都愛讀《春秋左氏傳》，《春秋左氏傳》就是古文學派的代表性文本，這跟古文派的優勢地位恐怕不無關係。

當時，也有人反對鄭玄的學說，魏國高官王朗之子王肅就是其中之一。不過，王肅也是以融會諸經的方式來解釋經典，這點與鄭玄並無不同，而且也是當時的潮流。不過，王肅之女後來成為司馬昭之妻，生下了司馬炎，也就是晉武帝，因此在晉國只採用王肅的注釋。鄭玄之子鄭小同雖然做了高貴鄉公的侍從，但被司馬昭殺掉，搞不好就是王肅搞的鬼。據說王肅偽造了《古文尚書》的孔安國注，反正他是個評價不高的學者。

融合儒家與道家的「玄學」

鄭玄對今文與古文進行綜合性的研究，此舉不僅打破經典之間的藩籬，也可說是超越了儒教本身的藩籬，為儒教與其他學派開出一條交流之道。儒教在未成為國教之前，儒家不過是諸子百家之一，成為國教後，因連年戰亂加上漢王室權威式微，儒教的地位也隨之動搖，以致人人再次將關心投入諸子百家這個多樣的世界。

正始石經拓本　將儒教經典以古文、篆書、隸書三種字體刻製而成的石碑。

當中，《老子》、《莊子》等對於存在的根本意義進行哲學性思索的道家思想，強烈吸引了對於儒家的實踐道德感到厭煩的人。當時，融合道家思想與儒家思想進行思辯的學問，稱為玄學。

玄學在魏國時代十分盛行，以正始年間掌握實權的曹爽一派為核心，代表人物則為何晏與王弼。何晏著〈道德論〉，主張儒道合同，王弼則為《老子》和《周易》作注，其中《周易注》是以道家思想來解釋《周易》的。《周易》在儒教經典中算是一部哲學性色彩濃厚的經典，它與道家的《老子》、《莊子》合稱「三玄」。當時，「三玄」經常成為議論的主題，玄學派的中心思想認為，世界的根本原理即是道家的「無」。但是，裴頠著〈崇有論〉來尊崇儒教，主張儒家和道家並不相同。

曹爽一派的何晏、夏侯玄，還參考諸子百家中提倡法治的名家與法家思想，主張一個人的才能與德行無關。這點應是繼承曹操「唯才是舉、道德次之」的用人觀點。相對地，司馬懿一派則主張才能與道德一致。當時，會從一個人的出身背景來評價他的道德與品性，因此這樣的主張便淪為門閥主義、名門主義了。這些乍見十分抽象的議論，其實和正始年間曹爽一派與司馬懿一派的政治鬥爭有著密切關係。

清談的流行

隨著玄學流行，如上述般的各種哲學性、抽象性議論經常舉行，當時稱為清談，意指與俗事無關的清高議論。例如玄學派代表人物何晏與王弼，就常針對聖人有無喜怒哀樂之情而展開論辯，何晏主張聖人無七情六欲，王弼主張聖人也有七情六欲，只是控制得當。這些都是模稜兩可、似是而非的問題，但當時人們很熱衷這種議論。

清談時，主客雙方經常手持拂塵邊搖邊談，不僅講究議論的正確性，更須具備遣辭用字的技巧及機智反應，力求讓對方張口結舌、無言以對，也注重臨場風度與容貌。據說何晏手不離白粉，十分在意形象。

東晉時代的阮瞻有一次去拜會宰相王戎，被問到儒家與道家的異同時，他當即回答：「將無同。」（有何不同呢？）王戎很欣賞這個回答，便提拔阮瞻為官。這場對答雖非正式的清談，但頗能傳達出清談的氣氛。換句話說，清談與其說是辯論賽，毋寧更似言辭交鋒，是一種包含言行舉止在內的綜合表達能力之戰。就這點來看，與之前介紹過的外交上的機鋒相對十分雷同（參考本書第一五二頁）。此外，清談也和東漢以來名士之間流行的人物評論密切相關。人物評論就是針對對手的言行舉止進行綜合性的判斷後，再以簡短適切的言辭當場表現出來。我們從上述阮瞻的例子即可了解，乍見之下，清談似乎無涉一般俗事，但其實與當時的政治有著微妙的關連。

清談不僅在魏國，也在這時代的名士之間大為流行，據傳效命於蜀的許靖等人也樂於此道，但在不太重視名士的吳國，就找不到流行的跡象。這些關於清談、人物品評的奇聞逸事，收錄於南朝劉宋時代的《世說新語》中，之後，清談這個傳統便從中國社會消失，唯一例外恐怕是禪宗的禪問答了。禪問答也不僅在於論理，而是雙方綜合能力的全面對決，並於一瞬之間決勝負。

> 清談是圍繞著聖人有無七情六欲、儒家與道家的異同這類相反的命題，進行言辭交鋒。而其實這樣的交鋒已在這個時代蔚為風潮，內容也不限於清談這類的哲學性辯論了。例如在魏國，群臣之間就曾討論是否恢復漢文帝所廢止的肉刑（斬足等刑罰），鍾繇和陳群贊成，王朗反對。這個議題還算與現實的政治有關，比較實用，但也有既不實用又稱不上哲學性的辯論，例如孫權曾與蜀國使者李密對辯兄弟的利弊（參考本書第一五三頁），這種辯論的目的與其說是辯出個結論，不如說是享受辯論本身的樂趣。

問答遊戲

更有趣的是魏文帝寵臣吳質的例子。一場宴會上，吳質與當時的重臣曹真、朱鑠同座，吳質找來藝人讓他們談論「肥瘦」，故意藉此調侃身材肥胖的曹真和削瘦的朱鑠，為宴會助興。大概就是讓藝人以說學逗唱的方式講述胖子和瘦子的特徵，然後兩相對比，爭論優劣。不過，這件事惹得曹真和朱鑠都很不爽，結果哪是助興，根本就把這場宴會搞得不歡而散了。

就像這樣，圍繞著兩個相反命題進行對辯，儼然成為一種表演型態，可見當時這種問答遊戲已經蔚為風潮。清談的流行與這股風潮應不無關係。當時的人物傳記中，經常出現「機捷談笑」、「滑稽」等形容詞，也是這股風潮的寫照。左思的〈三都賦〉以三個人的問答來競爭優劣，這種表現手法自漢代就有了，應該也是從兩人對辯這種模式變化而來。

從敦煌發現的唐代民間文學中，有一篇〈茶酒論〉，以擬人化手法讓茶和酒相互爭辯孰優孰劣，最後再讓水出來打圓場，非常有趣。像這樣形式的遊戲文學，明代後期的文人鄧志謨也以「爭奇」為題寫出了各種作品，如〈花鳥爭奇〉、〈山水爭奇〉、〈風月爭奇〉、〈童婉爭奇〉（男色與女色）等。孫權的兄弟利弊之談，以及吳質讓藝人表演的肥瘦之辯，算是後世這些遊戲文學的起源。此外，日本室町時代末期，五山禪僧引進這種創作形式，因此日本也有〈酒茶論〉、〈酒餅論〉、〈酒飯論〉等同類型的作品。

忠孝之爭

與鄭玄同鄉、小他幾歲的邴原，也是三國時代知名的學者。當曹丕還是太子時，有一次在宴會上提出一個問題：當君王和父親同時罹患重病，但藥丸只有一顆，僅能救一人之命時，應該先用來救誰？與會者有人認為應該先救父親，有人認為應該先救君王，意見分歧；曹丕見邴原沉默不語，就問他的意見，邴原從容不迫地大喝一聲：「父親。」議論就此結束。雖然談不上是機智問答，但從這裡可以看出，當時人們對於對君王盡忠，毋寧更重視對父母盡孝。孫權與李密談論兄弟利弊時，李密回答：「當哥哥比較好，因為有更多機會奉養父母。」也說明這個時代十分重視孝行。

忠與孝相比，一般認為忠具有公的性質，但其實相反，忠不過是個人對君主的效命，但實踐了孝，才能促進整個宗族繁榮。在這個王朝不斷更迭的亂世，要對君主一一盡忠，任誰也受不了，因此宗族的安泰更為重要，也就更重視孝道了。三國時代，儒教的權威雖然式微，但以孝順為核心的儒教實踐道德，反而更為普及。

儒教經典中有一部提倡孝道的《孝經》，其實也是最廣為閱讀的一部經典，而且不光是閱讀而已，甚至有人認為如果像誦經那樣唱誦《孝經》，便能達到消災解厄之效。據說黃巾之亂時，就有一名叫作向栩的官吏，聲稱誦《孝經》亂賊自會消滅。

東漢、三國時代的孝子們

不過，要普及孝道，與其像《孝經》這樣大談孝道的重要性，不如舉出孝子，具體說明他們的孝行更明白有效，於是「孝子傳」應運而生。六朝以後出現很多「孝子傳」這類的作品，其中最具代表性且廣為流傳的就是《二十四孝》。而收錄進這類「孝子傳」中的孝子，很多都是東漢到三國時代的人，其中三國時代的孝子更都是赫赫有名的人物。

我們先來看看魏晉之際當過太保的王祥。相傳王祥幼時遭繼母虐待，但他依然事親至孝。一個嚴寒的冬日，繼母想吃新鮮的魚，王祥便脫光衣服下到冰凍的河川裡去求魚，此時，河冰裂開，從中跳出二條活魚來。又有一回，繼母說她想吃烤黃雀，結果就有好幾十隻黃雀飛進屋子裡來。故事告訴人們，這是王祥孝心感動天的結果，但它不至於是真的，應該只是個童話。王祥是六朝時代代表性貴族瑯琊王氏的祖先，因此這個故事可說是瑯琊始祖的神話，目的為了昭告世人，拜祖先的孝行之賜，後代子孫才得以繁榮。

其次是吳國末年擔任司空的孟宗。相傳孟宗的母親很喜歡吃竹筍，然後也是在一個嚴寒的冬日，母親說要吃筍，孟宗就到竹林裡去，因為找不到筍而抱竹痛哭，結果地上就冒出竹筍來了。這

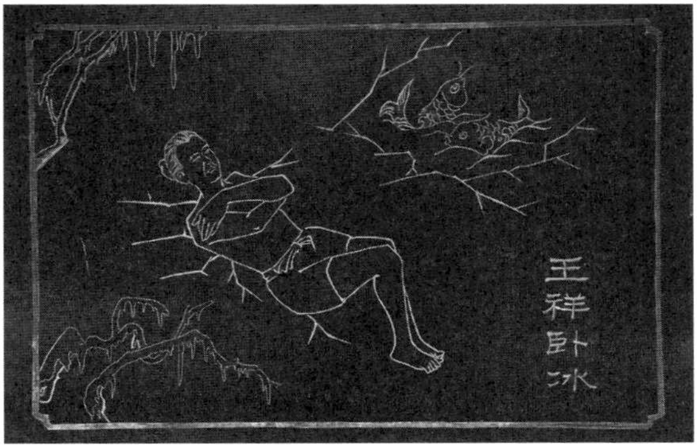

《二十四孝》裡的王祥圖　這則故事名為「臥冰求鯉」。

就是「孟宗竹」的典故。故事和王祥異曲同工，也應該不是真的。孟宗在孫權時代，因違背服喪期間不得休職這條法律，差點被處死，後來獲得減刑。依儒教禮法，父母死亡必須守孝三年，官吏也不例外。但是，官吏休職三年，對公務的影響之大可想而知。重視禮法的魏國保留了這個三年服喪的規定，但吳國就立法明令禁止。將軍胡綜支持這條法令，他說：「為忠臣不得為孝子。」從這件事我們也可看出來，吳國和魏國的治國理念不同。

第三個孝子是吳國望族陸氏的一員，也就是陸遜的叔父陸績。陸績六歲時，一回到袁術那裡去。袁術見來了一個小孩子，就拿出橘子招待；陸績偷偷將三顆橘子藏進懷中，告辭時一彎腰，橘子就滾出來了。袁術見狀，責備說：「陸家的小鬼到人家家裡來作客，怎麼還偷藏橘子？」陸績回答：「不是我要吃的，我要拿回去孝敬母親」。

和前二位孝子的行為相比，這個故事要真實多了，但作為孝行，似乎過於平凡，區區小事應該沒必要稱作孝行來大加張揚吧。陸績的父親陸康和袁術交惡，恐怕這則故事原本是要表現小孩子非常早熟，能夠像大人那般應對得宜，後來就被轉用成孝行佳話。陸績後來成為大學者，尤其精通天文學。

三國以前的孝子，除了舜、漢文帝，以及孔子的弟子曾子、閔損等人外，並沒有名人，到了三國時代，出現了王祥、孟宗這類高官，以及陸續這樣的學者，可見孝道觀念已經普及，而且被視為與自身的榮達及氏族的繁榮息息相關。此外，王祥及孟宗的故事內容太過不真實，或許是受到我們之後將提到的志怪小說的流行，或是道教、佛教的影響吧。

《二十四孝》中的三國時代人物，還有學者王裒（王儀之子），以及據說後來成為仙人的吳猛。吳猛為了不讓蚊子叮咬父親，於是不趕走飛來叮咬自己的蚊子。王裒則是每天到父親的墳墓旁抱著柏木痛哭。這樣的孝行，應該還不算太難做到吧。

道教的誕生

在香港或臺灣，都能看到五彩繽紛的廟宇遍布大城小鎮，以及人們在香煙繚繞中敬拜的身影。簡單說，這就是道教。道教是一種祈求現世幸福、現實志向強烈的中國獨特民間宗教，起源於三國時代的太平道和五斗米道，前者是黃巾之亂的理論根據，後者是由在漢中建立宗教性半獨立政權的張魯所創。

從厚葬走向薄葬

三國以前，中國古代信仰的特徵是追求長生不老或是死後永生；住在西方聖山崑崙山的西王母是人人憧憬的對象，東方海上仙山上的不死仙丹則是人人希冀的寶物。秦始皇和漢武帝都曾派使者到東方海上求取仙丹，也分別為自己建造宏大的陵寢，就是為了追求長生不老、死後永生。此外，湖南省長沙市馬王堆漢墓中出土的軑侯夫人屍體保存完好，與生前幾乎無異，令我們現代人相當吃驚。而繪於帛畫上的崑崙山升仙圖，以及常見於漢代墓葬的西王母與東王公畫像石等，都可從而窺見這種古代信仰的身影。

可是，人終歸一死，屍體也不可能永久保存。況且那些仙丹妙藥、屍體保存技術也只是部分王公貴族的特權，一般民眾恐怕與之無緣。隨著時代變遷，民眾也愈有自覺後，追求物理性永生這種古代信仰必然走向破滅。從馬王堆漢墓的規模，我們可以看出當時盛行建造堂皇墓陵的厚葬之風，但到了東漢末期，知識分子之間出現穿著日常服裝入殮的薄葬主張，這也是古代信仰衰退的一種表現。

此外，三國時代的墳墓，經常會拿前代墳墓的畫像石再次利用，甚至出現西王母與東王公錯置的現象，也說明了古代信仰之式微。這個時代戰亂頻仍，掘墳轉作軍事用途的事情屢見不鮮，諸葛亮北伐時，死守陳倉城的魏將郝昭，臨死之前說，自己身為武將，挖了很多墳墓，將其中的木材拿來當作攻城工具，因此知道厚葬對死者無益。曹操和曹丕都下令自己的陵墓必須蓋得簡樸，曹丕甚至說，自古以來沒有墳墓不被盜挖的。這就是當時人們的真實感受，因此，朝廷也經常發出薄葬令。

在此風氣下，一種更重視現世得救的新興宗教誕生了，就是太平道與五斗米道。

黃巾賊與太平道

黃巾之亂首謀張角，打著「蒼天已死，黃天當立」的口號，發起推翻漢朝的叛變行動。他將信徒組織成軍事集團，稱為「方」，但主要活動內容是教人懺悔罪愆，以及用符咒為人治病，張角三兄弟一開始都自稱「大醫」。

《演義》在孫策死去的那一回寫到，有一個叫做于吉的人，因使用妖術被孫策殺掉。不過根據《後漢書·襄楷傳》，在六十多年前的東漢順帝時代，有一個叫做宮崇的人，把老師干吉的一本神書《太平清領書》獻給朝廷，但因為內容可疑而不被採用；到了桓帝的時候，這本書又被陰陽家襄楷再次推薦給皇帝。一般認為這個「干吉」就是被孫策殺掉的那個「于吉」，但如果真是這樣，那麼他被殺時至少已經超過一百歲了，所以應該是個傳聞中的人物吧。據說這本《太平清領書》後來被張角利用，他創立的宗教被稱為「太平道」就是這個原因。

《太平清領書》目前名為《太平經》，而且僅殘存其中的一部分而已，內容主要以問答形式闡述太平道的各種教義，也有關於懺悔及其效果、以符咒治病的記載，基本上與張角的教義是一致的；至於特徵，則是以在現世實現太平理想之國、救濟眾生為目的，對死後的世界幾乎不提。

不過，《太平經》中，並沒有「蒼天已死，黃天當立」這句口號所象徵的推翻漢朝的革命思想。據說《太平清領書》是一本講述陰陽五行的經典，就算它原本有類似改朝換代的內容，但這本書都呈獻給皇帝了，應不至於出現革命思想才對。因此，「蒼天已死，黃天當立」這句話恐怕是張角自己加的。這裡的「黃天」，和魏受禪時的依據一樣，都是源自五行思想，認為漢朝為火德，下一個王朝就是土德，土為黃色，所以說成「黃天」。不過，若是如此，那麼漢就該是「赤天」，結果說成「蒼天」不是很奇怪嗎？關於這點，有人認為「蒼天」是「赤天」之誤；也有人認為「蒼天」就是「天」，是一個普通名詞，當時人們都把漢王朝看得如上天那般崇高，早就超越五行思想了；還有人認為這是以五行來解釋姓氏的發音，也就是「五音說」造成的結果，然而事實為何，無從得知。

總之，張角和他的黃巾集團就是基於這個革命思想而發起叛變，結果受到鎮壓而亡。這個教團組織未能倖存，只有闡述教義的經典《太平經》流傳下來而已。

五斗米道與《老子想爾注》

至於五斗米道，則要追溯至張魯的祖父張陵，或稱張道陵，他在順帝的時候從故鄉沛國來到蜀的鶴鳴山（又稱鵠鳴山）修行、著作道書、弘法。張陵的教義透過兒子張衡傳給了孫子張魯，主要內容就是讓病人待在靜室內反省罪愆、懺悔，再飲用符水（施過符咒的水），或是將姓名及罪狀寫下來，一式三份，一份放在山上獻給上天，一份埋在地下，一份放水流走（稱為「三官手書」），藉此祈求病體康復；基本上和以懺罪及咒術治病的太平道差不多。由於治病的謝禮是五斗米，因被稱為五斗米道。

沛國是曹操的出生地，也是黃巾賊的勢力範圍。有跡象顯示黃巾賊曾經入蜀，因此太平道和五斗米道之間應有關係，而且教主都姓張，恐怕不是巧合吧。不過，五斗米道也有不同於太平道之處。

太平道的教團採取軍事組織，但五斗米道的教團更接近行政組織。太平道的組織單位「方」，其首領相當於將軍，但五斗米道的祭酒一職，相當於行政官的長吏。祭酒是宗教指導者，同時也是行政官，負責管理信徒的戶籍。這點和日本江戶時代的檀家組織十分類似。此外，五斗米道還會設置「義舍」，供旅人免費住宿，也會讓犯下輕罪的人去服勞役，做些鋪路的粗活。這種為旅人著想、關照交通設施的安排，都是為了吸收當時大量的流民進入教團。透過將宗教與行政合而為一，張魯的五斗米道在漢中地方統治了二十年。

青城山　道教聖地之一。四川省都江堰市。

五斗米道與太平道最大的區別在於，五斗米道並沒有企圖推翻漢王朝的革命思想。一回，有民眾聲稱從地底下出土玉璽，以此希望張魯即位漢寧王，但張魯並未接受；曹操攻打漢中時，張魯幾乎不戰即降，顯示他除了統治漢中一地之外，並沒有多餘的想法。曹操封張魯一族為諸侯，還讓自己的兒子娶張魯之女，因此張魯投降後，教團應該有存續下來才對，而且也找不到任何教團受到鎮壓的跡象。由此逆推，太平道的黃巾賊之所以受到鎮壓，是因為它政治化的革命思想，而非宗教化的教義。

此外，五斗米道的特色之一，就是讓信徒學習《老子》。太平道也尊崇黃老（黃帝與老子）思想，但從它的教義或《太平經》上，都看不出與《老子》思想的直接關連。東漢的桓帝雖然經常祭拜老子，不過，這是因為隨著古代信仰的式微，老子又重新成為人們信仰的對象。而且在此狀況下，老子已經脫離玄學派那種哲學性的思辯，成為一個帶來現世利益的存在。五斗米道讓信徒學習《老子》這點，已反映出老子成為一個信仰對象。

從敦煌發現的《老子想爾注》，是張魯時代五斗米道所使用的《老子》注釋本，書中的解釋結合了戒律而變得非常實用，與同時代玄學派王弼的哲學性註解大異其趣。不過，五斗米道拿知識分子所推崇的《老子》作為教化手段，反映出它在體制上或文化上都與太平道不盡相同。

張天師與孔子後裔

張魯的子孫之後遷徙至龍虎山（今江西省貴溪市），稱為張天師，受到歷代王朝的尊崇，教團被稱為天師道或正一道，成為道教各派中勢力最大的組織。小說《水滸傳》的開頭有這樣一段故事：都城發生瘟疫，朝廷派遣使者前往龍虎山向張天師求救，結果從那裡誤放了一百零八名妖魔。這段故事可說家喻戶曉。張天師由張氏子孫代代繼承，第六十三代張天師張恩溥（一九〇四～一九六九）於一九四九年渡海到臺灣，其死後，由侄子張源先（一九三〇～二〇〇八）繼任為第六十四代張天師。

我們順便來看一看孔子的後裔。孔子子孫自漢代受封為褒成侯以後，代代居住於孔子故鄉曲阜（山東省），魏文帝時改為宗聖侯，之後歷經多次更名，到了北宋時就定名為衍聖公，持續到清朝。推翻滿清的中華民國依然尊崇儒教，孔子的第七十七代子孫孔德成（一九二〇～二〇〇八）被任命為大成至聖先師奉祀官。孔德成在中華人民共和國成立後，和張天師一樣移居臺灣，歷任總統府資政、考試院長等職，並在臺灣大學長期任教，是一位知名的古典學者。孔子與張天師這兩位儒道兩教的開山鼻祖，他們的後裔可說出身於世界上屈指可數

孔廟的大成殿　孔子故鄉山東省曲阜市的孔廟，至今仍舉行祭祀孔子的儀式。

的古老家系。中國是一個革命頻仍的國家，王朝無法永續，宗教教主卻能超越王朝興亡，維繫宗族命脈，達至萬世一系。

《演義》中也有登場的孔融，雖非直系，但也是孔子的第二十代子孫。他在幼時曾經以親戚身分突然造訪當時的名士李膺，李膺並不認識他，問他我們有什麼親戚關係？他回答：「我們的祖先孔子和老子（姓李）不是師徒關係嗎？」李膺對這個回答大為讚賞。聽聞這件事的人不屑地說：「小時了了，大未必佳。」孔融立即反唇相譏：「想君小時，必當了了。」總之，孔融是當時一流的機智之士。不過，他也因為恃才傲物而經常拂逆曹操，甚至說出「小孩是父母肉慾下的產物，沒必要行孝」這種以孔子後裔而言太過偏激的言論，最後還是惹怒曹操而喪命。

關羽為何成為神明？

道教諸神中，最廣受崇拜的就是關聖帝君。不僅在中國國內，在海外華僑的居住地也必然看得到關帝廟，日本橫濱和神戶中華街上的關帝廟就十分有名。關聖帝君就是關羽。然而關羽為何成為神明，受人崇拜呢？為何不是劉備，反而是老弟關羽呢？義理上不是有點說不過去嗎？

有人認為，這種情形和日本的菅原道真一樣，都是出於民間信仰，將不幸屈死的人當成冤魂祭拜。但是，說到冤屈而死，張飛、劉備，甚至諸葛亮不也一樣。關羽被殺後，雖然巧合地呂蒙和曹操也相繼暴斃，但憑這樣就把關羽視為冤魂也很奇怪。況且，後世的華僑是將關聖帝君奉為商業之神。

《演義》中關於關羽的描述，如青龍刀、赤兔馬等，很多都是虛構的，應是根據民間傳說而來。關羽的民間傳說不少都與水有關，例如他在故鄉殺死惡霸官吏遭到通緝，逃亡中遇到關卡不能通行，結果水中聖母（或是觀音）幫他把臉變紅後，他才完全過關；這時，人家問他姓什麼，他隨口說了個「關」，可見他原本並不是姓關吧。還有一個傳說也廣為人知，關羽的生日是五月十三日，每年的這天都會下雨，這是因為關羽要借雨磨青龍刀，因此這場雨就叫做「磨刀雨」。

《三國志》裡關於關羽的記載，也可看到若干與水相關的內容。首先是赤壁之戰前夜，關羽率水軍與劉備分頭行動，以及在樊城水攻于禁等人。此外，根據《三國志．甘寧傳》，吳國魯肅於荊州益陽與關羽對峙時，關羽領五千精兵在淺灘集結準備渡河，遭甘寧僅以八百兵力阻擋。這個淺灘後來被稱為「關羽瀨」。「關羽瀨」這個地名在陳壽寫《三國志》之前，也就是關羽死後不久就出現了。明明關羽渡河失敗，淺灘還是冠上他的名字，實在不合理，推測應是關羽與水關係密切，當時人們已經將他視為水神崇拜。而在四川一帶，後來張飛也被奉為水神祭祀。

關帝廟　位於關羽出生地山西省運城市的關帝廟，廟中供奉關羽神像。

山西商人與關羽

之所以如此推測，另一個理由是因為關羽的出生地。關羽出生於今山西省運城市解州，解州有中國最大的鹽湖解池，自古即以產鹽馳名，與解池相關的水神信仰也很盛行，難怪大家會把解州名人關羽與解池的水神連結在一起，這點從關羽擊退解池妖怪蚩尤這個傳說與戲劇，即可窺知。

解池所產的鹽，自漢代以來就是政府的專賣品或是統制品。三國時代，出生於解池附近安邑的衛覬，就曾向曹操建議實施鹽的統制專賣制度。於是，受政府委託販售食鹽的山西一帶商人，後來將生意擴及金融業，成為支配全中國經濟的一大力量。關聖帝君信仰的普及，與山西商人的活動版圖遍布全國不無關係。例如四川省的山城自貢市，有一座鹽業歷史博物館，博物館前身就是一間關帝廟，也是當年的山西商人會館。

總而言之，關羽因為屈死以及與水的淵源，被後人敬為水神（在中國，如屈原、伍子胥等屈死的英雄，有多位被奉為水神），然後與他的故鄉解池的水神信仰相連結，隨著解池一帶的山西商人傳播到全國各地，關羽就變成一尊商業之神。《演義》是一部以蜀國為中心的小說，而在個人描寫方面，蜀國人物中，又以關羽受到最特別的待遇。《演義》的早期版本裡，僅有關羽不寫名字，而寫成「關公」、「關某」，再加上眾多傳說和創作的增色，關羽於是被塑造成《演義》中最富英雄氣概的人物。就這層意義而言，或許《演義》也算是關帝信仰的產物吧。

此外，甘寧成功阻擋關羽渡河有功，孫權便將長江中游的陽新、下雉兩縣當成領地送給他，因此，在這兩個地方，甘寧也被奉為神明祭祀；到了宋代，祭祀甘寧的祠堂就叫做吳將軍廟，俗稱吳王廟。據說吳王會保護船隻平安，所以也算是水神。清代的傳奇小說集《聊齋誌異》裡有一篇〈竹青〉，描寫吳王的神差烏鴉和人類成親的故事，吳王廟就在洞庭湖。無論如何，甘寧在這裡取代孫權成為吳王，想必心裡不太好受吧。

佛教的普及

佛教傳來

印度佛教究竟何時傳入中國，有一些說法的時間設定得較早，如周穆王時、孔子時、秦始皇時、漢武帝時等等；這些說法有個傾向，就是佐證的資料愈接近現代，所提到的傳入時間就愈早，因此不足採信。最有名的說法是東漢的永平十年（六七），漢明帝有一天夢見西方金人，於是派遣使者前往拜訪；使者於途中遇見兩名僧人迦葉摩騰和竺法蘭，他們牽著白馬，馬背上馱著佛教經典；使者將兩名僧人接到洛陽，於洛陽郊外建立了白馬寺。不過，估計這也是後世的傳說。

值得信賴的史書記錄有《三國志》裴注所引用的《魏略．西戎傳》，當中記載，西漢末哀帝元壽元年（西元前二年），博士弟子景盧受大月氏國（位於今阿富汗的貴霜帝國）使者口傳浮屠經，以及《後漢書》中記載，漢明帝的異母弟楚王劉英學習浮屠齋戒與祭祀之法。浮屠就是佛陀，為梵語Buddha的音譯。因此，即便漢明帝的作夢之說純屬傳言，但很可能自西漢末到東漢初期間，佛教已經以某種形式傳進中國了。不過，這時的佛教是從印度傳入西域諸國，再傳入中

白馬寺　因佛教傳來之說而聞名的古剎，位於河南省洛陽市。

國的，已經在西域產生些微變化，不是原來的印度佛教了。

到了東漢末年的桓帝、靈帝期間，知名的安息國太子安世高，以及從大月氏國前來的高僧支婁迦讖等人，將大量的佛教經典翻譯成中文；安世高傳入小乘佛教的禪學，支婁迦讖傳入大乘佛教的般若學。不過，這些教義並未獲得廣泛的理解。這個時期的佛教，似乎還須與當時民間流行的老子信仰相結合才能被接受。楚王劉英在修學佛法的同時，也熱心鑽研黃老思想，桓帝則把老子和浮屠合在一起祭祀。他們之所以祭拜新奇的西方神明，不過是為了從中獲得現世利益罷了。

中國最古老的佛陀像

位於江蘇省北部沿岸地區的連雲港市，有一座孔望山，相傳孔子在此眺望東海，因而得名。從《論語》我們得知，孔子對於自己的治國理念不能在中國實行開來感到失望，曾表示要乘筏出東海。這件事可能就發生在孔望山，不過，依然是個傳說罷了，不足採信。很早以前，人們已經知道孔望山南側岩壁上有很多人物浮雕，直到一九八〇年代的調查，才知道那些都是東漢時代雕刻的道教、佛教人物，具體來說，有推測為老子、黃帝的人像，以及佛像、佛陀涅盤圖和捨身飼虎圖等，而且是現今所知中國最古老的道教、佛教人物畫像。

連雲港市一帶，在漢代為徐州東海郡，自古盛行前往海上仙山求取長生不老之藥的方術，據稱秦始皇也曾巡幸於此並立石碑，稱這裡為秦東門。目前仍有一塊巨石立於孔望山附近，說不定就是當年秦始皇所立的那塊石碑。此外，這地區也與道教的淵源極深。一般認為干吉獲得太平道聖經

《太平清領書》的地方，就是在東海郡的曲陽，而且篤信黃老之術與佛教的漢代楚王劉英，他的封地彭城就緊鄰連雲港市西邊。東漢時代，這個地方有個祭祀東海之神的東海廟，熹平元年（一七二）的「東海廟碑」收錄於專門集結古代碑文的《金石錄》中。此外，中國學者信立祥認為孔望山就是東海廟的遺跡。而東海之神東海君後來也成為道教重要的神祇之一。

孔望山的摩崖畫像，反映出以古代神仙思想及東漢時代道教信仰為基礎，而被人接受的初期佛教形象，而且顯示這一帶曾經是初期佛教的一處中心地。東漢末期，徐州刺史陶謙手下有一名佛教徒叫做笮融，負責運送彭城、廣陵一帶的物資。據說笮融在當地建造一座可收容三千人的浮屠祠（寺院），祠中供奉金銅佛像，並舉行讀經、浴佛活動，吸引眾多信徒。這也是關於佛教寺院的最早紀錄。後來曹操攻打徐州時，笮融帶領數萬信徒逃至南方揚州豫章郡，在那裡被殺。不久孫策平定了江南。佛教就是這樣隨著教徒傳到南方去。據說笮融殺人不眨眼，常請信徒吃飯喝酒，看來他的佛教信仰也和桓帝差不多，都是為了追求現世利益。

另外，連雲港市附近，還流傳著《西遊記》中家喻戶曉的孫悟空花果山水簾洞傳說。這麼說來，孫悟空的如意棒不也是從東海龍王那裡拿到的嗎？

孔望山摩崖像之佛陀涅槃圖　位於江蘇省連雲港市，被視為中國最古老的佛教人物畫像。

「佛陀即老子」說

如上所述，初期的佛教是與道教信仰相結合才為人接受的，因此又進一步產生了佛陀其實是老子化身這種說法。被視為老子所作的《老子》，其思想充滿了神祕色彩，而老子這位人物也同樣披著一層神祕的面紗。司馬遷的《史記．老子傳》中，記載老子名李耳，楚國苦縣人，在周為官，曾與孔子交流過學問，後來見周朝衰敗便出關（函谷關或散關）西去，從此消失了蹤影；出關時，應關令尹喜之求寫下一書，就是後來的《老子》。不過，老子是否真有其人，仍是個謎。

謎點之一就是老子出關後究竟去了哪裡。於是產生一個奇特的說法，認為老子去了西方的印度，在那裡教化胡人（外國人）。這就是所謂的「老子化胡」。之前引用過的《魏略．西戎傳》中記載：「老子出西關，過西域，之天竺，教胡。」《後漢書．襄楷傳》中也有「老子入夷狄為浮屠」的記述，可見這種想法在佛教剛被接受的初期階段就出現了。換句話說，按照這種想法，老子到印度傳的就是佛教，佛陀其實就是老子，佛教傳入中國更該說是佛教回歸中國，道教也就是佛教了。

到了西晉時代，道士王符根據這個說法寫了一部道教經典《老子化胡經》，目的就是與已經獨立成強大教團的佛教相抗衡，立道教地位優於佛教。之後，佛、道兩教經常為此問題爭論不休。不過，這本來就是個毫無根據的說法，受到佛教界的猛烈抨擊後，到了元代，《老子化胡經》就被列為禁書了。

剛好就在這個時期，日本鎌倉時代的神道，也出現佛和菩薩是日本神靈化身這種反本地垂迹說。所謂的反本地垂迹說，是為了對抗佛教界主張日本神靈是佛和菩薩的化身的這個本地垂迹說而來，立意和《老子化胡經》如出一轍。當時日本人應該不知道有《老子化胡經》這本書吧，但對於固有宗教與外來宗教的糾葛與融合，中日雙方採取了同樣的方法，這點頗有意思。

中國最早的佛教著作

佛教除了經由北方的陸路，也在相當早期就經由南方的海路傳入中國。印度與越南、中國南部之間，很早便建立了海上交通。桓帝延熹九年（一六六），大秦王安敦（古羅馬皇帝馬可・奧勒略・安東尼）的使者曾經從越南的日南郡來到中國，並獻上象牙等禮物。這位使者據說是一名印度商人。

自東漢末年到吳國時代，為躲避北方戰亂，大批知識文人棲身至越南北部的交趾郡，在那裡形成了一種避難地文化，交趾郡遂成為印度佛教與中國儒教、道教交會的最佳場所。這時候，一位名為牟子在交趾郡避難的人，以問答方式寫了一本叫做《理惑論》的佛教概論。「理惑」意即梳理疑惑，牟子站在佛教的立場，援引儒教和道教的思想，解答人們對佛教的種種疑惑。例如，佛教稱佛陀有三十二相、八十隨形好；有人認為那是胡說八道，牟子便以孔子和老子也有異相來加以反駁。這還是很簡單的例子，當中也有深入教理的問答，可見這位牟子對儒佛道三教皆有相當的研究。

另外，這本書分成三十七章，可說是仿效佛教的三十七道品以及《老子》三十七篇，由此也可看出想將老子與佛教相連結的企圖。《理惑論》是中國人寫的最早一部佛教著作，但因為作者牟子的來歷不明，一直被認為是後人的偽作。不過，目前至少知道它的主要部分是在東漢末期到三國時代之間完成的。而《理惑論》和《太平經》都是採取問答方式寫成，應與這時代的清談風氣有關。

順便一提，在佛陀的三十二相中，有一種是「正立手摩膝相」，也就是站立時雙手可以觸及膝蓋。根據《三國志》，劉備也是雙手過膝。姑且不論佛陀，一般人不可能有這種長相，又不是長臂猿，這種描寫應是受到佛教的影響吧。

孫權與佛僧們

吳國北邊有徐州、揚州，南邊有交趾郡，都是佛教盛行之地，因此，它是三國中佛教最盛行的國家。三國的君主中，與佛教僧侶有往來的只有孫權，而可確定是這個時代的寺院，也是位於吳國。吳國的都城建業有相當多的佛教徒與僧侶，代表性人物就是支謙和康僧會。

先來看看支謙。支謙的祖父於東漢靈帝時，與數百國人一起從大月氏國遷居中國，因此支謙是在中國出生的。他先跟隨支亮學習佛法；支亮是大月氏國高僧支婁迦讖的中國弟子。到了獻帝時，支謙為躲避北方戰亂來到吳國。據說孫權極為欣賞他的博學多聞，任命他為博士。支謙通曉胡漢雙語，翻譯了《維摩詰經》、《大明度無極經》、《瑞應本起經》、《法句經》等眾多佛教經典，對後來以老莊思想理解佛教，影響很大。此外，支謙並非出家僧侶，而是一名在家居士。

支謙來自北方，康僧會則來自南方。康僧會的祖先是西域康居人，世居印度，後來因父親經商才移居交趾，因此，康僧會是以一名印度商人之子的身分出生於交趾的。康僧會向南陽的韓林、潁川的皮業、會稽的陳慧等來到交趾避難的文人學習佛法，然後於赤烏十年（二四七），為傳教而來到建業。孫權聽聞他的講經說法後大為感動，為他建立寺院；由於是第一間佛寺，便取名建初寺，並將該地命名為佛陀里。康僧會在建初寺翻譯了《六度集經》等經典，並運用他對儒佛道三教的豐富知識，為《安般守意經》、《法鏡經》等作注。這些注釋雖已失傳，但這兩部經典的序文有保存下來，從中可以窺知，他的佛教特色在於富有初期的禪學思想。康僧會死於二八〇年，這一年剛好也是吳國的滅亡之年。

支謙與康僧會的活躍，讓佛教相當程度滲透到吳國君臣之間，尤其以天文學者聞名的闞澤（《演義》中寫赤壁之戰時，擔負重責大任，將黃蓋的詐降書送到曹操那裡去的人，就是闞澤。當然，這段情節是虛構的），不但將自己的私宅當成佛寺，還用自己的字冠名為德潤寺。孫權死後，據說掌權的孫綝不但破壞浮屠祠（寺院），還斬殺道人（僧侶），這是中國歷史上最早的佛教鎮壓事件，可見佛教在吳國已經興盛到讓朝廷出手打壓了。此外，吳國製作的神亭壺和銅鏡，下面都有佛像裝飾。

繪有佛像的銅鏡（中國國家博物館藏） 三國時代吳國產物，湖北省鄂州市出土。可以見到神獸與坐佛。

魏、西晉的佛教

魏在佛典的翻譯上毫不遜於吳，也有多位譯經僧相當活躍。例如於嘉平年間（二四九～二五四）來到洛陽的中印度僧侶曇柯迦羅，譯有《僧祇戒心》，是最早將佛教戒律正式傳到中國的人。在此之前，由於不了解戒律，雖然有人出家，但都不算是正規的出家僧侶；曇柯迦羅引進戒律，為必須受戒才能成為正式僧侶這個制度打下了基礎。進入西晉時代後，世居敦煌的大月氏國僧侶竺法護翻譯出《正法華經》，首次向中國介紹法華思想，他一共翻譯了超過一百五十部經典，為佛教發展貢獻卓著。

雖然魏和西晉時代都盛行玄學，卻找不到像吳國那樣，君主或著名文人與佛教接觸的紀錄。唯一的例外是曹植，據說他在山東的魚山聽見空中有梵音迴蕩，於是第一次創作了梵唄（佛教歌曲）。不過，這應該只是傳說罷了。因為中國著名的文人與佛僧交流，並大大受到佛經的影響，是東晉時代以後的事。而這點跟東晉遷都佛教盛行的吳國地區，應不無關係。

儘管如此，魏和西晉的朝廷、文人之間，還是多少受到了佛教的影響。曹操之子曹沖（幼名倉舒）五、六歲時，有一次孫權送一頭大象給曹操，曹操問群臣如何才能測出大象的重量，在場無人能答；這時曹沖站出來，要人先把大象牽上船，在船下沉的地方做記號，然後把大象牽下來，裝上別的物品，裝到船沉至剛剛的記號為止，最後再秤出那些物品的重量；曹操等人都對曹沖的聰明讚賞不已。這件事記載於《三國志．武文世王公傳》，原本是《雜寶藏經》的〈棄老國因緣〉中的故事，當然不可能是真的。這個時代流行的夙慧、神童之說，推測應是借用了佛典中的一些內容。之前提及劉備的臂長過膝，以及這個曹沖秤象的故事，都是不經意使用了佛典中的故事，足以說明佛教在當時已相當普及了。

只可惜，聰穎過人的曹沖十三歲就死了。痛失愛子，曹操悲傷得無以復加，甚至情緒失控地挖苦在一旁安慰自己的長子曹丕說：「這孩子死是我的不幸，但對你們兄弟而言是一大幸運。」由於學者邴原（參考本書第二一九頁）家也才剛死了女兒，曹操提議將兩人合葬，但遭邴原以於禮不合婉拒，最後，曹沖是與曹丕夫人甄氏家族一個死去的姑娘合葬。這種將死去的兩名未婚男女合葬一起的作法，是希望他們在另一個世界能夠成親，也就是冥婚，這個習慣在今日中國仍時有所見，但與儒教禮法不合。

蜀國的佛教遺跡

蜀國沒有像魏、吳那樣盛行的譯經活動，也沒有與佛教相關的記載。不過，同時代的魏和吳，佛教已如此興盛，獨獨蜀國沒受到影響，似乎不太可能。雖然找不到文獻，卻有佛教遺跡。

自漢代以來，蜀國這個地方就有在山崖鑿洞窟作墓的獨特風俗，而且洞窟裡刻有各種畫像。最具代表性的例子就是在四川省樂山寺麻浩崖墓中，發現了佛陀與僧侶圖像，據推測為蜀國時代所製作。此外，彭山縣崖墓出土的陪葬品中，有一種樹葉呈錢幣狀的搖錢樹，它的基座就有佛像。可見在蜀國民間，佛教也與固有的傳統信仰融合而為人所接受。但在統治階層間，倒是找不到佛教滲透的形跡。

《維摩詰經》與居士佛教

一如以上所見，三國時代翻譯了很多佛典，盛況甚至超越了東漢時代。不過，流傳至今的譯本卻意外稀少，主要原因是後來出現鳩摩羅什、玄奘這些譯經大家，初期不完備的譯本便逐漸乏人問津了。當中有一部經典流傳至今，並且具有相當的影響力，那就是支謙所譯的《維摩詰經》。《維摩詰經》有鳩摩羅什和玄奘的譯本，但現存最早的譯本乃出自支謙之手。

《維摩詰經》以對話形式寫成。內容為大富豪維摩詰居士生病時，智慧第一的文殊菩薩奉釋迦之命，帶領弟子們前往探視，然後與維詰摩就各式各樣的事物現象展開議論，其中最重要的觀點就是，透過般若思想「空」的概念得以進入不二法門。所謂不二法門，簡單說就是自他、生死等現實世界對立的事相，若由「空」的立場來看，其實是不二同一的；這是佛教的開悟境界。

一如前述，三國時代的中國，上自清談式的哲學議論，下自宴會上的藝能表演，都流行爭辯兩個對立事物的優劣；說這是當時人們基本的思維模式，實不為過。但《維摩詰經》主張對立的兩個事物並不矛盾，是同一不二的，對當時的中國人而言，這的確是個嶄新的觀點。不過，其實中國早已有了類似的看法，《莊子》的〈齊物論〉就是代表性例子。〈齊物論〉中提到一則寓言故事：莊子夢見自己變成蝴蝶，夢醒後，卻不知是自己在夢中變成了蝴蝶，或是蝴蝶在夢中變成了自己。這就是有名的「莊周夢蝶」。莊子藉這則譬喻，提出了一種將對立事物的矛盾予以相對化，從而達到統一的哲學思維。而《維摩詰經》的立場則是，藉由「空」這個絕對性概念來揚棄矛盾。總之，對當時的中國文人而言，《維摩詰經》這部佛教經典，無疑是透過他們所熟悉的問答及推理方式，來解說「不二法門」這個新鮮的概念。

而且，《維摩詰經》的主角維摩詰本身是一位在家居士，這表示不必出家也有達致大徹大悟的可能性。這點對於很多置身儒教倫理卻感到不滿足，還想從佛教中尋求更多深刻領悟的中國文人而言，應是充滿魅力的。再加上《維摩詰經》本身豐富的文學性，因而不僅吸引佛教徒，還廣泛吸引了知識分子。唐代著名詩人王維，他的字就是摩詰，可見他想把自己和維摩詰畫上等號吧。

東漢以來的譯經事業，都是由印度與西域來的外國人及其子孫進行。到了三國時代，終於出現從中國前往西方取經的行者了，他就是朱士行。

西方取經第一人

朱士行出生於東漢以來的名士中心地潁川。他在洛陽學習闡述般若思想的《道行般若經》後，感到該譯本的不完整，為了尋求更完整的經典，遂於魏甘露五年（二六〇）前往西域的于闐（今新疆維吾爾自治區和田地區）；在于闐獲得《放光般若經》原本後，於西晉太康三年（二八二）派弟子弗如檀將之帶回中國，他自己留在于闐，直到死亡。他派弟子帶回的《放光般若經》，後來由于闐沙門無羅叉和竺叔蘭翻譯成中文。以後，又有法顯、玄奘等無數僧人前往西方取經，但朱士行是第一人。此外，據說他也是第一位正式受戒出家的中國人。在他之前雖然也有人出家，但都沒有經過正規的受戒程序。

朱士行是豬八戒嗎？

浙江省杭州市的西湖，是中國首屈一指的風景名勝，西湖湖畔有一座岩山，名為飛來峰，相傳整座山都是從印度飛過來的。山壁上可以看到三組被認為是宋代製作的人物浮雕，一組是三藏法師玄奘帶著孫行者的模樣，由於這是史上第一個孫悟空的人物造像，因此十分有名；其次是標記著「朱八戒」三字的人物及其隨從，最

飛來峰造像中的人馬像 原本雕刻的是西方取經第一人朱士行，但後來變成了「朱八戒」，也就是「豬八戒」。浙江省杭州市。

後是傳言將佛經帶入中國的第一人迦葉摩騰及其隨從竺法蘭。

據說，「朱八戒」的「八戒」二字原本是「士行」，後來不知被誰改成了「八戒」。也就是說，原本應該是「朱士行」才對。就這樣，這三組圖像分別為最早引入佛經的人、最早的西方取經者，以及最有名的取經者，一看就懂，恐怕這就是原本製作這三組浮雕的用意吧。

「朱八戒」就是「豬八戒」，在《西遊記》的早期資料裡，「豬八戒」都是寫成「朱八戒」的。後來，依北方的發音，「朱」和「豬」同音，於是不知何人把「朱」改成了「豬」。換句話說，根據飛來峰的浮雕，豬八戒的原型就是朱士行了。

佛教的孝子故事

孝是儒教的重要德目，按理說，孝道故事中的孝子應該都是中國人才對，但《二十四孝》中卻有一名印度人，他就是睒子。睒子的父母因年老而雙盲，睒子聽說鹿乳能夠治療眼疾，於是跑到山裡，披著鹿皮混進鹿群中取乳，一名獵人誤以為是真鹿打算射殺時，他急忙脫下鹿皮說明原委才逃過一劫。

這個故事的原型取自印度的薩滿（與「睒」的古音相近），在印度古代敘事詩《羅摩衍那》和釋迦的本生譚中都可以見到；在中國，則最早見於吳國康僧會所翻譯的《六度集經》中。此外，被認為是魏國曹植所作的梵唄中，也有一首《睒頌》，可見睒子的故事在三國時代已經廣為人知。後來《佛說睒子經》被翻譯出來，這個故事就更有名了。

隨著故事不斷流傳，人們慢慢將睒子與《春秋左氏傳》等書中出現的山東小國君主郯子搞混，在《二十四孝》中已經沒把他當成印度人了。《二十四孝》中還有後來被奉為道教神仙的吳猛等人，可見中國人最重視的孝道，也同樣受到儒佛道三教的重視。

第八章　文學的自覺時代

詩與小說——個性的文學

提到中國的古典文學，很多人應會馬上連想到杜甫、李白等人的唐詩。以唐詩為首的中國古典詩，幾乎都是五言詩或七言詩。不過，並非一開始就是五言、七言。最早先秦時代《詩經》中的詩，主要為四言，《楚辭》的字數則不一定。五言、七言詩成為主流，是東漢末到三國時代的事了，而且曹操父子以及他們身邊的詩人，皆扮演重要的角色。

詩原本為歌

中國的詩起源於民間歌謠，原本都是唱出來的，因此，四言、五言、七言等體裁的不同，就是隨音樂變化來的。我們常說歌曲隨時代改變，詩的體裁也是隨著音樂的興衰而產生變化。漢代設置官署樂府，專門收集民謠以了解民意，供作政治上的參考，因此漢代的民謠一般就稱為樂府，主要為五言形式。而七言詩多用於銅鏡上的銘文，被認為是一種宗教性的歌謠。道教經典《太平經》中就出現了七言詩。

東漢末年開始，文人模仿五言樂府詩的體裁，創作出大量作品，其中的代表作《古詩十九首》，都是以簡潔有力的文字來吟詠，如「行行重行行，與君生別離。相去萬餘里，各在天一涯」（第一首）是描寫別離之情。「生年不滿百，常懷千歲憂。晝短苦夜長，何不秉燭遊」（第十五首）則表現出對人生無常的感慨。尤其後者透露出一種享樂主義，認為人生短暫，死後未知，因此活著的時候就該及時行樂。這點反映出人們不再堅持死後永生的古代信仰，生死觀已有所改變。《古詩十九首》的作者不詳，但東漢末年的代表性文人蔡邕和他的女兒蔡文姬的作品，都有此傾向。

詩人曹操的作風

而為五言樂府詩吹進新風，讓它能夠在文學上更為發展的人，無論如何非曹操莫屬。曹操的政治生活雖然繁忙，但他擁有書法、音樂、圍棋等多方面興趣，作為詩人也是一流的。曹操對音樂、歌謠的造詣之深，或許與他的宦官祖父曹騰曾經擔任小黃門，負責宮中音樂有關。接下來，我們要介紹曹操的《蒿里行》，它抒發出關東諸侯聯合討伐董卓失敗的心情。

關東有義士，興兵討群凶。
初期會孟津，乃心在咸陽。
軍合力不齊，躊躇而雁行。
勢利使人爭，嗣還自相戕。
淮南弟稱號，刻璽於北方。

鎧甲生蟣蝨，萬姓以死亡。
白骨露於野，千里無雞鳴。
生民百遺一，念之斷人腸。

第五行的「淮南弟」是指自稱皇帝的袁術，「刻璽」則指袁術之兄袁紹私刻玉璽。關東諸侯為討伐董卓而連盟，結果產生內訌，讓袁術等有機會稱帝。曹操的這首詩即以率直的文字吟詠出他對這件事的挫敗感，以及對戰亂造成民不聊生的悲嘆，與歌詠同一件事的鼓吹曲（參考本書第一七六頁）非常不一樣。

終日征戰的曹操，一有機會便將自己的感慨寄託在詩歌裡。作者不詳的《古詩十九首》保留了濃厚的民謠特徵，不是抒發個人情感，而是歌詠普遍性的主題。與之相對，曹操的詩則是表現他在某個具體狀況下的個人情感。這種堪稱「個人文學」、「個性文學」的文學形式，為中國史上首見，而且誕生於三國時代。

曹操對詩歌的愛好，也傳給了他的兒子曹丕、曹植兄弟，特別是曹植，他不僅在這個時代，也是唐代以前六朝時期最重要的詩人之一。曹操父子的作品經常是在與他們的幕僚和近臣應酬、宴會時的即興之作，這些臣子中，孔融、陳琳、王粲、徐幹、阮瑀、應瑒、劉楨等七人的詩作也備受賞識，曹丕在他的著作《典論・論文》中就稱他們為「七子」，予以高度評價，因此後人冠上他們活躍時期的年號，稱之為「建安七子」。曹操父子與建安七子的文學，在那個時代特有的悲愴感及個性覺醒的影響下，具有慷慨激昂的特色，這種詩風後來稱為「建安風骨」，受到唐代杜甫和李白的稱讚。

關於〈銅雀台賦〉的矛盾

《演義》中雖然引用了很多詩，但幾乎皆為後世批評人物與事件之作，故事人物自己所作的詩，只有赤壁之戰前夜曹操的詩（參考本書第一〇五頁），以及實為偽作的曹植的七步詩（參考本書第一一七頁）。此外，在描述劉備三顧茅廬的那一回裡，出現諸葛亮岳父黃承彥吟詠諸葛亮的《梁甫吟》詩的情節。《三國志》中有諸葛亮作《梁甫吟》的記載，而且這首詩也流傳下來了（但證實為後世偽作），不過，它是描寫春秋時代的賢者晏子以兩顆桃子殺掉三名勇士的故事。《演義》作者大概認為這首詩與三顧茅廬時諸葛亮的隱士風範不符，所以把內容改成與《梁甫吟》完全扯不上關係的雪中詠梅詩。

《演義》中還有一幕，就是諸葛亮於赤壁之戰前，為了激怒周瑜，故意說曹操南征不為別的，就是因為聽說孫策和周瑜的夫人大喬、小喬姊妹美如天仙，要將她們二人搶到手，帶到鄴都銅雀台供晚年享樂；說完還吟起了曹植的〈銅雀台賦〉，詩中有「攬二喬兮東南，樂朝夕兮與共」兩句，周瑜聽了怒不可遏，下

銅雀三台遺址公園　曹操在鄴城西北邊建立了銅雀台、金虎台和冰井台。據說銅雀台上面有樓閣，屋頂裝飾巨大的銅雀。河北省臨漳縣。

決心攻打曹操。

這首〈銅雀台賦〉，正確應為〈登台賦〉，的確是曹植為銅雀台而寫的作品。不過上述二句並不在曹植的原作之中。這是《演義》作者從唐代杜牧的《赤壁》詩中，「東風不與周郎便，銅雀春深鎖二喬」這兩句得到啟發，才杜撰出上述二句。而讓諸葛亮來吟誦這首詩以激怒周瑜，算是別出新裁。在《演義》的早期版本中，這二句為「挾二橋于東南兮，若長空之蝃蝀」，表面上說的是「橋」，其實暗指「二喬」，後來製作修訂版的毛宗崗為了讓人更容易明白，乾脆將「二橋」改成「二喬」。《演義》的作者和修訂者可說都下足了工夫。

不過，這裡出現一個矛盾。曹操築銅雀台是在赤壁之戰二年後的建安十五年（二一〇），《演義》也是在赤壁之戰結束後的第五十六回才寫「曹操大宴銅雀台」，建安七子的陳琳和王粲還在宴席上作詩（但詩沒被引用進去），因此，赤壁之戰前不可能有曹植的〈銅雀台賦〉才對。如果《演義》從頭到尾都是由一位作者構思出來的，就應該不致出現這個矛盾。諸葛亮吟誦〈銅雀台賦〉這一幕，很可能是後來才加上去的吧。

姑且不論這個矛盾，《演義》中所引用的詩賦中，屬於故事人物真正的作品，就只有曹操的詩和曹植的賦而已，諸葛亮的〈出師表〉當然被採用了，但被認為是他詩作的〈梁甫吟〉，則只借用題名而已，內容完全是假的。諸如此類，三國時代當時的作品僅採用魏國人物之作，肯定是因為發生新文學運動的地方只在以曹操為中心的魏國，蜀和吳都找不到堪稱文學的作品。如果我們說新文學是開展一個新時代的象徵性現象，那麼，這種現象就只在魏國看得到。

竹林七賢

阮籍、嵇康、山濤、王戎、向秀、劉伶、阮咸等「竹林七賢」活動的時期是在魏國正始年間以後，也就是司馬氏篡權劇碼悄悄上演的時期。阮籍是建安七子之一阮瑀的兒子，因此竹林七賢基本上可說是建安七子的後輩。「竹林七賢」這個封號，予人的印象是熱衷於竹林中飲酒、清談的隱士，以及超越世俗的奇人，但這些都是後人的想像。事實上，他們生活在一個黑暗時代，司馬氏與反司馬氏之間不斷展開激烈且殘酷的政爭，也生活在一個危險時代，踏錯一步就可能死到臨頭。而且七賢的代表人物阮籍、嵇康等人，原本就與曹氏關係密切。他們的豪飲放縱，可以視作在黑暗又危險的時代，為了求生存所做出的韜晦之計。有一則逸聞就是最好的例子，司馬昭想讓兒子司馬炎娶阮籍的女兒為妻，結果阮籍老是喝得酩酊大醉，司馬昭就沒機會提這門親事了。嵇康後來則是被司馬氏派的鍾會設陰謀陷害而死。

建安文學的特色是在悲涼中帶著豪放激越的調性，也就是所謂的「建安風骨」，而七賢文學散發出更為深刻的悲哀與沉痛的孤寂感，應是受到時代風貌的影響。不過，也正因為如此，他們的作品綻放出更強烈的個性光彩，代表作為阮籍的《詠懷詩》八十二首。我們來看看其中的一首。

獨坐空堂上，誰可與歡者？
出門臨永路，不見行車馬。
登高望九州，悠悠分曠野。
孤鳥西北飛，離獸東南下。
日暮思親友，晤言用自寫。

這裡沒有曹操詩中白骨遍地的戰亂光景，而是孤鳥離獸的無人曠野，與其說是描寫實景，毋寧為作者內心的孤獨寫照。沒有可以傾心交談的朋友，只能透過自言自語來排解心中憂戚。與曹操直接痛陳討伐董卓時同志的背叛相比，阮籍的心情顯然充滿了更多沉鬱及糾結。這種絕望的孤寂感覆蓋整篇《詠懷詩》，讀者能從中感受到作者長期忍受孤獨的頑強意志，也因此，《詠懷詩》被視為中國詩中，格調最高的個性詩作。至此，五言詩從它的起源，也就是民謠風的樂府中分流出來，獨立成一種表現個人內心世界的文學。

文豪魯迅的評價

曹丕在他的《典論．論文》中寫道：「蓋文章，經國之大業，不朽之盛事。」這句話非常有名，而這裡的文章並不單指文學，而是一個包含歷史、哲學在內的廣義概念。他還寫道：「文以氣為主，氣之清濁有體，不可力強而致。」這是說明文學中的個人之氣，也就是個性的重要性。近代文豪魯迅在〈魏晉風度及文章與藥及酒之關係〉一文中，稱這個時代為「文學的自覺時代」。

有關阮籍特立獨行的傳聞很多，例如說他對喜歡的人就用正眼看，對不喜歡的人就用斜眼看，還說他在母親的喪禮上飲酒吃肉等。當時，許多統治者在儒教禮節的假面下，上演慘烈的政權爭奪戰，阮籍的怪誕行徑，無疑是對這種時代的虛假進行痛烈的諷刺，是忠於內心情感的思想表白，也是亂世求生存的韜晦之智。這種在不安定的時代所產生的緊張感，讓他的孤獨更為敏銳，進而創作出優異的文學作品。這點和嵇康、劉伶等人一樣。山濤曾勸嵇康出來為官，但嵇康以自己生性懶惰不適合當官為由拒絕，還寫信表示絕交。《酒德頌》的作者劉伶則是整天喝得爛醉如泥，還交代家僕如果哪天自己醉死了，就地掩埋即可。他們這些非常有個性的言行舉止，都被收錄在人物逸事集《世說新語》中。

竹林七賢這個稱號是到了東晉時代才有的，那時七賢的身影常被當成繪畫題材，也慢慢樹立起超凡脫俗的隱士形象。在南京出土的六朝時代墓葬的畫像磚上，就繪有竹林七賢以及春秋時代隱士榮啓期一共八人的畫像，可以從而窺知當時人們對七賢的認識。

賣鬼的故事

曹操非常多才多藝，但他的兒子曹植似乎青出於藍勝於藍。有一次，一位名為邯鄲淳的文士前來拜訪，曹植非常開心，於是光著臂膀大跳西域舞蹈，表演雜技和舞劍，還朗誦俳優「小說」數千言，接著，他更換服裝，整理儀容，開始暢談開天闢地以來的歷史與人物優劣、古今文章、時政是非，最後還談到兵法，讓邯鄲淳大為讚歎。

這裡的小說與現代小說不同，並不涉及政治、哲學等嚴肅話題，而是一些輕鬆有趣的小故事。這樣的小說在戰國時代就有了，到了三國時代，受到社會與價值觀的多樣化、生死觀的變化以及道教及佛教的影響等，靈異怪譚特別流行。曹植為邯鄲淳朗誦的小說，大概就是這一類故事吧。

嵇康畫像（拓本，南京博物院藏）
南京市近郊的西善橋宮山墓出土。這是墓室的畫像磚，繪有七賢再加上春秋時代的榮啓期，一共八人，為最早的七賢繪圖。

今日所知最早的靈異怪譚作品中，有一本曹丕的《列異傳》，不過應該不是曹丕的個人著作，而是把在他沙龍裡說過的故事集結成書。這本書的內容已經散逸，但其中幾篇被引用於後世的書籍中，最廣為人知的就是宋定伯賣鬼的故事。

一天，宋定伯走夜路遇上了鬼，便假裝自己也是鬼，與鬼同行。路上他們輪流背對方，鬼沒有重量，宋定伯卻很重；渡河時，鬼沒發出半點聲響，宋定伯卻攪出很大的水聲。鬼覺得奇怪而詢問原因，宋定伯推說因為自己才剛死，還不習慣才會這樣。接著宋定伯問鬼最怕什麼，鬼回答最怕人的口水，於是宋定伯立刻對鬼吐口水，鬼就變成了一頭羊。最後，宋定伯把這頭羊牽到市場賣掉，賺了一筆。這簡直是捉弄人，不，是捉弄鬼的故事。像這樣把鬼的地位貶得低人一等，也是因為生死觀改變後，演變成以人為中心、以現世為中心的表現。不過，令人印象深刻的還是賣鬼這個新奇的構思，以及那種狀似糊塗的幽默吧。

再來看一個開神仙玩笑的故事。仙女麻姑有一次下凡到蔡經的家，麻姑的指甲很長，蔡經便說：「這麼長的指甲，來幫我搔搔背，一定很舒服吧。」麻姑一氣之下就把蔡經殺了。搔背的竹棒，在日本叫做「孫之手」（孫の手，magonote），它的語源就是出自「麻姑之手」（麻姑の手，makonote），兩者發音相近。這是一則褻瀆神明受到懲罰的故事，與其說可怕，那種讓神仙為自己搔背的奇思異想與幽默感，無疑更令人印象深刻，這點與宋定伯賣鬼的故事是一樣的。

笑話與怪譚

先前提過，三國時代的人們非常重視對話的機智。孫權愛開玩笑是出了名的，劉備也有以俏皮話捉弄人的記錄，可見幽默是貫穿這整個時代的一種社會風氣。因此，專門逗樂人的笑話也就應運而生了。或許愈是戰亂時代，人們愈是追求能夠一笑解千愁。被視為邯鄲淳所編著的《笑林》，就是中國第一本笑話集。以下介紹幾則。

一位北方人到南方的吳國去，吳人請他吃竹筍。沒吃過竹筍的北方人問這是什麼，吳人回答是竹子。北方人回去後，立即將家裡的竹蓆放進鍋中煮，卻怎麼也煮不成像竹筍那麼軟，於是說：「吳國那傢伙太狡猾了，害我上他一個大當。」接下來的故事剛好相反，換成吳國人到北方去，北方人拿出酸奶招待，吳人不知道那是什麼，總之勉強灌下去了，回到客棧後噁心得全吐出來。吳人認定是被下毒了，就對兒子說：「那個奇怪的食物有毒，我吃了，那個北方人也吃了，所以我死他也得死。你可得小心，別吃那東西。」這類以南北食物的差異以及對抗意識為題材的笑話，肯定為往返魏吳兩國間的使者，帶來不少宴會上的歡樂吧。

三國時代盛行的怪譚，後來稱為志怪小說，《世說新語》中的人物逸談則稱為志人小說。志怪小說和志人小說都沒有明確的創作概念，這一點與後世的小說不同，但《三國演義》、《水滸傳》、《西遊記》等近代小說，卻是源自這些志怪小說、志人小說。

此外，曹丕寫給吳質的信，陸機、陸雲兄弟往返的書簡等，這類富文學性的書信也成為一種散文文學，這點應與三國時代書信的普及有關。

三種曆法——天文學與數學

科學與醫學

三國時代是魏、蜀、吳三位皇帝鼎立的時代，這點無庸贅言。不過，皇帝日理萬機中，最重要的工作其實就是管理曆紀。中國的皇帝是天子，也就是上天之子，承上天意志而統治人民，因此首要之務就是向人民保證上天會正常運行。歷代王朝原則上都會製作新曆以證明自己是上天的代表。而服從王朝，其實就是使用該王朝的曆法。所謂「奉正朔」正是此意。三國時代有三個王朝，也就是意謂著有三種曆法。劉備死後，雍闓在蜀國南方發動叛變，蜀將李嚴寫信質問，雍闓回答：「天無二日，地無二王，可是現在卻有三種正朔，叫我們這些偏遠地區的人無所適從。」

先來看看蜀國。蜀國採用的是東漢以來的四分曆。四分曆的一年為三百六十五又四分之一日，是一種非常粗糙的曆法。這個曆法在蜀建國時已經使用上百年，應該發生很大的誤差才對，但蜀國以漢朝的正統繼承者自居，只能繼續使用這個四分曆了。相對於蜀，吳國孫權在建元黃武那一年（二二二），就立刻採用東漢末年劉洪重新製作且為當時最新的乾象曆，這是因為吳國學者闞澤從劉洪那裡學到了這種曆法。乾象曆的一年為三百六十五又五百八十九分之一百四十五日，不僅比四分曆更為精確，也可計算月球運行的快慢，堪稱中國天文史上劃時代的曆法。至於魏國，前面已經說過，明帝在景初元年改訂曆法，採用的是楊偉改良過的乾象曆，稱為景初曆，一年的長度為三百六十五又一千八百四十三分之四百五十五天，比原本的乾象曆更精確，而且對日蝕的計算等也更為周密。直到劉宋元嘉二十二年（四四五）施行元嘉曆為止，南北朝的歷代王朝均使用景初曆。

從上述曆法的使用狀況，我們可以窺知蜀國原封不動使用舊曆法的保守性，吳國立即採用最新曆法的先見性，以及魏國能夠製作出精確曆法的進步性。尤其吳國的天文學研究相當盛行，闞澤為乾象曆作注，陸績繪渾天圖，王蕃根據乾象曆製作儀象。渾天圖和儀象等於是當時最新天文知識所反映出來的天體圖，對後世影響甚巨。

天文學的發達與數學的進步密切相關。被認為完成於東漢初期的《九章算術》，堪稱代表了中國古代數學的發展水準，書中可以見到連立方程式的解法，以及負數、分數的概念，與古代印度及希臘的數學相比，也是相當進步的。這本《九章算術》得以流傳後世，是因為這個時代的劉徽為它作注。劉徽的注完成於魏國景元四年（二六三），他將圓分割成一百九十二邊形，從而計算出周圓率為三．一四又六二五〇〇分之六四。這種將圓分割成多邊形，以增加邊數來求出更精確圓周率的方法，與希臘阿基米德的計算方法相同。此外，劉徽的著作中還有一本《海島算經》，介紹測量的方法。

名醫華佗獄死

三國時代人口銳減固然是戰亂造成的，但疫病的流行也應是主要原因之一。

黃巾賊的太平道和張魯的五斗米道皆以治病為布教的首要手段，正是基於此因。太平道和五斗米道是以畫符誦咒之術來治病，但應該也包含某個程度的醫學治療方法。這是一

華佗雕塑　江蘇南京。

個戰亂和疫病導致人人面臨死亡的時代，也是一個醫學進步的時代。

三國首屈一指的名醫，非華佗莫屬。《演義》中，華佗先是為負重傷的吳將周泰施藥治療（十五回），再對手臂中了毒箭的關羽施以刮骨療毒（七十五回），最後是為了治療曹操的頭痛，建議先施以一種名為麻肺湯的麻醉藥，再進行頭部開刀手術，但曹操懷疑華佗有詐，便將他關進大牢至死；沒多久曹操也死了（七十八回）。為周泰和關羽療傷的情節是虛構的，並非事實，作者只是利用周泰負傷瀕死以及關羽中毒箭的史實，安排華佗登場罷了。不過，華佗被曹操關進獄中至死則為事實，那是因為華佗稱妻子生病必須返鄉的謊言被拆穿所致。曹操懷疑自己頭痛的宿疾久治不癒，就是華陀故意不好好治療的緣故。不過，據說曹操的愛子倉舒（曹沖，參考本書第二三八頁）死去時，曹操非常後悔自己把華佗殺了。曹沖病死於建安十三年（二〇八），華佗獄死是在這之前，因此不可能為關羽刮骨療毒。

華佗的事蹟中，最為有名的就是使用麻沸散（《演義》誤為「麻肺湯」）進行麻醉手術，以及模仿虎、鹿、熊、猿、鳥的動作，編出一套名為「五禽戲」的體操。據說華佗獄死之前將自己的著作全部燒毀，因此五禽戲的具體內容我們無從得知。順帶一提，華佗與曹操為同鄉，似乎很早就開始為曹操治病，但他對自己不被以士人相待，只被當成一個醫匠而極度不滿，這也是他與曹操之間產生嫌隙，導致獄死的遠因；燒毀著作也是這種不得志心理作祟的結果吧。在中國，即便今日，中醫的社會地位與日本相比，也是低得驚人。以醫學為首的所有科學技術，中國自古代起就是世界上的先進國家，但到了近代，之所以被歐洲各國追趕過去，原因之一就是從事科學技術的人，其地位遠不如具有儒教教養的士人階級。

因為著作失傳，華佗已成為半個傳說中的人物了。撇開他不談，這個時代最知名的醫學著作，應屬小華佗幾歲的張仲景所著的《傷寒雜病論》。傷寒就是傳染性熱病，《傷寒雜病論》中，針對當時人們所苦的疫病以及其他各種疾病，詳細記錄了經過臨床體驗而來的治療方法。此外，魏國太醫令王叔和的《脈經》、西晉人皇甫謐（平定黃巾之亂的皇甫嵩族人）的《黃帝三部鍼灸甲乙經》，分別為第一本對診脈與鍼灸進行系統性介紹的書籍，與《傷寒雜病論》同被視為後來中國醫學上的基本經典。

煉丹術與藥物學

以玄學與清談聞名的魏國何晏，喜歡服用一種名為「五石散」的迷幻劑。這個五石散是用五種礦物製成，後來在魏晉南北朝時期大為流行，成為考察當時社會風氣不可忽略的要素。魯迅在〈魏晉風度及文章與藥及酒之關係〉中，與酒並列提及的藥，就是這個五石散。

服用這類礦石藥物和南北朝流行的煉丹術有密切關係。煉丹術主要是將丹砂（硫化汞）和鉛放在爐中加熱成金，而這樣的金被當成能夠長生不老的靈藥。這個方法在東漢魏伯陽的《周易參同契》、東晉葛洪的《抱朴子》都看得到。漢代之前的長生術，是要到神仙所居住的遙遠東海仙島去求取不死仙藥，但這個時代的人已經開始親手製作不死仙丹了。不過，金當然沒有這種功效，而且汞有毒，吃多會死，這點不必多言。

煉丹術和西洋的煉金術一樣，雖然都未能製作出不死的靈丹妙藥，卻促進了化學與藥物學的發展。在中國，《神農本草經》直到後世都被當成藥物學的基本經典，雖說是本草，但它不僅介紹植物的效用，還包括動物、礦物等凡能入藥的物質。這本書相傳為太古傳說中的帝王神農氏所作，但推測應是東漢時代的作品，《傷寒雜病論》的作者張仲景應有參與撰寫。另外，《演義》中使用妖術捉弄曹操的仙人左慈（六十八回），後來被視為煉丹術的始祖；而魏國賜給倭國女王卑彌呼的使者禮品中，也包含了鉛丹五十斤。

三國時代的都城

鄴都與洛陽——中國都城的原型

左思的〈三都賦〉描寫蜀國的成都、吳國的建業、魏國的鄴都。其中鄴都建於曹操滅掉袁紹一族的建安九年（二〇四），直到黃初元年（二二〇）曹丕即位皇帝定都洛陽為止，都只是魏公、魏王時期曹氏的都城而已，因此嚴格來說，鄴都不算魏國的首都，而是發祥地。

鄴都的遺跡在今河北省最南端的臨漳縣，根據發掘調查，它是一個東西約三公里、南北約二公里的長方形城郭都市，東西各有一門，南有三門，北有二門，一共是七座城門。比較具特色的是，

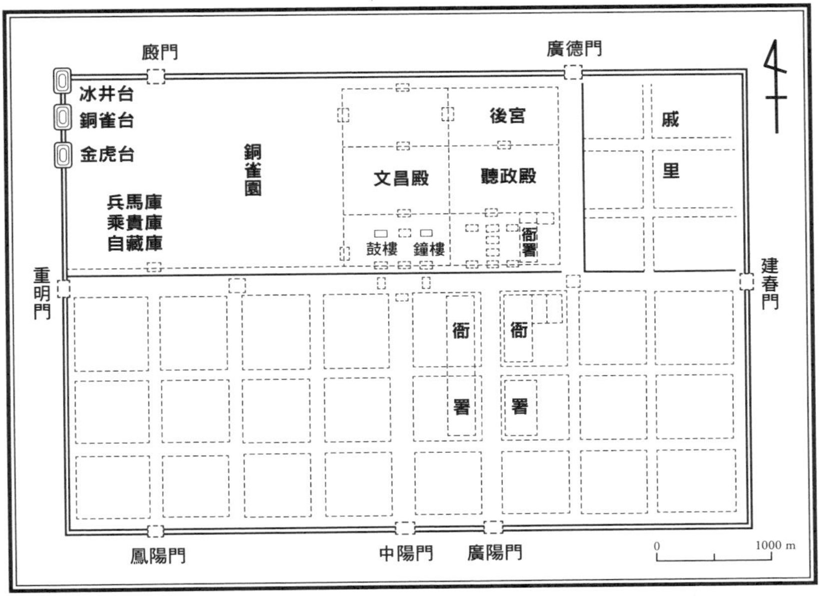

魏國的鄴都　鄴都在魏之後，還成為後趙等國的首都，在東魏、北齊時代向南大幅擴張。

之前秦漢時代的都城，宮殿都分散於都城內各地，但鄴都的宮殿則集中在北部，而且整個都城以東西和南北的中軸線劃分，北部是宮殿和戚里（外戚居住區），南部是官廳及一般居住區。這樣的都市計畫方式，獲得之後魏的洛陽，以及隋唐時代的洛陽、長安等都城的繼承，並且發展得更為完備，甚至成為日本平城京、平安京的範本。也就是說，魏的鄴都是今日北京以及歷代首都城市規劃的原型。此外，鄴都西北部築有冰井台、銅雀台、金虎台，並經常於樓台上舉行宴會，這點在之前銅雀台的部分已經提過了（參考本書第二四七頁），不過，這三座樓台的真正用途其實是供軍事利用。洛陽也建有相似的樓台。後來的後趙（三三五～三五〇）、冉魏（三五〇～三五二）、前燕（三五七～三七〇），以及東魏、北齊（五三四～五七

四川成都武侯祠　諸葛亮像目前是成都市內最受歡迎的觀光景點，祭祀著諸葛亮、劉備等人物像，鄰接劉備之墓「惠陵」。

七）皆建都於鄴都，城郭也更為擴大。

魏都洛陽，位於今洛陽市東方約十五公里處，繼承了周、漢以來的洛陽城（東漢稱雒陽）。洛陽因東漢末年的戰亂，特別是董卓遷都長安時受到極大的破壞，再由繼承漢朝的魏文帝及明帝修復，明帝還仿照鄴都的三台，於都城西北建造三座小城，稱為金墉城，作為防禦建設的一環。不過，明帝修復都城、建設宮殿，對魏國造成過重的負擔，成為提早滅亡的一因，這點之前已經說明過了（參考本書第一九二頁）。洛陽後來在西晉及北魏時代（自四九四年至五三四年以洛陽為首都）獲得進一步的整修，成為隋唐時代洛陽（魏都洛陽以西約七公里處）、長安的原型。

吳國建業與蜀國成都

吳國都城建業，在今南京市，是長江南岸的要衝之地。建安十七年（二一二），孫權在此建築石頭城，取名建業，成為水軍的要塞，到了黃龍元年（二一九）即位後，就將首都從長江中游的武昌移到這裡，之後在石頭城的東邊建立新城，位置就在今南京市中心。三一七年，晉朝被遊牧民族追趕到南方，成為東晉，就以建業為都，改稱建康，此後，宋齊梁陳各朝共三百六十年間，皆以這裡為首都。從吳到陳以此為都的六個王朝，稱為六朝，綻放華麗的王朝文化；身為六朝古都的建康，成為李白等唐代多位詩人的憧憬之地，寫進他們的詩歌裡。接下來，五代中的南唐、明代初期以及中華民國，也是以這裡為首都。明代宮城遺址紫金山南邊的梅花山上，至今仍有孫權之墓。

蜀國的成都就是今四川省成都市，蜀國時代，分為屬於宮殿官廳地區的西側小城，以及屬於居住區的東側大城。章武元年（二二一），劉備即位的武擔山位於小城西北，南邊就是宮殿地區。今日仍保留著劉備之墓「惠陵」、西晉末年在此建立「成」國的李雄所建之祭祀劉備的昭烈廟，城外南方也有諸葛亮送費禕出使吳國時說「萬里之行，始於此橋」的萬里橋，不過，這些建築物和橋梁當然是後人重建的。

美術與工藝

于禁在樊城投降關羽，後來被吳國送回魏國，曹丕派人將于禁投降的情景畫出來，令他羞憤而死，這點之前已經提過（參考本書第一五九頁）。這個事實告訴我們，當時已經有描繪人物或某個特定情景的繪畫存在。不過，當時的繪畫作品，我們僅能從近年考古所發現的壁畫等窺知，很可惜畫作本身並未留傳下來。出土品中，例如從曹操一族的墓中所發現的奔馬圖、敦煌佛爺廟灣的西晉畫像磚等，都可看出三國時代高超的繪畫技術。

三國時代的畫家

唐代張彥遠的《歷代名畫記》中，記載了三國時代繪畫的大致傾向以及主要畫家。根據本書記載，中國繪畫主流的山水畫是誕生於魏晉時代；這點與當時的詩歌偏好以山水為題材，應不無關係。至於畫家，則舉出了魏國高貴鄉公曹髦、楊修、桓範、徐邈四人，吳國曹不興與吳王的趙夫人，以及蜀國諸葛亮、諸葛瞻父子。其中，張彥遠給予最高評價的人物是吳國的曹不興，還提及一段逸聞：曹不興為孫權畫屏風畫時，不小心滴了一滴墨汁在白色的畫面上，曹不興乾脆把墨跡畫成了一隻蒼蠅，後來孫權看到，還以為是真的蒼蠅就揮手驅趕。不過，這個逸聞也發生在楊修身上，因此，應該跟日本畫家雪舟的「雪舟畫鼠」故事一樣，不過是傳說罷了。曹不興被列入吳國八絕，這八絕是善於看相的鄭嫗、占星的劉惇、占風的吳範、算術的趙達、圍棋的嚴武、占夢的宋壽、書法的皇象，以及繪畫的曹不興，可見在吳國，有才藝的人才非常多。

諸葛亮也被列入畫家，這是因為他平定南方時，畫「夷圖」來教化原住民，不過，這大概只是個傳說。此外，趙夫人為孫權描繪魏國與蜀國的地形，還做成刺繡成了一則透露孫權具有制霸天下大夢的逸聞。順便一提，西晉裴秀所作的「禹貢地域圖」，被視為中國第一張使用縮尺繪成、較為科學的地圖，而且利用了當時的數學知識。

朱然墓中的繪畫

一九八四年，長江沿岸的安徽省馬鞍山市發現了吳國時代的墳墓，從中出土的木製名片中，寫有「故鄣 朱然再拜問起居 字義封」字樣，因而得知這座墓葬的主人就是擒殺關羽的吳將朱然。墓中還出土了漆器、陶器、銅鏡、銅錢等多數陪葬品，其中漆器上繪有多幅彩色圖畫，例如皇后與長沙侯等出席的宮中宴會上表演鼓吹（樂隊）、舞劍、弄丸等雜技場面；春秋時代吳國賢人季禮在朋友墓前掛上自己佩劍的「季禮掛劍圖」；兩名童子手持棍棒對戰的「童子對棍圖」；後來也收進《二十四孝》中的孝子伯俞與母親的畫像等，筆觸細膩，人物栩栩如生，可見當時繪畫水準之高。

更令人感興趣的是「季禮掛劍圖」和「童子對棍圖」的背面，各有「蜀郡造作牢」、「蜀郡作牢」銘文，說明這些漆器至少有一部分是在蜀國製作的。蜀地自漢代起就是以製作漆器聞名，這些漆器應該是經過長江，透過交易從蜀國帶到吳國的。朱然墓中還出土「大泉（錢）當千」、「大泉（錢）五百」等高額貨幣，分別相當於當時通行的五銖錢一千枚及五百枚，這些是吳國為了交易方便而鑄造的。朱然墓的陪葬品不僅顯示出三國時代的工藝與美術水準之高，也是證明吳、蜀交易活絡的寶貴資料。

童子對棍圖圖漆繪盤（安徽省文物考古研究所藏） 安徽省馬鞍山市朱然墓出土。直徑十四公分。

神亭壺之謎

漆器屬於高級品，這個時代比較普及的是陶器。北方受戰亂影響，主要以生產漢代以來的灰陶為主，但在吳國地區，卻出現了奇特的發展。今浙江省一帶是古代的越國地區，也就是後來稱之為「越窯」的青瓷生產中心。以浙江省為中心的長江南部，發現了許多東漢末期、吳、西晉時代的古墓，從中出土大量奇形怪狀的壺，後命名為「神亭壺」或「魂瓶」。

青瓷羊（南京博物館藏）　南京市西崗西晉墓出土。吳到西晉時代的陶瓷器，不少為模仿動物的造型。

這一區域的古墳，出土許多東漢時代的「五聯罐」，一般認為神亭壺就是在五聯罐的上半部加上四個小壺變化而來的，它保留了五聯罐的基本型態，但在壺肩裝飾了人物、小動物塑像，上半部多半呈樓閣狀。受人注目的是，後期的人物裝飾像中經常出現佛像，或許樓閣的部分也是模仿佛塔來的。神亭壺的用途未明，推測與葬禮有關，可能是用來寄托死者靈魂的冥器。

神亭壺只在吳國的揚州地區出土，同樣位於吳國境內的西部荊州和南部交州皆未發現，而且東晉以後便突然銷聲匿跡，可見神亭壺是僅出現於吳、西晉時代這個地區的特異文化。此外，在發現神亭壺的墓中同時還出土一些文字資料，可以得知墓主身分。當中，江蘇省宜興的周墓墩一號墓出土的墓磚，上面寫著「元康七年九月廿日，陽羨所作周前將軍磚」，這個周前將軍被認為是周魴（參考本書第一五九頁）之子周處。吳國滅亡後，周處在晉為官，元康七年（二九七）死去，追謚為平西將軍。周氏為吳郡陽羨（今江蘇省宜興市）地區的豪族，可見神亭壺反映出來葬禮文化，是以吳郡為中心的江南豪族習俗。此外，這座墓葬也出土了大量的青瓷器。

神獸鏡與水神信仰

神亭壺上飾有佛像，意謂著原來的信仰已經受到佛教影響了，這點也可從吳國製作的神獸鏡上繪有佛像而得到證明。所謂神獸鏡，是指鏡子背面飾有浮雕風格的龍、虎等神獸，以及東王公、西王母等神像。而背面為車馬、舞人等類似漢代墳墓畫像磚上圖案的銅鏡，則稱為畫像鏡。神獸鏡被視為東漢中期於四川地區開始製作，到了東漢末期以後，則大部分是在吳國製作的。

東漢末期以後吳國製作的神獸鏡、畫像鏡中，尤其是浙江省紹興附近出土的神仙像，除了有初期的東王公、西王母之外，還有王喬、赤松子、伍子胥等多姿多彩的人物登場。伍子胥是春秋時代吳國的英雄，死於非命，屍體被拋至江中而被奉為水神。吳國孫綝破壞建康的佛寺，這點前面已經說過（參考本書第二三七頁），當時伍子胥的廟也被一起燒毀了。這座伍子胥廟應該就是水神廟。王喬、赤松子是有名的仙人，在吳國地方也被視為水神。從先前提及關羽、甘寧被水神化這件事可以窺知，水神信仰的分布範圍極廣，尤其在吳國地方特別盛行。我們可以看到神亭壺的壺肩裝飾，不少都是蛇、蛙等水生動物。此外，與神亭壺同時出土的買地券（為死者向地下神明買地的文書）上，可以見到關於河伯與魚的記述，由此推知，或許神亭壺也能作為這地方水神信仰的一個證據，而且這個水神信仰很可能淵源於此地原住民越人的文化。就這樣，極具地方性文化的在地信仰，與佛教這個外來宗教結合在一起了，這點頗值得玩味。

武器開發競爭

三國是一個戰亂時代，不難想像武器發達。諸葛亮就有不少與武器相關的逸聞，例如他請刀匠蒲元製作三千把神刀，據說剛利無比，能夠斬釘截鐵；也傳說他發明了「五折剛鎧」這種堅固的鐵甲，以及能夠一次發射十根八寸長鐵箭的連弩。連弩上有機關裝置，可以將箭射得更遠，是當時最新、威力最強的武器。據說魏國工匠馬鈞看到諸葛亮的連弩後，說連弩是做得不錯，但他自己能夠做出性能高出五倍的連弩。可見各國都在競相開發武器。

蜀漢時期銅弩機　四川成都武侯祠「三國文化陳列館」。

弩的實物在魏、蜀、吳三國都有發現，其中蜀國的弩最多。成都附近的郫縣出土景耀四年（二六一）製作、刻有「十石機」銘文的銅製弩機，據說拉弓的張力相當於二百六十公斤重。順帶一提，諸葛亮除了發明這些武器，也製作了木牛、流馬，給後世一種魔術師般的印象，甚至到了能夠呼風喚雨的程度，這些都被寫進了《演義》中。

比較三國的文化，在文學、哲學領域創造出新文化的是魏國，在美術、工藝、民間宗教等領域綻放出多彩文化的是吳國，後世這一帶地區成為中國文化的中心，可說基礎就是三國時代打下來的。與之相對，蜀國雖有獨自的地方文化，也有製作漆器、銅鏡的進步技術，但身為外來政權，劉備、諸葛亮的政策偏重軍備，而未好好發展這些特色，因此在文化上既無新意也缺乏多樣化。

紙張與資訊的作用

漢字有篆書、隸書、行書、草書、楷書等各種字體，戰國時代以前用的是篆書，漢代的通用字體為隸書。東漢末的熹平石經，是用隸書中的八分書寫成的。但到了東漢末期，就由隸書衍生出了行書，再由行書發展出楷書。不消

字體革命與書法誕生

說，楷書就是我們今日慣用的正字體。曹丕即位時的「受禪碑」、「上尊號碑」等，雖是以八分書所寫，但已經有幾分楷書化了，朱然名片上的文字，就是用保留了幾分隸書風格的楷書所寫的。此外，亳縣曹操一族墓葬出土的墓磚上的字體，呈現出初期行書的風格，可見三國時代漢字字體是由隸書漸次移向行書、楷書的。

從現在我們的感覺來看，很容易認為楷書是最工整的字體，楷書寫草一點就是行書，行書再寫草一點就是草書，但其實剛好相反。草書誕生得比行書早，是從初期的隸書演變而來，西漢時期便已經存在了。不過，漢代的草書稱為章草，和現在的草書稍微不同，現在的草書稱為今草；章草受到行書、楷書的影響，於東漢末年到三國時代時演變成今草。

三國時代最有名的書法家為魏國的鍾繇，據說「受禪碑」、「上尊號碑」皆出自他手。他的真跡，目前只有後人的摹本流傳下來，其中〈墓田丙舍帖〉顯示了行書到楷書的發展階段，〈宣示表〉則被視為最早的楷書作品。此外，名列吳國「八絕」之一的皇象，也留下一篇摹本，就是以章

草寫成的〈急就篇〉。吳國陸遜之孫陸機後來在晉為官，他也是一位知名的詩人，從他的真跡〈平復帖〉可以看出由章草過渡到今草時期的字體。

從東漢末年到三國時代，不僅誕生了行書、楷書、今草等新字體，以這個時代為界，之前的篆書、隸書，變成只用於印章刻字，以及石碑、建築物匾額等特殊用途上，已經從實用字體中淘汰了。換句話說，這個時代產生了堪稱為字體革命的現象。而且，之前雖然有秦始皇宰相李斯那樣以書法留名的人物，但從今日我們以藝術觀點來看的書法及書法家，都是在這個時代誕生的，除了鍾繇、皇象之外，還有分別被認為是行書、楷書創始人的劉德昇與王次仲，被稱為草聖（草書名家）的張芝，以及邯鄲淳、蔡邕、梁鵠、胡昭等人，這些以書法家身分留名的人物，在這個時代暴增。曹操擅長草書這件事也廣為人知。在漢字的字體變遷或是在書法史上，三國時代都是一個劃時代的時代。誕生於這個時代的書法，到了東晉時代，因為書聖王羲之的出現，在藝術上獲得更大的成就。

從包裝紙到書寫紙

這個時代發生字體革命，誕生書法藝術，絕非偶然，應是書寫材料改進所獲得的成果。眾所周知，紙張是在東漢和帝元興元年（一〇五）由宦官蔡倫所發明。但這樣的發明實在不可能僅是一人所為，事實上也的確發現了蔡倫之前的紙張。只不過，日本漢學家富谷至氏認為，初期的紙張並非用來書寫，主要是用來包裝物品。推測初期的紙張表面粗糙，不適合用來寫字，後來經蔡倫加以改良，才發明出適合書寫的紙張。東漢末年學者劉熙所著

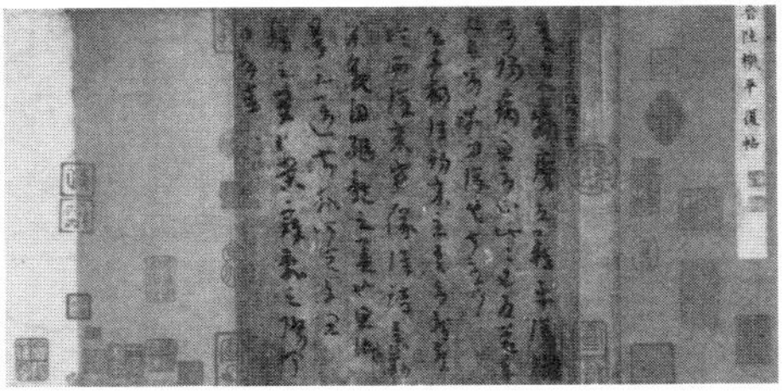

平復帖　無署名，被認為是晉朝陸機所書，第一行有「平復」二字，故名為〈平復帖〉。

《釋名》中寫道：「紙，砥也。」顯示紙的特徵是表面如砥石般光滑。這種紙張被用來取代昂貴的帛（白色絲綢）、笨重的竹簡和木簡，以輕盈、便宜的書寫材料之姿登場，並且普及開來。

作為書寫材料，紙張的改良與普及，幾乎與行書、楷書的誕生同時，可見兩者之間應有關係。與隸書相比，行書、楷書的特徵為筆畫線條優美且輕快，而線條的優美與輕快，必須在光滑的紙張上快速運筆才能達成吧。

最能強調出筆致的輕快優美，自然非草書莫屬。不過，漢代的章草多作為隸書的輔助之用，幾乎找不到單獨以章草寫成的作品。而且與今草相比，草書最重要的連筆寫法在章草中也很少見，尤其字字相連這種書寫方式，在章草中根本看不到。章草的章是端正之意，也就是說，正因為這種字體沒有今草這麼草，才被取名為章草。今草這種多用連筆且全篇皆以草書書寫的寫法，應該是使用紙張才辦得到。或許我們可以這麼說，篆書、隸書是竹簡、木簡、帛書的文字，行書、楷書、今草則是紙張的文字。

三國、晉代用於書寫的紙張，它的實物斷片已經在絲路的樓蘭遺址等處出土；比起漢代的紙張，看得出來已經改良過，變得更薄，而且表面以漿糊和礦物質加工上光，能防止滲墨，更能表現出線條之美。被譽為草聖的張芝，據說都是拿家中的絲綢衣服來寫字，而且刻意不把自己的作品留在紙張上，因此流傳下來的作品極為珍貴。他的草書應該是寫在紙上吧。

紙張完全取代竹簡、木簡和布帛，應是五世紀東晉以後的事，一如三國時代吳國走馬樓的簡牘所示，這個時期還普遍使用著竹簡和木簡。不過，紙張已經相當普及，尤其往返書信時，多使用信紙。紙張比竹簡和木簡更便於寄送，這點不言自明。據《三國志》記載，孫權寫給曹操的信、吳國周魴寫給魏國曹休的詐降信、蜀國李嚴寫給雍闓的信，都是寫在紙張上面。這個時代盛行以書信進行情報戰，應與紙張普及有關。此外，行書和草書主要用於個人書信，鍾繇的〈墓田丙舍帖〉、陸機的〈平復帖〉，當中的「帖」就是書信之意。換句話說，後人不僅將這個時代的書信內容當成文學鑑賞，也將書信的筆跡當成藝術來欣賞。

鑑賞書信與筆跡

鍾繇之子鍾會也是有乃父之風的名書法家，他還擅長模仿他人筆跡，曾二度偽造文書。此外，之前曾經提過，劉放也曾偽造過孫權的書信（參考本書第一六五頁）。這種模仿他人筆跡來偽造書信的事例，換個角度說，代表個人特有的筆跡已經被其他人認得。以漢代的隸書來說，當然也有寫得好壞之別，但看不出誰的筆跡特別被別人注意到。可見，個人筆跡為他人所注意，是誕生行書、楷書、今草的三國時代的事情，並且無庸贅言，這當然也成為書法藝術誕生的前提。三國時代以後的人們，開始透過臨摹書法家的墨跡來鑑賞與學習，這也就是鍾繇的私人書信〈墓田丙舍帖〉等能以摹本方式流傳至今的原因。如此說來，書法家鍾會能夠唯妙唯肖地模仿他人的筆跡，也就不足為奇了。

洛陽紙貴

紙張的使用，對於書籍的影響遠遠大於書信。書籍得以廣泛流通，紙張發揮了決定性作用，這點不言可喻。東漢人吳恢赴交州擔任南海太守時，據說曾想帶經書前往，但裝了整整兩大車後只好作罷。這是蔡倫獻紙十年後的事。比蔡倫年代稍微早一點的會稽學者王充（二七～？），他將自己獨特的合理主義思想寫成《論衡》一書，這本書當然是寫在竹簡或木簡上的。據說王充將簡牘放在家門和柱子邊，心血來潮就將思想寫在上面。《論衡》有好長一段時間不為北方人所知，直到東漢末年蔡邕到會稽避難時，閱讀此書後深感敬佩，這才傳到了北方。蔡邕帶回北方的《論衡》應該是寫在紙上的。此外，曹丕喜歡將自己的著作《典論》和詩文到處送人，送給孫權的是寫在素（白絹）上，送給吳國重臣張昭的是寫在紙上。吳國人闞澤年輕時家境貧寒，受雇為人謄寫書籍，據說寫完後就將內容全部背下來了。從《後漢書》、《三國志》及其注的這些記載，我們得以窺見，東漢後期到三國時代，由於紙張的出現，書籍的書寫已經快速普及開來了。

一般認為，由於戰亂頻仍，三國時代是一個書籍大量失毀的時代，代表性事件為董卓從洛陽遷都長安時，大批書物在混亂中逸失。不過，那些都是宮中收藏的帛書。戰亂的確造成眾多書籍蒙受巨大的損害，但從上述紙張普及的情況來看，寫在紙上而普及開來的書籍應遠遠多於消失的數量。帛書的消失，就跟印刷術發明造成手抄本不再、電腦的普及造成稿紙成了廢紙一樣，意味著與傳統書寫形態的訣別。鄭玄能夠集儒學之大成、佛教得以迅速傳播等，也都是紙本書更容易取得下的產物。

曹丕還將各式各樣的書籍按內容分門別類，編纂出一種名為《皇覽》的百科全書。中國稱這樣的百科全書為「類書」，《皇覽》即是史上第一本類書。之所以能夠出現這樣的百科全書，前提就是已經存在著大量各式各樣的書籍，而且參考方便。這當然也是紙張普及才能達致的成果。

東漢初期的王充在家裡四處放著簡牘，因而寫成了《論衡》，而本書開頭提及的左思，他是在家中到處放著紙張而寫成〈三都賦〉。〈三都賦〉一發表，城裡的人都爭相抄寫，因此洛陽的紙張價格變貴了，這就是「洛陽紙貴」這句成語的典故，今日多用來形容暢銷書。左思的〈三都賦〉完成十多年後，陳壽寫《三國志》。現今所見《三國志》的最早期抄本，是在絲綢之路的鄯善出土，為四世紀前後的紙本殘卷，陳壽的《三國志》應該是一開始就寫在紙上的，如果這個推測沒錯，那麼《三國志》就是中國正史中，第一本直接寫在紙張上面的著作了。

資訊革命與政治革命

以上我們說明了紙張的使用帶來了書籍與書信普及，一言以蔽之，就是這個時代發生了資訊革命。這個時代的人們已經比從前更容易獲得大量的資訊。不難想像，這個改變促進了知識普及與追求新知，進而產生社會整體的結構性變革。延續了四百年的大漢帝國崩壞後，經過三國各自的發展，直到一個新的統一帝國誕生，這場歷史發展的原動力，就是這場資訊革命，也就是說，資訊革命帶來了政治革命。

中國歷史上，繼三國時代後，又一次產生巨大變革的時期，一般認為是唐、宋交替時期，而且也是與唐末印刷術發明所帶來的資訊革命不無關係。此外，最後一個王朝清朝滅亡，中華民國誕生，也是因為清末引進西洋印刷術，最新知識以前所未有的規模及速度在全國普及所帶來的結果。三國時代，是中國歷史上第一個資訊革命帶來政治革命的時代，或者說至少是我們能夠確認的第一個時代。因此，考察這個時代的歷史與文化，就極具現代意義了。

第九章　與邪馬台國及其周邊的國際關係

朝貢與中國皇帝的正統性

三國時代的政治情勢，不僅是魏、蜀、吳三國的關係而已，同時也受到三國周圍各民族、國家的動向所左右。與此同時，三國之間的對抗，也對周邊諸民族造成莫大的影響。亦即以三國為中心，整個東亞世界複雜的相互關係，牽動著時代變化，卑彌呼所統治的邪馬台國當然也是其中一員。

越南與朝鮮

從中國地圖我們可以看到，東邊和南邊為一片大海，北邊和西邊被沙漠與山脈阻擋，因而與外界呈隔絕狀態。中國自古即延續著獨特的文化，懷抱著中華思想，認為自己是世界的中心，想必與這樣的地理環境不無關係。在這樣的環境中，比較容易前往的是東北的朝鮮與西南的越南，可以經由陸路、海路到達。從山東半島北部，搭船北上，行經呈散狀分布的廟島群島，可以抵達遼東半島最前端的旅順（今大連市），再繼續沿海岸東行，就是朝鮮半島的平壤。另一方面，由廣東沿海岸南下，可到達越南首都河內的外港海防港。自古以來這些地區即與中國關係密切，即便現在，對中國而言，越南和朝鮮也是最親密，或說因為親密而關係特殊的國家。

西元前一一〇年，漢武帝消滅了廣東到越南北部的地方政權南越，在越南北部設置交趾、九真、日南三郡。接著在西元前一〇八年，消滅了朝鮮半島北部的地方政權衛氏朝鮮，設置樂浪、臨屯、真番、玄菟四郡；不久廢止了臨屯、真番兩郡，玄菟郡撤回北方，朝鮮半島僅留下樂浪郡。無論如何，整個漢代，朝鮮半島北部及越南北部兩個地區，基本上都在中國的統治下。

中國的混亂與獨立政權

不過，到了東漢末年，中國本土開始混亂，這兩個地區又再次產生了獨立的政權。一個是公孫氏政權，以遼東為根據地，勢力範圍從朝鮮半島北部擴及山東半島北端的環渤海地區；另一個則是位於越南北部的士燮政權。公孫氏與士燮這兩個政權，表面上分別服從於魏國和吳國，但都對各自的領域進行實質統治，因此也給三國時代的政治情勢帶來微妙的影響。公孫氏與吳國的關係之前已經提過（參考本書第一三七頁），而當蜀國南部的雍闓發動叛變，欲與吳國私下串通時，居中牽線的就是士燮。從漢初到此時期，這兩個地區的歷史發展可說極為類似，但仍有相異之處。

位於越南南部的林邑、扶南等國，以及西部的東南亞一帶，在中國文化進入之前，已經受到西方印度文化的強烈影響了。因此，中國文化的南進只到越南北部即停止，反倒是印度文化，也就是佛教，經由這裡傳入了中國。與之相對，朝鮮半島以東並沒有與印度匹敵的文明國家，從中國的角度來看，這些地方都是野蠻的未開發之地。孔子曾說，他的道若不能在中國施展開來，就要乘船到東方去。結果被他說中了，這些地區一接觸到中國文化，立即像吸水海綿般；中國文化在短時間滲透到朝鮮半島和日本列島，於是很早就誕生了模仿中國國家體制，也就是迷你中國這樣的國家。而越南脫離中國統治形成一個獨立的國家，則是到了更晚的十世紀以後。

此外，從東漢末年到三國這段時期，很多人為躲避戰亂移居這兩個地方。當時越南北部客居了大批文化人，於是產生了牟子《理惑論》這類闡述中國與印度文化交流的著作。反之，北方雖有邴原、管寧等少數學者避居遼東，但遼東以東的樂浪則無文化人蹤影。對當代人而言，朝鮮半島是一個僅有官吏、軍人、商人及流放者前往的未開發地區。至於更遠的日本，幾乎是個未知之地。

另一方面，散布在中國西北部，亦即西域沙漠地帶的綠洲都市國家，自古即以絲綢之路聞名，漢武帝時，張騫開通道路，到了東漢初期，經過班超的努力，漢朝的勢力擴及這裡，從此即與中國保持良好的關係，這種情形一直到三國時代基本上沒有改變。佛教起初也是透過這條路徑傳入中國的。比起匈奴、烏丸、鮮卑等北方遊牧民族的侵略與反亂，當時的中國比較能與上述三個地區維持和平的外交關係。

三國的招攬朝貢大賽

所謂平和的外交關係，對漢代以後的中國而言，就是冊封朝貢關係。由於中國皇帝是全世界獨一無二的統治者，不可能與外國君主建立對等關係，因此對這些無法實質統治的地區，只要該君主承認中國皇帝的正統性，並願意服從、獻上貢品（朝貢），中國皇帝便承認他對該地區的統治權（冊封），這樣就能維持和平的外交關係了。

因此，對中國皇帝而言，外國前來朝貢，正是自己為正統皇帝的最佳證明。對方主動進貢最好，不然，也會不惜前去要求。對朝貢國來說，朝貢帶來的貿易十分有利，而且可以藉中國的權威來恫嚇自己的國民及周邊地區，因此多半會積極進行。無論如何，通常皇帝會盛大歡迎前來進貢的使節，在文武百官和國民面前炫耀。即便今日，只要觀看中國的電視新聞，凡有外國元首來訪，無論是多麼小的國家，或是還有其他更重要的新聞，頭條新聞也絕對是中國領導人與該元首會面的情景。當然，他們不是來朝貢的，但仍有必要向國民炫耀中國和很多國家建立良好的關係，這一點依然沒變。或許，這可以說是統治廣大領土的中國，所不得不承受的政治宿命吧。

廣招朝貢國是統一王朝的大事，在這個同時存在三位皇帝的時代更是如此。能夠贏得愈多朝貢國，不僅能向國內及敵國誇耀自己的優勢，有時也能帶來軍事和外交上的直接利益。遼東公孫氏前來入貢時，孫權欣喜若狂就是這個緣故。以下就從這個觀點來看看魏、蜀、吳三國的情況。

首先，西域可說是繼承漢王朝的魏國的地盤。文帝黃初三年（二二二），鄯善（後為樓蘭）、于闐（和田）、龜茲（庫車）各國前來朝貢；太和三年（二二九），大月氏國王波調派使者來訪，魏國封波調為親魏大月氏王。景初三年（二三九），西域諸國獻上火浣布（不會燃燒的布）。不過，諸葛亮文集中有一篇建興五年（二二七）的詔書，裡面記載「涼州諸國王各遣月氏、康居胡侯支富、康植等二十餘人詣受節度」，如果這段紀錄可信，那麼蜀國就在此地擁有某種權益了。劉備曾對孫權說，如果取得涼州就要奉還荊州，足見他對這裡是有野心的。雖無資料可茲證明，但蜀國極可能對西域各國下了很多工夫。果若如此，魏國必會出手阻撓。

正統性與外交戰

而南方的越南北部，因地理條件的關係，只能是吳國的獨占市場。黃武五年（二二六）士燮死去，吳將呂岱乘機消滅士氏政權，並要求扶南、林邑、堂明各國前來朝貢，這點前面已經介紹過了（參考本書第一三六頁），到了赤烏六年（二四三），扶南王范旃派使者獻上戲樂人（雜技演員與樂師）及方物（地方名產）。《三國志》的記載雖然只有這些，但實際的朝貢應更為頻繁。此外，這裡雖是吳國的獨占市場，但魏和晉也並非完全沒介入。蜀國滅亡後（二六四），吳將呂興於交趾叛亂，魏國授予他「都督交州諸軍事」封號，重新派交趾太守前去鎮壓，但以失敗告終；四年後的泰始四年（二六八），晉才成功占領，於是之前向吳朝貢的林邑和扶南便雙雙向晉朝貢。後來經過激戰，吳國又奪回這個地區。

最激烈的爭戰，當屬魏吳兩國對遼東和高句麗的搶奪大戰。對魏國而言，這兩個地區宛如頭上的屋頂，重要性遠遠大於如庭院般的西域諸國。在孫權的外交攻勢下，兩者曾經短暫地臣服於吳國，但對魏國造成了極大的衝擊，不難想像，魏國肯定用盡一切方法力促兩者回心轉意。結果，兩者皆向魏國獻上吳國使者的首級，但魏國仍不放心，景初二年（二三八）戰事趨於穩定後，司馬懿就消滅了公孫氏，再派毌丘儉將軍把高句麗打得落花流水。

諸如上述，針對三國周邊諸國、諸地區所展開的外交戰，也是三國之間外交戰的重要一環。今日，眾所周知，臺灣與中國之間也正展開激烈的外交戰，爭取與中南美洲諸國建交。儘管時代不同，將「一個中國」這個中國內部正統問題反映到外交問題上，這點與三國時代並無太大差別吧。

話說回來，比遼東、高句麗再遠一點的朝鮮半島，尤其是南部的三韓諸國，以及隔海對望的倭國等地，是否真如《三國志》所述，為魏國的外交獨占市場？或是吳國也以某種形式涉入？又或者一如吳國介入遼東和高句麗那樣，對於吳國插手這些地方的可能性，魏國是否認真思考過？這些問題對於我們研究邪馬台國，以及分析三國時代的政治情勢，都具有重要意義。

倭國使節到來

朝鮮半島的形勢

自西漢武帝以來，朝鮮半島北部是樂浪郡的統治地區。樂浪郡的郡治朝鮮縣位於今日平壤南部的大同江南岸。樂浪郡東有沃沮、濊貊等民族，北有高句麗。高句麗是從中國東北（舊滿州）北部的通古斯族系的夫餘族分離出來的部族國家，漢朝四郡中的玄菟郡後來就是遷移到這裡。一般認為高句麗建於西元前三十七年。王莽曾因高句麗不服從而大怒，將其名改為下句麗，可見當時高句麗已經發展到具相當的勢力了。後來，高句麗表面上雖臣服於東漢，卻對遼東一帶虎視眈眈，公孫氏政權一成立，高句麗便敗退南下，遷移到流經中國與朝鮮國境的鴨綠江中游北岸的丸都（今遼寧省集安市），對吳一時朝貢就是在這個時候。

高句麗曾經幫助魏國消滅公孫氏，但之後屢次進犯魏國邊境，魏將毌丘儉便出兵征討並攻陷丸都城，又繼續派部下王頎追拿逃走的國王宮（東川王），從沃沮追到了肅慎的南界，也就是現在的北韓東北部到沿海州一帶，但還是被國王跑了。就這樣，高句麗躲過兩次危機，頑強地倖存下來。順帶一提，《三國志．魏志．東夷傳》的記述，大部分是參考毌丘儉這時遠征的見聞。

另一方面，朝鮮半島南部，也就是今日的南韓，從西向東有馬韓、弁韓、辰韓，這三韓又各自分成許多個部族小國，全都在樂浪郡的統治下。馬韓就是後來的百濟，弁韓為伽耶諸國，辰韓為新羅。東漢後期樂浪郡衰退後，三韓諸國乘機擴大勢力，但公孫氏政權的公孫康於二一〇年左右，在樂浪郡南部新設帶方郡以加強統治，從此他們都服從於公孫氏了。有一說法是帶方郡為今日的首爾，但實際的郡治似在平壤以南約六十公里的黃海道鳳山郡，那裡出土了土城遺跡和刻有「帶方太守張撫夷塼」銘文的墓磚等。

而後，三一三年，高句麗趁中國本土混亂之際，消滅了樂浪郡，幾乎同一時間，帶方郡也被韓消滅，百濟和新羅各自成立為國家。到了六世紀，伽耶諸國被新羅併吞，朝鮮半島於焉形成了三國時代。目前的朝鮮半島分裂成南北，據稱南韓存在著西部全羅道（從前的百濟）和東部慶尚道（從前的新羅）地區之間的對立，這種狀態的原型可以追溯自三國時代。

漢朝與倭人的交往

「樂浪海中有倭人，分為百餘國，以歲時來獻見云。」中國史書上首次出現「倭」這個名稱，就是這段《漢書．地理志》中有名的紀錄。這段紀錄出現在《地理志》的「燕」條中，樂浪郡屬於燕的領域（今北京一帶），因此就順便提了一下位於樂浪海中的倭。因此，「以歲時來獻見云」就是指來到樂浪郡。換句話說，西元前一世紀左右，可能北九州一帶的倭國使節幾乎每年都會來到樂浪郡。之後，倭國使節就直接前往漢朝首都朝貢，相關紀錄有以下三條。

①西漢末元始五年（五），王莽的上奏文中寫道：「東夷王度大海奉國珍。」（《漢書・王莽傳》）。這個東夷王是誰不得而知，但既然說「度大海」，就有可能是指倭王。不過，國王本人親自前來應該不太可能，而且這篇上奏文是王莽當上安漢公後企圖篡奪王位，故意強調四方外夷皆稱臣而來，因此誇張成分居多，應非事實。王莽這篇奏文，正說明了朝貢是中國國內政治情勢下的一種演出。

②其次是東漢光武帝中元二年（五七）正月，有「倭奴國奉貢朝賀」（《後漢書・東夷傳》）的紀錄。奴國位於日本福岡平野中部春日市一帶，志賀島發現有名的「漢委奴國王」金印，就是當時光武帝賜予的。奴國於這個時期朝貢，應與漢王朝復興，樂浪的反亂得以被鎮壓，三韓諸國再次臣服樂浪，高句麗、夫餘、烏丸、鮮卑等陸續前來朝貢這一連串事件相關。

③最後，安帝永初元年（一〇七）十月，有「倭國王帥升等獻生口百六十人，願請見」的紀錄（出處同上）。這紀錄中，倭王的名字為「帥升」或「帥升等」，看法不一。此外，關於這時期倭王前來朝貢的原因，也有兩派說法，一派是倭國的國內要因說（大庭脩），主張當時倭國已經整合成一個統一的部族國家，因此自發性地前來朝貢；另一派是漢朝的國內要因說（岡田英弘），認為東漢朝廷為擺脫內政的危機而故意安排這場演出。

到了二世紀後半，因漢朝內部混亂，對樂浪郡的統治力衰退，倭國也面臨混亂狀態，朝貢便停止了。後來倭國內亂平息，女王卑彌呼受到擁立，朝鮮半島上公孫氏新設的帶方郡歸屬於魏，就這樣，卑彌呼的使節經由帶方郡前往魏國的這條途徑形成了。

卑彌呼使節來訪時間是景初二年或三年？

根據《三國志．魏志．東夷傳》，景初二年（二三八）六月，卑彌呼大使難升米和副使都市牛利來到帶方郡，提出向天子朝貢的申請，太守劉夏送兩人到京城洛陽，同年十二月，抵達洛陽的兩人獻上生口男女十人以及班布二匹二丈。對此，魏王頒布詔書，封卑彌呼為親魏倭王、難升米為率善中郎將、都市牛利為率善校尉，並賜予黃金八兩、五尺刀二把、銅鏡一百枚、珍珠和鉛丹各五十斤等回禮。兩年後的正始元年（二四〇），帶方太守弓遵送建中校尉梯儁到倭國，贈送親魏倭王的印綬及下賜品給卑彌呼。推測難升米等人就是這時候與梯儁一起回國的。

但在日本學界，自從明治時代學者內藤湖南的〈卑彌呼考〉（明治四十三年，一九一〇）發表以來，這個景初二年六月就被當成是三年六月之誤，而且這個說法深具說服力，幾乎已成定說。理由是，第一，後來的《梁書．諸夷傳》、《日本書紀》「神功皇后三十九年」條，以及唐朝張楚金的《翰苑》「倭國」條注引〈魏志〉中，都是寫明景初三年。第二，卑彌呼的使節來到魏國，應該是在公孫氏被滅，帶方郡歸屬魏國的景初二年八月以後才有可能，難升米等人若在景初二年六月前來，當時還在戰亂中。第三，景初二年抵達，正始元年回去，那麼中間出現一年空檔無法解釋。這三個理由中，第二個理由是主要根據。不過，現在看得到的《三國志》版本全都是景初二年，並無其他說法。若要改成景初三年，就必須更嚴密地檢證使節確實不可能在景初二年的戰亂時期前來才行。可不能小看這一年，因為景初二年的皇帝是明帝，景初三年的皇帝是齊王，之前說過，當時的掌權者是曹爽。因此，二年或三年，倭國使節的接待規格，以及賜予銅鏡一百枚這個破例的回贈品，其意義自然不同。為了研究這個問題，以下我們將更為仔細地說明公孫氏滅亡前後的形勢。

太和六年（二三二），明帝受到吳國與公孫氏接觸的刺激，命田豫和王雄從水陸兩面進攻公孫氏，結果失敗，但田豫於山東海岸埋伏，殺了吳國使節。到了景初元年（二三七）七月，明帝再派幽州太守毌丘儉前往遼東討伐，也是以失敗告終，而且公孫淵還自稱燕王，立年號紹漢，公然與魏國翻臉。於是，明帝下令青、兗、冀、幽四州建造海船，翌年景初二年正月，派司馬懿遠征；司馬懿於同年八月平定遼東及海東諸郡（樂浪與帶方）。這時候，公孫淵雖然向吳國要求援軍，孫權也答應了，但吳國的援軍於景初三年四月才到達，根本緩不濟急。以上資料主要參考《三國志》的〈明帝紀〉與〈孫權傳〉。

另外，〈東夷傳〉的序中記載：「景初中，大興師旅，誅淵，又潛軍浮海，收樂浪、帶方之郡。」同書的「韓」條中記載：「景初中，明帝密遣帶方太守劉昕、樂浪太守鮮于嗣越海定二郡，諸韓國臣智加賜邑君印綬，其次與邑長。其俗好衣幘，下戶詣郡朝謁，皆假衣幘，自服印綬衣幘千有餘人。」

這裡的「景初中」，肯定是指元年七月建造海船以後到二年八月滅掉公孫氏以前。如果是在滅掉公孫氏以後，就沒有必要「潛軍」和「密遣」了。如果為《三國志》所記述的那樣，難升米是在景初二年六月來到帶方郡的話，那麼劉昕和鮮于嗣平定樂浪和帶方就是在這之前，估計應為景初二年的春天左右，而且可以確定這場戰役是在司馬懿從陸路攻打遼東之前，並為他攻打遼東創造了有利的條件。也就是說，討滅公孫氏的戰役，和太和六年的情況一樣，都是水陸兩面分頭並進，司馬懿由陸路進攻遼東，劉昕由海路進攻朝鮮。此時，明帝對吳國是否派軍援助公孫氏非常在意，曾徵求部下蔣濟的意見。明帝採取以海路攻打樂浪和帶方的戰略，這對從海路而來的吳國援軍具有牽制的意味，而且，說不定明帝的腦海中也曾擔心吳國是否和倭國接觸。

那麼，採取水陸兩面進擊這個事實，為何在《三國志》裡沒有具體的紀錄呢？理由有二。其一是因為《三國志》中並沒有〈司馬懿傳〉。司馬懿是魏國重要人物，理應在〈魏志〉中立傳才對，但《三國志》是晉代的著作，將身為晉朝第一代皇帝的祖父司馬懿放進列傳中，當然是不成體統的。其二為討滅公孫氏並取得樂浪、帶方，是魏國的重大戰果，同時也是司馬懿的最大功績，作者顯然是想把功勞歸在司馬懿一人身上。證據就是，毌丘儉其實有以副將身分隨司馬懿出征，這點從〈毌丘儉傳〉及〈明帝紀〉的裴注都可得知，但〈明帝紀〉等卻對此事隻字未提。這是因為毌丘儉後來背叛司馬氏而造反之故。司馬懿之前從未去過遼東，毌丘儉雖然攻打遼東失敗，但有這方面的經驗，此回戰役毌丘儉擔任副將，想必發揮了重要的作用。對司馬懿的美化，在其本傳《晉書．宣帝紀》中更為露骨。

難升米的目的

難升米等人到達帶方郡的景初二年六月，剛好是劉昕和鮮于嗣正在平定樂浪和帶方的時候。統治長達三十年的公孫氏政權即將垮台，魏就要成為新的統治者了，因此倭國派使節前來刺探政情也不足為奇。只不過，公孫氏此時尚未滅亡，難升米等人就向天子要求朝貢，難道不會太早了嗎？光武帝平定樂浪後，直到倭奴國王遣使入貢，中間長達二十七年。因此，說難升米等人朝貢，應是《三國志》的記述方式，難升米等人確實到了帶方郡，魏國便把這件事當成收復帶方的證明而送兩人到洛陽。

如果是景初三年，帶方郡完全平定後，難升米等人原本就是以朝貢為目的而來的話，那麼只要簡單寫倭國使節前來朝貢即可，沒必要繞一大圈，寫使節到了帶方，然後提出向皇帝稱臣納貢的要求，再由太守劉夏送他們到都城。這種寫法意味著難升米等人於帶方郡剛平定的景初二年六月抵達，是劉夏自行下判斷送他們到都城的。這種推測的另一個理由，是他們獻上的貢品太過寒酸。

生口十人、班布二匹二丈

難升米獻上的貢品中，班布是一種條紋布，二匹二丈約二十公尺；生口是一種奴隸，十人也太少了。倭國王帥升等獻上的是生口一百六十人，卑彌呼於正始四年（二四三）派使節前來時，雖未記載生口的數目，但帶來了倭錦、綿衣、帛布、丹木、短弓矢等各式各樣的禮品，再後來，繼承卑彌呼的壹與，他派來的使節則獻上男女生口三十人、白珠五千、孔青大勾珠二枚、異文雜錦二十匹。與之相比，難升米帶來的貢品實在太寒酸了。曹操曾送給部下楊沛生口十人和絹布一百匹（〈賈逵傳〉裴注），也就是說，卑彌呼獻上的貢品，還不及曹操送給一介部下的東西多。

生口和班布很可能本來是要送給帶方郡的，難升米等人當初並無到洛陽的計畫，但因為魏國方面的安排，就臨時把這些東西當成獻給天子的貢品了。朝貢是一種表示臣服的禮儀，貢品多寡不是問題。儘管如此，硬將這些送給地方的貢品拿來獻給皇帝，說明將難升米等人送到洛陽，是因為倭國使節朝貢這件事具有莫大的政治效果。

這裡還有一個問題，就是明帝指派的帶方太守是劉昕，但送難升米等人到洛陽的帶方太守是劉夏。主張難升米於景初三年朝貢的人，他們的說法是景初二年的太守為劉昕，到了景初三年就換成劉夏了。在這一點上，說難升米是在景初二年朝貢，的確說不過去。

帶方太守劉夏

帶方太守何以有劉昕、劉夏兩個人，因史無交代，不得而知。兩人中，劉昕僅此一見，不可考。至於劉夏，或許是《晉書・侯史光傳》所云：「幼有才悟，受學於同縣劉夏」的劉夏。侯史光仕于魏末晉初，其幼年時的業師劉夏的活動年代，當是景初年間前後，並無矛盾。侯史光、劉夏兩個人是東萊郡掖縣人。東萊地處山東半島東端，離朝鮮半島最近。

當時在樂浪、帶方兩郡做官者，似乎是以出身於朝鮮半島近地，因而熟悉當地地理情況的人為多。例如，與劉昕同時的樂浪太守鮮于嗣，後來調為范陽太守（《晉書・張華傳》）。而他和東漢末年由幽州從事起身，入魏後歷任渡遼將軍、輔國將軍、虎牙將軍的漁陽鮮于輔，似應是同族。如果是這樣，鮮于嗣也是朝鮮半島附近的人。《晉書・東夷傳》所見護東夷校尉鮮于嬰也應是他們的同族。另外，受學于劉夏的侯史光之子侯史玄，後來「官至玄菟太守」。玄菟郡當時設於今瀋陽附近，與高句麗接壤。有關劉夏的資料雖然僅見於〈侯史光傳〉，但熟悉朝鮮半島情況，且有學識足以教侯史光的劉夏，出任帶方太守，把卑彌呼的使節送到洛陽，不無可能。起碼根據現存資料，這大概是唯一合理的解釋。

陸路或海路？

主張景初二年為三年之誤的人，主要的根據是，難升米等人若非在平定遼東以後才來，就無法到達洛陽，這個推論的前提是，難升米等人是透過陸路，經遼東到洛陽的。不過，從以上記述我們知道，難升米等人是走海路，從朝鮮半島通過遼東半島的最前端，來到山東半島北部，再從這裡走陸路抵達洛陽的。因此，只要樂浪、帶方在魏國手中，就算公孫氏的大本營遼陽一帶還在與司馬懿開戰中，他們仍有可能到達洛陽。不過，他們從朝鮮半島搭船出發，應該是公孫氏被消滅的八月以後了。

難升米等人於六月來到帶方郡，八月公孫氏被完全消滅後搭船出發，十二月以前抵達洛陽，這是為了趕赴翌年正月的朝賀。朝貢原則上是在正月的朝賀時進行。從倭國遣使抵達中國的月分來看，光武帝時的倭奴國王使節是一月，接下來的倭國王帥升等使節是十月，離升米等人是十二月，後來卑彌呼派來的伊聲耆等人也都是十二月。

可是，翌年的朝賀儀式並未舉行，因為正月元旦明帝死去，而且明帝死時，一如前述，為了爭奪擔任下一任皇帝齊王的輔佐大臣，宮廷內部正明爭暗鬥，魏國官員們恐怕無暇理會倭國的使節。恐怕這就是難升米等人晚一年回國的原因。此外，還有一個重點，也必須考量到難升米等人搭船回去時的風向。

當時航海技術不發達，船隻運航必須依賴季風。具體來說，沿中國東海岸北上的話，宜在吹南風的春夏，南下的話宜在秋冬進行。孫權派使節前訪公孫氏，都是在三月到五月間出發，反之，公孫淵派來吳國的使者則是在十月抵達。孫權出船援助公孫氏，抵達時，已是公孫氏被滅的半年後，也就是景初三年的四月了，換句話說，受季風影響，孫權援軍就算想快點抵達也抵達不了。當然還是有例外，漢武帝時曾為了攻打朝鮮而派艦隊於秋天出發，但那些都是大型的樓船，一般情況下，從山東到遼東，搭船的話最好還是春天出發。然而，明帝死後造成的混亂，讓難升米等人錯過出船的良機。就算不是因為季風的關係，要準備銅鏡一百枚等下賜品也很花時間才對。建中校尉梯儁回使倭國不是在景初三年，而是延到隔年的正始元年，就是因為這個原因吧。

此外，日本學者大庭脩和佐伯有清皆認為「建中校尉」為「建忠校尉」之誤，但浙江省嵊縣浦口鎮出土的吳國太平二年（二五七）墓，發現寫有「建中校尉」的墓誌（《考古》一九九一年三期）。這當然是吳國的官名，但三國的官職名稱大多一樣，魏也極有可能有建中校尉。因此，這裡也沒必要去修改《三國志》的文字。

「親魏倭王」稱號

認為應該是景初三年，而非景初二年，可能還有一個原因，因為景初二年十二月難升米等人抵達洛陽時，明帝已經處於危篤狀態，他們覺得這時候皇帝不可能下詔書。但是，皇帝下的詔書並不是皇帝親自寫的。事實上，這時候明帝雖然病情危急，還是下命授予天下男子爵位，這件事也應該有詔書才對，而詔書都是官員寫的。比起這一點，《三國志》對這個時期的記述，有些部分才真是令人感到蹊蹺。

眾所周知，卑彌呼受封的「親魏倭王」稱號，是魏國授予外夷稱號中等級最高的，另一個人則是獲得「親魏大月氏王」稱號的大月氏國王波調。大月氏國是位於今日阿富汗境內的貴霜帝國，波調就是以犍陀羅藝術聞名的迦膩色伽王兩代後的韋蘇提婆王二世。大月氏國是西方一大文明國家，與中國有深厚的歷史淵源，佛教主要也是透過這個國家傳至中國的，因此授予該國國王最高稱號乃理所當然。不過，一如大庭脩所指，「親魏」這個稱號也可能同樣授予過西域的車師後部王。另外，魏國對難升米以及後來的掖邪狗等人授予「率善中郎將」稱號，這件事也如佐伯有清所說的一樣，在支謙（參考本書第二三六頁）的祖父於東漢末年從大月氏國遷居過來時，就已經獲得這個稱號了，所以它也不是只授予倭國使者而已。不過，東方諸國中，得到「親魏」稱號的就只有卑彌呼，而且邪馬台國是一個無法媲美大月氏國的未開發且未知的國家，得此稱號算是非常特例了。

關於這點，一樣眾說紛紜，有人認為分別授予東西兩邊最遠的國家「親魏」稱號，是為了維持平衡；有人認為是為了牽制吳國；最近日本學者岡田英弘還提出一個看法，認為這是曹爽與司馬懿政爭下的結果。無論如何，這些全是基於對當時魏國內外情勢的判斷才決定授予的，並非卑彌呼真有名副其實的實力。而且，魏國如何看待吳國與倭國的關係，恐怕也是一個因素。

封卑彌呼為「親魏倭王」，下賜銅鏡一百枚等詔書內容，全文登載於〈東夷傳〉中。一般來說，這種情形都是將內容簡要地寫進去而已，這裡卻是全文登載，算是另一個特例。更特別的是，這件事〈東夷傳〉中記述得如此詳細，但明帝的本紀裡卻一字未提。

不列入《三國志》本紀的理由

《三國志》作為一本紀傳體的正史，其寫法原則上也是重要事件先在皇帝本紀中簡單記下，再於相關的傳記部分詳細說明。就倭國使節這部分來說，倭奴國王的使節、倭國王帥升等的使節在《後漢書》中，卑彌呼第二次派來的使節伊聲耆在《三國志》中，都是本紀與列傳兩邊均有記載。但難升米使節的事，在列傳中記載得那麼詳細，在本紀中卻隻字未提，實在太奇怪了。關於親魏大月氏王，也是僅記錄於本紀而已，但那是因為《三國志》中沒有〈西域傳〉。

當然，並非找不到這樣的例子。正始八年，朝鮮半島東部的南濊前來朝貢，受封為不耐濊王，這件事僅見於〈東夷傳〉，本紀中並無記載。因此，或許可以視為單純只是陳壽的粗心大意、體裁不一致，不過，列傳中記錄得那麼詳細，本紀中卻無所提及，總是令人起疑，還是有必要思考一下這樣做的理由。

本紀未記載的理由，很可能是難升米等人並未正式謁見皇帝，至少沒有以朝貢的方式在朝賀儀式上謁見，亦即不被視為正式的使節。事實上，難升米等人要正式謁見呈危篤狀態的明帝或是即將登基的幼帝，幾乎是不可能的。《晉書．宣帝紀》的「正始元年正月」條中，記載東倭及西域諸國等，於此時前來朝貢。如果這是事實，那麼表示前一年來到的各國使節（前面提過，西域使節於景初三年前來，並獻上火浣布），是直到隔年才參加朝賀之禮。如果難升米也參加了這時候的朝賀之禮，那麼就可以說明他們為何正始元年才回去。那麼，為何景初二年十二月就頒布封卑彌呼為「親魏倭王」的詔書呢？

這件事除了跟當時的政治情勢相關，或許也與明帝的心境脫不了干係。陷入危篤狀態的明帝之所以授予天下男子爵位，不就是為了祈求延命益壽？此外，這時候的明帝還請了一位自稱能以符水治病的婦人來看病，後來因效果不佳把她殺了。我們不妨發揮一下想像力，瀕死的明帝會不會將最後的一縷希望，寄託在以鬼道治國的這樣一位東方女王的使者身上？《三國志》記載能使用鬼道的女性有兩人，一是卑彌呼，一是張魯之母，她們的鬼道就是治病之道。給卑彌呼的下賜品中，有用來製作不死之藥的珍珠及鉛丹各五十斤，不就是為了替自己治病？當然，以上純屬想像，然而陳壽將詔書全文記載，不就是因為貢品太過寒酸而下賜品過於豪華這件事太令人印象深刻了嗎？

「景初二年」並非不可能

這些姑且不論，一如上述的分析，卑彌呼的使節於景初二年前來洛陽，於正始元年回國去，依當時情勢考量，並無不合理之處。當然，景初三年才來也有可能。只不過，《三國志》上記載的是二年，只要沒有太大的矛盾，我們就該以二年來看待才對。後世的《梁書》等雖然提到公孫氏滅亡後卑彌呼的使節來訪，但根據這個極為籠統的說法，就把二年改為三年，而且據此修改原典《三國志》的文字，我認為這不是做學問該有的態度。目前在日本，幾乎所有提到邪馬台國的書籍，以及高中生的教科書和辭典之類，全都理所當然地採用景初三年，而且表現得彷彿《三國志》原本就是寫景初三年似的，這種做法才是個大問題吧。

之後的卑彌呼使節

正始元年，梯儁帶著印綬及下賜品回使倭國，正始四年，卑彌呼再次派伊聲耆、掖邪狗等八人出使魏國，這次就獻上了合宜的貢品，目的就是為了到魏國朝貢。掖邪狗等人全受封為率善中郎將。不過，從這時候起，朝鮮半島對魏的反抗開始激化，正始六年，東濊歸於高句麗，因此樂浪太守劉茂與帶方太守弓遵出兵討伐，迫使東濊的不耐侯入朝進貢，受封不耐濊王。本紀未記錄此事，或許是因為東濊原本隸屬漢朝的四郡之一，封東濊君侯為王是一個特例。同年，又授予當年入貢的難升米黃幢（授予使者的一種旗幟）。這些可能都是為了牽制公孫氏滅亡後實力增強的高句麗。但是後來，換成韓諸國攻打樂浪、帶方郡，帶方太守弓遵戰死。

在此情勢下，正始八年，帶方郡新太守王頎赴任。直到前一年，王頎一直擔任毋丘儉的部將追擊高句麗王，因此這項人事安排顯然是為了對付高句麗。後來，卑彌呼與狗奴國的男王卑彌弓呼發生內訌，卑彌呼一狀告到帶方郡來，王頎便派部下張政前往調停。不過，張政到達邪馬台國時，卑彌呼已經死了，由她的宗女壹與繼位，張政對壹與曉以大義，最後帶著她的使節掖邪狗等二十人一起回到魏國。

從這一連串動作我們知道，魏國雖然接收了樂浪、帶方兩郡，依然苦於高句麗與韓的南北夾擊，因此想藉用倭國的力量。不過，倭國此時也產生分裂，而且卑彌呼已死，無法發揮魏所期待的效果。此外，前任者死後，後繼者前來朝貢時，通常會比照前任者的地位對待，因此這時候應該會讓壹與繼承「親魏倭王」封號才對，但魏國並未這麼做。

不僅如此，壹與的使節掖邪狗等人帶來了遠比難升米更體面的貢品，但只能「詣台」獻上。這個「台」應是掌管外交事務的官僚謁者所隸屬的蘭台。不過，謁者隸屬蘭台是到了晉武帝時期才有的制度，陳壽在這裡是根據晉代的制度而寫，他的言下之意就是壹與的使節並未謁見皇帝，只見到了掌管外交的官員而已。這個使節團的事情沒有記在本紀上也是這個原因吧。或者說，張政赴倭是正始八年，回國是九年，與他一同回來的掖邪狗等人，打算於嘉平元年正月進行朝貢，但嘉平元年正月發生司馬懿政變，並未舉行朝賀之禮。所謂「詣台」，可能就是這麼回事吧。

今日國際關係的原型

《三國志》中關於倭對魏的遣使，到這裡就沒有了，但在《晉書·東夷傳》「倭」條中，有「及文帝做相，又數至」的紀錄，可見文帝（司馬昭）做宰相時的魏國末期，倭國使節仍持續來訪。《晉書》又記載，晉武帝受魏禪讓即位的隔年，也就是泰始二年（二六六）十一月，倭人獻上方物。而根據《日本書紀》「神功皇后」條所引用的《晉起居注》，此時的使節為倭國女王所派，那麼這個女王應該就是壹與了。

而這裡的倭國使節，是晉建國以後的首批外國使節，下一批則是泰始四年（二六八）的扶南及林邑國使節，但之前已提過，這時正是晉一度從吳手中奪下越南北部的時期（參考本書第二四八頁）。馬韓、辰韓及西域各國，均是晉滅吳第二年的太康二年（二八一）以後才開始前來朝貢的。

諸如上述，倭國與魏、晉關係極為密切這件事，反過來說，正意味著魏、晉在處理朝鮮半島的情勢上，或者在與吳國的對立關係上，一直企圖利用倭國。這也進一步造成了倭與韓或者倭與高句麗的對抗關係。另一方面，在與中國如此複雜的關係中，朝鮮半島及日本也分別加速形成國家的步伐，不久，朝鮮半島出現三國時代，日本也成立了畿內政權。不用說，這種國際關係已經成為日後東亞諸國及其國際關係的原型。當前在這些地區，中國與臺灣，南韓與北韓，以及日中、日韓關係，依然存在諸多問題，而這些問題追根究柢，可說是源自這個時代所形成的國際關係。

吳、韓、倭交流的可能性

最後，我們簡單說明一下吳與朝鮮半島的韓以及倭國交流的可能性。一如前述，吳國能否不經過魏、遼東半島、朝鮮半島北部，直接與韓、倭建立關係，是判斷當時外交情勢的一個重要關鍵。

《三國志・孫權傳》「黃龍二年」條中記載，孫權派遣將軍衛溫和諸葛直前往尋找夷洲、亶洲；亶洲在海中，當年徐福為秦始皇出海求仙藥到達這裡，然後住了下來；那裡的人民時常來到會稽郡（今浙江、福建地區）賣布，而且會稽郡東縣人也曾出海後被風吹到這裡。有人認為夷州指臺灣，亶洲指日本的種子島或菲律賓，但這些都無從證明，純屬臆測。另一方面，〈東夷傳〉「倭國」條中，有「計其道里，當會稽東冶之東」記載。綜合兩者來看，陳壽或許將倭當成亶洲，且認為吳和倭的民間有進行交易。陳壽這個認識，當然也就是魏國當權者的認識吧。那麼魏國在與遼東的公孫氏以及吳國交涉時，自然會把吳國與倭國的關係考慮進去。不過，東冶即現在的福州（〈孫權傳〉的東縣應為東冶縣之誤），倭如果是日本的北九州一帶，從福州過去就太遠了，那麼亶洲就應該是日本的種子島或是南邊的琉球（沖繩）諸島，或是菲律賓才比較合理。再說，衛溫和諸葛直並未到達亶洲，只從夷洲帶了數千人回來，孫權以違反命令為由將兩人處刑。可見孫權多麼渴望開拓與亶洲的交流，或者他也以為亶洲就是倭國。

很遺憾，能夠證明吳國與倭國關係的文獻資料就只有這個而已，但是，有一個挺有意思的實驗。一九九七年，中國的杭州大學（今浙江大學）韓國研究所與韓國的探險協會、東國大學，一起搭乘古代的竹筏橫渡東海。結果，一艘長十公尺、寬五公尺、裝上布製船帆的仿古製竹筏上，搭乘了中韓兩國共五人，於六月十五日從浙江省舟山島出發，途經浮於東海上的黑山列島，於七月八日抵達韓國西海岸的仁川港。這個實驗證明了搭乘古代的竹筏，可以從中國南部直航到朝鮮半島南部。孔子說要乘筏出東海，看來絕非信口胡言了。

浙江大學教授金健人匯整這次的航海記錄，編著《中韓海上交往史探源——中韓跨海竹筏漂流學術探險研究報告》（二〇〇一年，北京學苑出版社）一書，針對這兩個地區的直接交流，結合實驗結果從各種角度加以探討；書中還有東亞地區支石墓的報告。支石墓是新石器時代末期到金石併用時代，見於世界各地的巨石堆積墓。在東亞方面，分布於日本的九州、朝鮮半島、中國的遼東地區等；九州和朝鮮半島的是比較矮的棋盤式，朝鮮半島北部到遼東地區的則是較高的高台式，南北形式不同。不過，近年在浙江省的海岸地區發現大量的支石墓，而且全是與朝鮮半島相同的棋盤式，可見這兩個地區之間，曾經不透過遼東和朝鮮半島北部而有過直接交流吧。

未見於文獻資料的貿易

從上述這些分析來看，吳國時代從中國東南海岸直接航海至朝鮮半島南部並非不可能。而從朝鮮半島南部到日本九州就更容易了。因此，吳國與倭國交流是可能的。只不過當時航海技術不發達，兩地的交流應屬民間的偶然性質，並非常態，也不可能是具有外交、軍事意義的穩定交流。文獻上沒有清楚記載，或許就是這個緣故吧。

關於邪馬台國與中國的關係，眾所周知，目前最大的懸案就是三角緣神獸鏡。這種只在日本出土的奇特銅鏡，是否包含在魏國製作，由魏國送給卑彌呼使者的一百枚銅鏡在內？或是與之無關，純粹在日本製作？或者一如最近中國學者王仲殊所主張的那樣，是吳國工匠到日本製作的？現階段似無定論。探討這個問題時，雖然也交互參照文獻和考古資料，但文獻所記錄的，畢竟只是實情的極少一部分而已，與考古資料存在著相當大的差距。三角緣神獸鏡目前已經發現三百多枚，就算其中包含了魏送給卑彌呼使節的那一百枚，剩下的二百多枚銅鏡就是透過其他管道帶到日本的，而且極可能不是透過國家的外交關係，而是透過民間交易。民間交易自然不會記錄在文獻上。要填補文獻資料與考古資料間的空隙，必須審慎地想像各種可能性。吳與倭的交流，也算是這種想像過程中的一個假設吧。

終章　三國時代與現代東亞關係

三國時代最重大的事件，當屬魏文帝透過禪讓儀式，從漢獻帝手中接下皇位，漢朝滅亡，魏國成立。那麼，這起事件是在怎樣的思想背景下產生的呢？

正統與否的理念之爭

第一個思想背景就是所謂的正統論，認為中國獨一無二的正統皇帝及其王朝，才是整個世界的統治者。「天無二日，地無二王」即說明了正統論的思想。文帝是經過正式的程序，從正統皇帝獻帝那裡受讓繼位，因此文帝才是世界唯一的統治者。從這個立場來看，蜀、吳兩國的皇帝都是假的，即便實際存在，理念上也等同於不存在。這點對於繼文帝之後隔年也即位的蜀國劉備來說，也是一樣的。因此，三國之爭，不但是領土的現實之爭，同時也是正統的理念之爭。而這個正統論影響了中國與周邊諸民族、諸國家的關係，自不待言。

如果不堅持這種正統論的立場，多位皇帝、多個國家能夠對等並存的話，三國歷史將完全改觀。你能想像魏、蜀兩國以對等立場互相承認嗎？那是不可能的事。不過，事實上蜀和吳之間就存在著類似於對等立場的同盟關係、二帝並尊狀態。這就是三帝鼎立時代的有趣之處吧。吳國孫權所主張的二帝並尊原則，從正統論的立場來看，無疑為異端邪說。假設三國時代的人們徘徊在統一或是諸國分立的歧路上，那麼孫權可說是偏向後者的。

與周邊諸國的關係也一樣，卑彌呼和大月氏王受封的「親魏王」稱號，從整個中國歷史來看，是非常奇怪的。好比「漢委奴國王」，意指臣服於漢的委（倭）奴國王，是站在中國統治天下這個立場而給予的稱號，但「親魏」是指與魏國親密，也就有點存在於魏國之外的意味，等於是承認對方的獨立狀態。「親魏」稱號，始於東漢時期曾經賜予部分周邊國家「親漢侯」稱謂，晉朝也有賜予「親晉王」的事例。但縱觀中國歷史，只有這個時代才有如此特例的稱號，應是中國本身分裂成三個國家，不斷展開激烈的朝貢國爭奪戰下的時代產物。

儘管「二帝並尊」與「親魏王」有著隸屬中國內部或外部之別，但兩者均是承認他國存在這種務實思考下的產物。這種立場與正統論絕不相容，因此之後的歷史都是由正統論這個理念來支配，「二帝並尊」、「親魏王」這類想法便從歷史舞台上消失了。

五行思想與王朝交替原理

那麼，正統王朝又是如何繼承的呢？這裡就要討論到五行思想了。五行思想是中國古代人的世界觀，認為天地萬物皆由金、木、水、火、土這五種基本要素所構成，而且以這五種要素的原理生成及運行。因此，所有物質與概念都可以根據這五行分類，例如方向的話，東為木、南為火、西為金、北為水、中央為土，顏色的話，青為木、赤為火、白為金、黑為水、黃為土。五行的生成原理中有相生說與相剋說，木生火、

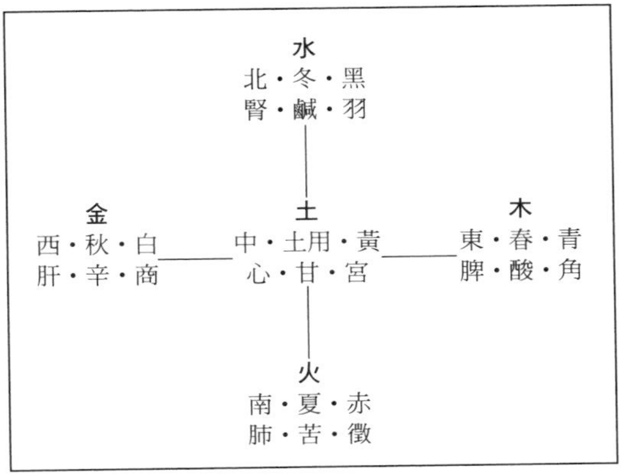

五行對應圖　季節、方位、顏色、臟器等，萬物皆與金、木、水、火、土相對應。

火生土、土生金、金生水、水生木這種循環相生說，是西漢時代以來的主流。

這種五行思想及相生說的運行規律，也被應用於王朝交替的原理上，認為一個王朝選擇五行中某個要素作為自己的德目而君臨天下後，日後的改朝換代便會依據相生說輪替下去，這也是一個正統王朝順應天理及其運行規律的證據。因此，當順應天理的天命發生變革時，就會改朝換代，這就是革命的原義，而革命的儀式就是禪讓。

這種思想的有趣之處在於，假設一個王朝宣告自己為木德的話，等於承認自己的王朝早晚會被下一個火德王朝所取代。換句話說，在中國，理念上根本不存在日本天皇那種萬

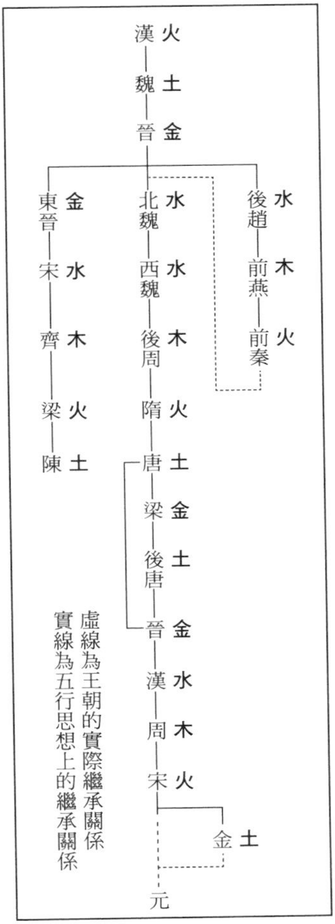

王朝五行繼承關係圖　歷代王朝皆與五行相對應，但元朝以後這套思想就不被接受了。

世一系的君主制。而天命發生變革的徵兆，就是該王朝施行惡政，導致天災人禍或是氣候異常，也就是取決於施政的好壞。因此，這個思想繼續發展下去的話，一個施行惡政而喪失民意的王朝和君主，就會被一個順應民意且能施行善政的下個王朝和君主取代，亦即，一個近似民主主義的制度就有可能產生了。只可惜，現實終非如此。

「未有不亡之國」

第一個實踐這種思想的，就是篡奪西漢的王莽，但王莽並未舉行禪讓儀式。歷史上第一位依據五行思想的相生說而實現革命的人，是魏文帝。當時，漢朝被認為是火德，因此魏就是土德，依五行的排列是黃色，於是採用了黃初這個年號。而蜀國因為自認是漢朝的繼承者，因此延用火德，顏色為赤色。黃巾賊起義基本上是基於同樣的原理，這點之前已經說明過了。

文帝於黃初三年為自己建造陵墓時說：「自古及今，未有不亡之國，亦無不掘之墓也。」命令大臣為自己薄葬。「未有不掘之墓」反映出當時盜墓情況嚴重，但「未有不亡之國」出於一位皇帝且是初代皇帝之口，總是不太妥當吧。或許這句話表示，身為史上第一位舉行禪讓儀式的皇帝，魏文帝對於五行思想所衍生出來的王朝革命思想確實認真思考過。這點與秦始皇認為自己的王朝將千秋萬世傳承下去大不同。文帝這番乾脆的發言，與當時常見於詩歌的無常觀雷同。可是再怎麼說，一位初代皇帝說出這種宛如看破一切的話，魏國短命也就理所當然了。

繼魏文帝之後，晉武帝也舉行了這種禪讓儀式，此後一直到十世紀宋太祖即位為止的八百年間，禪讓儀式一直沿用下來，源自五行相生說的德目循環也同樣被繼承下來。另一方面，史上首次實踐這種方法的三國時代，究竟正統王朝是魏國或蜀國，這個問題也始終爭論不休。

《三國演義》之誕生

西晉時代的《三國志》以魏為正統，東晉習鑿齒的《漢晉春秋》是第一部以蜀為正統的史書。因北方被異民族占領，東晉不得不逃到南方，於是將自己擺在與蜀國同樣的立場上。江南原為吳國土地，而相對於受漢朝禪讓的魏國，以及自認繼承漢朝的蜀國，吳國什麼都不是，自然被排除於正統爭論之外了。

到了南宋時代，這場正統之爭再次燃起。南宋受到女真族的侵略，自北方逃到江南，這點與東晉的境遇相同。北宋時代的知名通史《資治通鑑》，並不承認魏、蜀、吳任何一國的正統性，只是為了方便而以魏國年號進行記述。不過，南宋的朱熹認為這是不對的，他的著作《通鑒綱目》就強烈主張蜀國才是正統王朝，並明確提出尊王攘夷的立場。至此，原本應與民族問題無關的正統論，開始帶進了漢族對抗北方民族的觀點。結果，魏被視為異民族國家，曹操的奸雄形象於焉形成。但如果想到諸葛亮曾想聯合匈奴攻打魏國，便不得不說這種觀點多麼諷刺啊。

議論這個問題的最高潮是在下個時代元朝。蒙古人所建立的元朝，是中國史上第一個異民族統治的朝代，因此給中國人造成莫大的衝擊。這時候產生一個爭論：元朝究竟是繼承北方女真族的金朝，還是繼承南方漢民族的宋朝。而這個爭論也反映到魏和蜀的正統之爭上。以蜀國為正統而撰寫的《三國演義》，就是在這種時代氛圍中誕生的。

《三國志平話》奇怪的結尾

元朝末年至治年間（一三二一～一三二三），在當時商業出版發達的福建省建陽，一家書店出版了一本附有插圖的《三國志平話》。「平話」也稱作「評話」，是當年流行的小說體裁，《三國志平話》是後來出版的《三國演義》的底本，也是現存最早以三國為題材的小說。不過，《三國志平話》與《三國演義》內容有幾個重要的不同。

例如《三國志平話》故事開端，為建立漢朝的功臣但後來被漢高祖劉邦殺掉的韓信、彭越、英布三人，分別投胎成曹操、劉備、孫權，劉邦則投胎成獻帝以贖罪。這點恐怕是受到佛教輪迴轉生、因果報應思想的影響，以儒教正統思想寫成的《三國演義》未採用此情節。

還有一個重要的不同是在結尾部分。《三國演義》結束於晉滅吳，一統三國，《三國志平話》則不然，它的結尾是，蜀滅亡時逃走的漢帝外孫劉淵後來成為漢王，最後滅晉而復興漢室。

這個劉淵就是三〇四年趁西晉內亂於山西平陽自立漢王，然後於三〇八年稱漢光文帝的人。他的族子劉曜於三一六年殺西晉最後一位皇帝愍帝，西晉就此滅亡，漢王朝得以復興。不過，劉淵並非漢族，而是匈奴的一名族長。他之所以自稱漢王、漢帝，是因為漢代為與匈奴建立和平關係，會以公主名義將漢族女性嫁給匈奴的族長單于，也就是政治聯姻（最有名的事例就是常見於後世詩歌、故事而廣為人知的王昭君），《三國志平話》稱劉淵為漢帝外孫，也就是這個緣故。因此，即便劉淵及劉曜復興了漢王朝，也與劉備及劉禪的蜀國毫不相干。《三國志平話》的結尾有符合歷史事實的一面，也有牽強附會的一面。

反映出民族問題

如果我們從元代的時代背景，來看《三國志平話》這個奇怪的結尾，應該就會知道，這點與北方遊牧民族蒙古人所建立的元朝是漢族南宋王朝的繼承者這個主張有著微妙的關聯。而且，宋與漢同為以火德建立的王朝。元代流行一部民間百科全書《事林廣記》，其中記載元朝和宋朝一樣，都是火德王朝；這當然不是真的。《事林廣記》和《三國志平話》同在舊南宋領地內的建陽出版，該主張反映出了舊南宋領地內一部分漢族文人的願望。換句話說，《三國志平話》中匈奴人劉淵復興漢室這一情節，暗示出蒙古人所建的元朝是宋朝的正統繼承者。但是到了明朝，元朝滅亡，蒙古人被趕回北方，漢族王朝再度復興，此時出版的《三國演義》當然不可能接受這樣的結尾。總之，在三國志小說化的過程，元、明兩代的正統思想與民族問題始終複雜地交纏其中。到了由滿州族所建立的清朝，毛宗崗父子修訂《三國演義》時，也同樣面臨漢民族的主體性問題。

《三國志平話》在中國已經失傳，只知道有日本內閣文庫（江戶時代的幕府藏書）的所藏本，以及天理圖書館收藏的異本，此外，高麗時代於朝鮮半島出版的一本當時漢語會話教科書《老乞大》中，有高麗商人在元朝大都（北京）的書店購買《三國志平話》的情景。但中國著作卻對此書隻字未提。可見日本及朝鮮很早就對三國小說表現出超乎中國人的關心，這點頗值得玩味。

東亞的正統論

正統論的有趣之處在於，這種想法不僅根植於中國，還擴及模仿中國的周邊迷你國家，最具代表性的就是日本。日本以天下自居，將天皇置於與中國皇帝對等的地位，稱國內周邊地區如東北地方的人為夷狄，也把朝鮮等外交使節的來訪視為朝貢。這都有賴於日本與中國相隔大海，距離遙遠，中國無法掌握實情；而且有時日本還故意隱瞞實情，典型的例子就是江戶時代在幕府的許可下，薩摩藩一方面統治了琉球（沖繩），一方面又隱瞞這個事實，指使琉球向中國朝貢。幕府末期視西方人為夷狄，這種尊皇攘夷的作法，當然也是正統論的延伸。此外，越南長期受中國統治，但形成國家後，便一邊向中國朝貢，一邊自稱皇帝，以宛如中國皇帝般的姿態對待周邊地區。

最奇怪的要算是朝鮮了。朝鮮是中國朝貢體制下的優等生，但十七世紀中國被滿州人征服後，朝鮮便認為中華文明已亡，自己才是正統的繼承者，於是以小中華自居，表面上仍繼續向清朝稱臣納貢，卻視之為夷狄，換句話說，朝鮮以觀念顛倒事實。中國向來視周邊諸國為夷狄，這次換成周邊國家視中國為夷狄了。就這樣，東亞地區形成了一種鄰國之間互不承認對等關係，互相鄙視，十分棘手的國際關係。

這種扭曲的國際關係絕非過去的遺物，它對現代仍投下巨大的陰影。最能說明這種現象的例子，就是韓戰（一九五〇）後，南韓長期稱中國為「中共Olanke」，「Olanke」是韓語夷狄的意思。稱中國共產黨為夷狄，等於是稱中國為夷狄，這種自相矛盾的言辭，清楚顯示正統論對東亞諸國的國際關係造成了深刻的影響。

第二次世界大戰後分裂的國家中，中國、朝鮮、越南均位於東亞地區，這不就是歷史的嘲弄嗎？歷史上受正統論影響深遠的這些國家，分裂後不僅互相敵視，主張自己才是唯一合法的政府，指責對方不合法，不承認其存在，在在重現了自古以來的正統論之爭。例如中華人民共和國與逃到臺灣的中華民國，互相認定對方為偽政府，對於正統中國政府之爭始終勢不兩立。南北韓的情形也一樣。

今日東亞現狀

從這些地區所出版的本國地圖，最能看出這種正統之爭的對立關係了。在北京發行的中國地圖，有「臺灣省」，無「中華民國」。而一直到最近，在臺北發行的中國地圖，依然呈現整個中國為「中華民國」，首都在南京，甚至將蒙古都劃進中國領土內；這是一九四九年以前的中華民國樣貌。這種未反映出現實狀況的理念性地圖，也出現在南北韓。然而不同的是，曾經同樣是分裂國家的東西德，當時就在地圖上反映出分裂的事實了。

不過，這種情況到了近年已有相當大的改變。首先是一九九一年，臺灣的國民黨政府不再視大陸政府為反亂團體，承認其存在。若以三國時代來比喻，可說是不再堅持蜀國那種北伐的立場，而轉換成吳國的立場，接受二帝並尊。接著在朝鮮半島，南北韓同時加入聯合國，等於實質上承認互相存在。不過現階段，這只是權宜之計，因為南韓憲法仍未放棄自己是朝鮮半島上唯一合法政府的立場，證據就是在首爾發行的朝鮮半島地圖，依然將全境標示為「大韓民國」，首都為首爾。反之，在平壤發行的地圖，則將全境標示為「朝鮮民主主義人民共和國」，首都為平壤，完全看不到大韓民國。

姑且不論這點，中國政府認為南北韓互相承認，並與南韓建交，也就是實質承認朝鮮半島上有兩個國家並存；但是，對於中國問題，依然堅持「一個中國」原則，並強烈要求其他國家也必須同意這個主張。中國政府不承認臺灣政府的合法性，並提出比照香港的一國兩制，意即只要臺灣承認北京政府的正統性，經常前來報告，其他的就可自由為之。我們不得不說，這種態度和當年中國王朝對待朝貢國的態度沒兩樣。

當然，目前中國政府並沒有採取正統論的立場，因此這種單純的比較必須更為謹慎。而且中國的和平統一也是全世界的希望。不過，在和平統一的過程中，中國是採取務實的作法，或者依然固執於理念，將會是重要的試金石，可以從中看出統一後的中國，是一個尊重廣大領土上多樣文化及地方自主性的國家，或者繼續成為一個王朝時代、跟現在一樣的高度中央集權國家。中國周邊的國家對此不得不表示特別的關心。

今日世界正處於全球化的浪潮中，歐盟（EU）、東協（ASEAN）等歷史上關係深遠的文化圈，已經走向聯合。在這股潮流中，世界上交流歷史最長、至今仍使用漢字等，有著眾多相同文化的日本、中國、南北韓三國，卻無法跨出聯合化的第一步，很多人歸咎為甲午戰爭、中日戰爭，或是日本殖民臺灣、朝鮮這些十九世紀以來的不幸歷史。不過，問題的根源應非如此淺薄。這也是我們有必要以今日的觀點，重新看待一千八百年前三國時代歷史的原因。

主要人物略傳

劉協（一八一～二三四）東漢第十四代皇帝，亦即最後一位皇帝獻帝。字伯和，靈帝次子。

兄少帝遭董卓廢黜後即位。一九〇年，董卓遷都長安時被帶到長安，一九六年，又被曹操帶到許都。二〇〇年授董卓密詔，二一四年伏皇后密書其父伏完，均企圖打倒曹操，而且均以失敗告終。伏皇后與皇子被殺，曹操次女曹節成為皇后。二二〇年，因禪讓退位，受封為山陽公，其子孫到了晉朝仍繼承山陽公之位，第四代劉秋於西晉滅亡時被胡族所殺，自此斷絕家系香火。蜀國稱之為孝愍皇帝。

曹操（一五五～二二〇）魏國實質上的創立者，被評為「治世之能臣，亂世之奸雄」。字孟德，幼名阿瞞。死後追諡太祖武帝。

出生於沛國譙縣（今安徽省亳縣）。長子。祖父為東漢末年的宦官曹騰；父親曹嵩據稱為夏侯氏出身，曹騰養子。鎮壓黃巾之亂，接著討伐董卓而嶄露頭角，一九二年平定兗州，收編黃巾賊餘黨為青州兵，一九六年迎獻帝而掌握實權，二〇〇年於官渡之戰打敗對手袁紹，在華北確立霸權，二〇八年於赤壁之戰慘敗。以後，致力於內政，開始用人唯才，二一三年任魏公，二一六年任魏王，離皇帝僅一步之遙時病死。琴棋書畫樣樣精通，詩作也是一流。除了詩文集《魏武帝集》外，還有古典兵書《孫子》之注流傳今日。

曹丕（一八七～二二六）魏第一代皇帝文帝，字子桓。曹操次子，因長子曹昂早年戰死而成為繼承者。

二一七年為太子，二二〇年曹操死後繼任為魏王，同年，接受獻帝禪讓，登基稱帝。定九品官人法，編輯第一本百科全書《皇覽》，著作《典論》，留下大量詩文。親征東吳失敗。冷淡對待弟弟曹植等皇族，是王朝短命的原因之一。

曹植（一九二～二三二）字子建，曹操三子，魏陳思王。

自幼即因出眾的文才備受父親曹操寵愛，一時被視為繼承者，但在與兄曹丕的繼承之爭時失敗，兄即位後，遭到等同監禁的對待，於失意中死去。三國時代的代表詩人，對後世文學影響極大。據說曾創作佛教歌曲梵唄，留下《曹子建集》一書。

孫堅（一五五～一九一）吳國孫氏始祖，字文台。被稱為破虜將軍，後被追諡為武烈皇帝。

出生於吳郡富春（今浙江省富陽縣）。以擊退海盜揚名，鎮壓會稽的陽明天子叛變，平定黃巾之亂而英名遠播。之後任長沙太守，鎮壓區星叛變，一九〇年討伐董卓時也立下戰功。後來投入袁術麾下，與荊州劉表的部將黃祖交戰而死，年僅三十七歲。

孫策（一七五～二〇〇）孫堅長子。字伯符，討逆將軍。死後追諡長沙桓王。

一九一年，跟隨父親討伐劉表。父親死後，向袁術借兵，占領長江以南，打下吳國建國的基礎。官渡之戰前夜企圖攻打曹操，卻遭到自己當年殺死的吳郡太守許貢的食客刺死。二十六歲。個性豪邁，世稱孫郎。

孫權（一八二～二五二）孫堅次子。字仲謀，吳國第一代皇帝、大帝。

兄孫策遭刺死後，繼位，二〇八年攻打宿敵黃祖，同年與劉備結盟，於赤壁大破曹操大軍。之後繼續與曹操爭鬥，同時也因荊州的歸屬問題與劉備對立。二一九年，與曹操聯手討伐荊州的關羽，並於二二二年於夷陵大敗劉備。隨後與蜀和議，二二三年劉備死後，在二帝並尊原則下與蜀結盟，二二九年於武昌稱帝，遷都建業（今南京市）。

在位期間，對內致力於討伐山越，整備屯田制等，對外則懷柔遼東公孫氏，協助蜀國北伐，多次討魏不成。晚年為後繼者問題所憂，誅殺多名臣子。傳有紫色鬍鬚。

劉備（一六一～二二三）字玄德，蜀昭烈帝，開國皇帝。

出生於幽州涿郡（今河北省涿州市），自稱為西漢第六代皇帝景帝之子中山靖王後裔。師事同鄉大學者盧植，後參加討伐黃巾賊，一九四年，陶謙死後，任徐州牧，一九八年，徐州為呂布所奪，遂投靠曹操。翌年逃往袁紹處，在袁紹為曹操所敗前，轉往投靠荊州劉表，在那裡認識諸葛亮。二〇八年，接受魯肅提議與孫權同盟，於赤壁大敗曹操，占領荊州。二一四年從劉璋手中奪下益州，二一九年占領漢中，自稱漢中王，同年因關羽敗戰而丟掉荊州，翌年東漢亡，立即登基稱帝，二二二年為關羽報仇而攻打東吳，在夷陵為吳將陸遜所敗，逃往白帝城，將後事託付諸葛亮後死去。

劉禪（二〇七～二七一）字公嗣，幼名阿斗，劉備子，蜀後主。

出生於荊州，母為甘夫人。二〇八年曹操攻打荊州時，劉備棄妻兒敗走，劉禪被趙雲所救。二二一年劉備即位時成為太子，二二三年劉備死後繼位，但政事交由宰相諸葛亮等大臣處理；寵愛宦官黃皓，招致政治腐敗。二六三年投降魏軍，翌年被帶往洛陽，受封安樂縣公。

董卓（？～一九二）字仲穎。東漢末年群雄割據之始作俑者。

出生於隴西郡臨洮（今甘肅省岷縣），平定藏系羌族有功而嶄露頭角，但掃討黃巾賊時失敗。一八九年靈帝死，少帝即位，外戚何進招董卓到京城，宦官殺何進，袁紹殺宦官後，政治出現空窗期，董卓乘機掌握實權，廢少帝，立獻帝，自任相國。一九〇年強行遷都長安，擊退關東聯合軍，但因暴虐無道，遭司徒王允等人設計，為部將呂布所殺。

袁紹（？～二〇二）字本初，曹操對手。

汝南郡汝陽縣（今河南省商水縣西南）之四世三公名門出身。勸外戚何進撲滅宦官，何進死後，趁亂入宮中誅殺宦官，董卓掌權後逃離洛陽，一九〇年成為董卓討伐軍盟主。翌年從韓馥手中奪下冀州，一九九年破公孫瓚，占領河北，二〇〇年官渡之戰敗於曹操。死後，長子袁譚與三子袁尚爭位，均被曹操所滅。

諸葛亮（一八一～二三四）字孔明，蜀國宰相。死後封

忠武侯。

出生於徐州琅琊郡陽都縣（今山東省沂南縣），叔父諸葛玄出任豫章太守後，隨之遷居南方，隱居荊州南陽郡隆中（今湖北省襄樊市西），二〇七年結識劉備，翌年受魯肅之邀前往會見孫權，說服孫權攻打曹操，赤壁之戰後，官拜軍師中郎將，統治荊州南部，二一一年劉備入蜀，諸葛亮與關羽一起留在荊州，二一四年入蜀平定成都，官拜軍師將軍，劉備出征時留守後方。二二一年劉備即位後擔任丞相，劉備死後，與吳再次結盟，二二五年平定南方，二二七年以後開始北伐魏國，於五丈原與司馬懿對戰中病死，葬於定軍山。

關羽（?～二一九）字原為長生，後改為雲長。蜀國武將，死後封壯繆侯。

出生於河東郡解縣（山西省運城市）。劉備在故鄉涿郡募兵時，關羽同張飛一起加入。二〇〇年劉備敗給曹操時，關羽被俘，並受封為偏將軍，官渡之戰前夕，於白馬斬殺袁紹部將顏良，得知劉備身在袁紹處，便固辭曹操。赤壁之戰後，任襄陽太守，劉備入蜀時，駐守荊州。二一九年擔任前將軍，水攻魏國樊城，活捉于禁，卻遭吳將呂蒙突襲而死。乘赤兔馬、舞青龍刀、斬華雄及文醜、過五關斬六將等故事皆為小說創作。此外，關羽同張飛雖與劉備「恩如兄弟」，並未結拜兄弟。後世道教及民間宗教稱之為關聖帝君，成為最為人崇拜的神明，佛教也視之為守護寺院的伽藍神。

張飛（?～二二一）字益德（小說為翼德），蜀國武將。死後封桓侯。

出生於涿郡，與劉備同鄉。小關羽幾歲，事關羽為兄。二〇八年劉備受曹操追擊而逃離荊州時，在當陽長阪坡上對曹軍大聲一喝，嚇走曹軍而救劉備於危急之中。赤壁之戰後，任宜都太守，劉備入蜀之際，擊敗敵將嚴顏，令其降伏。平定蜀地後，任巴西太守，擊退魏將張郃。二一九年任右將軍，在為關羽報仇之戰前，遭部下暗殺。兩名女兒先後成為劉禪的皇后。

周瑜（一七五～二一〇）字公瑾，吳國武將。

廬江郡舒縣（今安徽省舒城縣）名門出身。與孫策同年，兩人為摯友，妻喬氏之姊為孫策夫人。孫策死後輔佐孫權，二〇八年任前部大督，與孫權一起討伐黃祖，曹操侵攻時主戰，於赤壁大敗曹軍，接著打敗南郡的曹仁，但身受重傷。任南郡太守，向孫權建議扣留劉備，並企圖伐蜀，因傷致死。音樂造詣深，演奏有誤必逃不過他的耳朵，因此有「曲有誤，周郎顧」之語。女兒為太子孫登之妃，兒子周循為孫權之婿。

魯肅（一七二～二一七）字子敬，吳國武將，政治家。

臨淮郡東城縣（今安徽省定遠縣）富豪出身。受周瑜推薦仕孫權。二〇八年劉表死後，以弔唁之名前往荊州，勸劉備與孫權結盟，並向孫權引見諸葛亮，說服孫權與劉備結盟以對抗曹操。此外，建議召回周瑜統率全軍，為赤壁勝利打下基礎。赤壁之戰後，建議將荊州借給劉備，周瑜死後，依其遺言擔任奮武校尉，統轄全軍，二一四年轉任橫江將軍，改善與荊州關羽的關係。劉備奪取蜀地後第二年，孫權要求歸還荊州南部而與劉備交惡，魯肅單獨會見關羽，怒斥此事，結果以湘水為界，將荊州分割成東西兩半。採取與劉備結盟抗曹的一貫策略，成為三國鼎立的推進者，但死後，孫權接納呂蒙的意見，與魏結盟討伐荊州的關羽。

司馬懿（一七九～二五一）字仲達，魏國武將，政治家。死後追謚晉宣帝。

河內郡溫縣（今河南省溫縣）名門出身。二〇一年受曹操延攬曾一度推辭，二〇八年再次受到邀請，出任文學掾。二一五年建議平定漢中後的曹操奪取蜀地，二一九年關羽包圍樊城時，獻計從背後襲擊孫權等，深受曹操信任。翌年文帝即位，官拜尚書、御史中丞，文帝死後依遺命，與曹真、陳群一起輔佐明帝，二二七年斬欲投降蜀國的新城太守孟達，並大挫諸葛亮北伐之勢。二三〇年擔任大將軍，與曹真一起伐蜀，因雨退卻，翌年曹真死，成為對蜀戰線的主將，二三四年與諸葛亮對峙，直至諸葛亮死去。二三八年滅遼東公孫氏，翌年明帝駕崩，與曹爽一同輔佐齊王，但受到曹爽一派排擠，遂遠離政權，稱病蟄居。二四九年，發動叛變奪取政權。二五一年事前阻止了王凌謀反，不久病死。死後長子司馬師、次子司馬昭相繼執權，二六五年司馬昭長子司馬炎受魏禪讓，建立晉國。

主要人物略傳

歷史關鍵詞解說

清流派知識分子及名士

東漢時代，擁有大片土地的豪族遍布各地，勢力龐大，他們受到儒教國教化的影響，成為擁有儒教知識的在地名門望族，而且許多人因官吏推舉制度，成為地方、中央的官僚。不過，當時政治實權掌握在外戚、宦官手中，他們一部分人標榜儒教理想，自稱清流，並稱外戚、宦官及其追隨者為濁流，這種二分法，與儒教把人看成君子或小人不無關係。他們之中的代表性人物注重名譽，而且互相進行人物品評，分成「八俊」、「八顧」等級別，引導文人輿論。他們也稱為名士，進入三國時代後，這些名士分散在各國為官，形成共同的輿論，成為三國統一的原動力。

此外，這些儒教文人豪族，因為輩出官僚而世代世襲，發展成六朝貴族，唐代後仍以各種形式存在，直到近代始終是中國社會的中心分子。

黨錮事件

清流派知識分子與宦官勢力的矛盾日趨激化，一六六年，清流派領袖李膺遭人告發結黨誹謗時政，全部被捕，翌年雖被釋放，但回到鄉里後被處禁錮處分，這是第一次黨錮事件。一六九年，李膺為首的百餘名清流派知識分子被殺，相關人等遭禁錮處分，這是第二次黨錮事件。這是中國史上第一次對知識分子的大規模政治性鎮壓事件。

黃巾之亂

第二次黨錮事件後十五年的一八四年，鉅鹿人（今河北省平鄉縣）張角，為以咒術替人治病之太平道的教主，打著「蒼天已死，黃天當立」口號發動叛變，短時間華北一帶數十萬信徒蜂擁而起。信徒頭纏黃色頭巾，被稱為黃巾賊。此外，信徒以一萬人為單位，分成大小三十六個「方」，每個「方」設將軍領導組織，推測其中也有因黨錮事件而心生不滿的文人。這場叛變本身在一年之內受到鎮壓，但殘黨的活動則延續下去，成為東漢滅亡與群雄割據的導火線。是中國史上第一起全國規模的宗教叛變。

屯田制度

一九六年，因戰亂而人口銳減及農地荒廢，曹操招募流民給予農地，發給牛隻和農具，讓他們從事農業、繳納租稅的制度。二一三年，與吳國交戰的淮河流域、與蜀國邊境的關中，實施軍隊屯田。魏能在與吳、蜀長期交戰中仍保持有利形勢，屯田制度帶來的兵糧穩定充足為一大要因。因此，吳、蜀兩國後來也仿效實施。到了晉朝，僅剩下軍隊的軍屯，一般人的民屯已經廢止。在內地由一般人所進行的大規模屯田，在中國史上就僅出現於這個時代，後被唐代律令制下實施的均田制所繼承。

三分天下之計

二〇七年，在劉備三顧茅廬之下，諸葛亮所提的三國時代基本戰略。由於北方的曹操與江南的孫權已經建立了穩固基業，於是提議以荊州為根據地，再取益州（蜀），然後聯合孫權攻打曹操，復興漢室。七年前，魯肅也對孫權說過，復興漢朝不可能，除掉曹操困難重重，建議應立足江東，先取荊州，再取益州，開創帝業。赤壁之戰後，周瑜抓到劉備，企圖單獨統治荊州和益州，但魯肅主張借荊州給劉備，為曹操樹敵。魯肅與諸葛亮雖然立場不同，但想法基本上一致。以後的歷史也大致是朝此構想展開的。

赤壁之戰

二〇八年，荊州劉表死後，繼位者次子劉琮投降曹操，在荊州的劉備只好逃到南方，途中，在魯肅的勸誘下與孫權結盟，孫權接受周瑜及魯肅的主戰論，決定與曹操對決。就這樣，曹操軍約二十萬與周瑜軍約三萬於赤壁（今湖北省蒲圻市）隔長江對峙，在黃蓋的詐降及周瑜的火攻下，曹操軍大敗。這麼一來，曹操進攻南方的野心遭截斷，而且在這之後，孫權採納魯肅的進言，將荊州借給劉備，奠定了三國鼎立的基礎。

九品官人法

二二〇年，即位前的曹丕在名士代表人物陳群的提議下，施行官吏任用制度，進一步改善了由地方官推薦人才的這個漢代制度。內容為在各州郡設置負責推薦人才的中正官，將人才分等級後向上舉薦；人才等級分上中下三等，每一等再分成上中下三等，一共九等，事實上不過是追認已經世襲化的各地豪族的家世罷了。

由此確立的家世本位更加牢不可破，這樣的豪族統治現象，為南北朝直到隋、唐初的門閥貴族統治開了一條道路，之後為改善這種選官制度，才改行科舉制度。

禪讓

將皇帝大位讓給他人，不經武力而和平進行王朝交替的革命形式。根據戰國時代的傳說而來，傳言古代聖天子堯和舜將皇位讓給比自己的兒子更優秀的舜和禹。二二〇年，東漢獻帝下詔書將皇帝大位讓給曹丕，曹丕辭退三次後終於答應，於潁川的繁陽（今河南省臨潁縣）築受禪壇，舉行禪讓儀式後即位，這就是魏文帝。相似的例子有篡奪西漢的王莽，不過王莽未舉行禪讓儀式。曹丕為史上第一位舉行此儀式的皇帝。二六五年，晉武帝（司馬炎）也舉行同樣儀式，以後，從南北朝到隋唐，直到宋太祖於九六〇年舉行最後一次禪讓儀式為止的七百餘年間，每當改朝換代就會上演一次。受禪壇的遺跡中，至今仍保留著記錄禪讓經過的「上尊號碑」、「受禪碑」。

二帝並尊

二二九年，稱帝的孫權在與蜀結盟時提出的原則。吳、蜀兩國皇帝以對等立場結盟，聯合伐魏，連魏滅亡後的領土如何瓜分都具體決定出來了。這個原則違反了皇帝為世界唯一統治者這個傳統思想，但與魏對峙的蜀國不得不在這種條件下妥協。這是中國史上由二位皇帝以完全對等立場所締結的唯一一個條約。

五行思想與正統論

戰國時代形成的思想，認為萬物皆由金、木、水、火、土五種元素構成，且依這五種元素產生變化。漢代將此思想應用於王朝交替理論上，到了東漢時代，五行運行理論中的相生說，亦即木→火→土→金→水這種想法成為主流，漢自認為是火德王朝，那麼受其禪讓而繼承王朝的魏就是土德，晉則是金德。諸如此類，認為承天命領受五行其中一德的王朝，能以唯一正統王朝之姿君臨中國及世界，並要求周邊諸民族國家承認其正統性，向中華皇帝朝貢。有意思的是，當王朝稱自己為五行其中一德時，正意味著早晚會被下個德目的王朝所取代。此制度持續至十三世紀金朝自稱為土德為止。

讖緯思想

相對於孔子編定的儒教經書，假託孔子所作之關於王朝興亡的神祕預言（讖），就稱為緯書。取經為經線，緯為緯線之意。這種思想流行於東漢時代，對當時的儒教以及三國時代野心勃勃的群雄產生極大的影響。讖緯書文句曖昧，可以做任何解釋。例如當時的書中有「代漢者，當塗高也」讖語，袁術認為是指自己（「術」與「塗」皆為道路之意），後來又被認為是指魏（「魏」通「高」），吳國最後一位皇帝孫皓特別熱衷於此，在魏、晉改朝換代革命之時也被利用，到了晉朝則予以禁止。

三教（儒、佛、道）鼎立

儒教經典注釋，有古注與十三世紀朱熹的新注兩個系統，古注完成於東漢末期至三國、東晉時期，代表性學者鄭玄對今文與古文兩種不同文本進行綜合性的理解，並通曉所有經典後作注，其經典注釋對後世產生絕大的影響。另一方面，以追求現世利益為特色的中國民族宗教道教，淵源於黃巾賊的太平道及張魯的五斗米道，並於這個時代開始組織成教團。太平道因黃巾之亂失敗而滅，五斗米道則因張魯投降曹操後存續下來，之後也獲得很多知識文人的支持。張魯的子孫世世代代自稱張天師，目前第六十四代居住於臺灣。此外，東漢初期經西域傳來的印度佛教，最初與原有的老子信仰等融合而為人理解，自東漢末到三國期間，安世高、支婁迦讖等西域人致力於經典翻譯，佛教思想逐漸對知識文人產生影響，並出現了以儒教立場解釋佛教的中國第一本佛教著作，即牟子的《理惑論》。此外，西晉的朱士行是第一位正式受戒的中國僧侶，他前往西域的于闐（今新疆維吾爾自治區和田地區）求取經典，成為中國第一位取經僧。就這樣，儒、佛、道三教於這個時代形成三教鼎立局面，並持續至今。

玄學與清談

以鄭玄為代表的綜合理解儒教經典風潮，擴及儒教經典以外的文獻，並與漢朝衰退造成的國教儒教地位低下、戰亂導致人心不安等因素相結合，轉變成進行更哲學性的思辯，尤其將關心投注在以《老子》、《莊子》為中心的道家思想上。這種企圖結合道家思想與儒家思想，進行綜合性理解的學問，稱為「玄學」，儒教經典中哲學色彩濃厚的《周易》，與《老子》、《莊子》並稱「三玄」。代表人物為正始年間掌握實權的曹爽一派，特別是何晏及王弼。他們之間盛行以玄學為題進行問答，也就是清談。清談反映出當時名士們的嗜好，而且相對於議論的內容，他們更重視的是態度、容貌、臨場機智等。清談流行至隨後的六朝時代，為貴族文化錦上添花。

文學的自立

漢代的文學主流是「賦」，這是一種結合散文、韻文，為唱誦而寫的作品，到了東漢末年，開始流行利用樂府（民謠）的五言詩形式，歌詠出根植於日常生活中的率真情感，帶動這種潮流的是曹操、曹丕、曹植父子及其周邊的詩人們。他們的詩風被後人稱為「建安風骨」（建安為東漢末期的年號），連唐代的杜甫、李白等人均深受影響。以建安文學為契機，詩終於脫離單純的娛樂領域，再透過下個世代的阮籍（竹林七賢之一）等人的作為，獨立成一種文學，五言詩及七言詩成為之後的文學主流。此外，這個時代還有曹丕編的《列異傳》等、被後人稱為志怪小說的怪異譚作品集，成為中國虛構文學之濫觴，影響了後來的《三國演義》、《水滸傳》等小說。

魏國鄴都的都市計畫

二〇四年曹操消滅袁紹一族後，於袁氏的根據地建設鄴都（今河北省臨漳縣），改變了宮殿分散於都城內各地這種秦漢時代的都城制度，將宮殿集中於北部，而且將全境以東西及南北中軸線劃分開來，形成一種井然有序的都市構造。這種都市計畫被後來魏國的洛陽、隋唐時代的洛陽、長安所繼承，也成為日本平城京、平安京的建設範本，是中國式都城的原點。

字體革命——書法誕生

漢字字體有篆書、隸書、行書、草書、楷書，其中篆書為戰國時代以前，隸書為漢代所用。到了東漢末期，隸書衍生出行書，後來行書又衍生出目前的通用字體楷書。今日的草書，是漢代的章草受行書、楷書影響而變化來的，稱為「今草」，其誕生時期也是東漢末年到三國時代。這種新字體的誕生，與當時開始普及的紙張有著密切關係。行書、草書、楷書可說是寫在紙上的字體。專業書法家也是出現於這個時代，在書法史上，三國時代也是一個劃時代的時期。此外，紙張的使用更帶來一種資訊革命，成為時代變革的原動力。

親魏倭王

二三八年，魏國透過來訪洛陽的邪馬台國使節難升米，賜給女王卑彌呼「親魏倭王」的稱號。類似稱號有「親魏大月氏王」，大月氏國是位於今日阿富汗的貴霜帝國，亦即將佛教傳入中國的大國。「親魏」稱號出自東漢時代賜給部分周邊國家的「親漢侯」而來，晉朝也有封「親晉王」的事例。不過，「親魏」含有獨立於魏國之外的微妙語意，從中國皇帝為世界唯一統治者這個觀點來看，實屬特例，而且只出現在三國時代，可見當時外交情勢之複雜。

三角緣神獸鏡

邊緣部分有三角形突起，鏡背有神仙及靈獸圖案的銅鏡。在日本已出土三百面以上，但在中國及朝鮮半島則未發現。有人認為這是魏國製作的銅鏡，與魏國送給邪馬台國女王卑彌呼那一百面銅鏡有關，有人認為這些銅鏡是在日本國內鑄造的，也有人認為是當年吳國工匠來到日本製造的，眾說紛紜。

參考文獻

原則上列舉日文的單行本及收錄於單行本的論文，出土資料及發掘調查報告則列舉中文文獻。

日文版《三國志》、《後漢書》、《三國演義》

（1）陳壽著／今鷹真、井波律子、小南一郎譯《三國志》，筑摩書房《世界古典文學全集》第二四卷（全三冊），一九七七～八九年。筑摩學藝文庫，全八冊，一九九二～九三年。

◆陳壽《三國志》及裴松之注（底本為中華書局標點本）的全譯本，附有譯者的補注、解說、地圖、年表、官職表、裴松之注引用書目。

（2）吉川忠夫訓注《後漢書》全一〇冊及別冊，岩波書店，二〇〇一年開始出版。

◆以清代王先謙《後漢書集解》為底本，由本文及其訓讀、腳注（李賢注的訓讀及譯者的解說）構成，未收錄司馬彪《續漢書》「志」三〇卷。

（3）渡邊義浩、岡本秀夫、池田雅典編《全譯後漢書》全十八冊及別冊，汲古書院，二〇〇一年開始出版。

◆以南宋慶元四年（一一九八）黃善夫刊行《後漢書》（汲古書院《古典研究會叢書》影印本）為底本，由本文、原注及其訓讀、現代語譯及譯者補注構成。

（4）羅貫中著／湖南文山譯，落合清彥校訂，葛飾戴斗插畫《繪本通俗三國志》，第三文明社，一九八二年。

◆江戶時代天保七～十二年刊行《繪本通俗三國志》的活字版新版，以新字、新假名表記。

（5）羅貫中著／小川環樹、金田純一郎譯《三國志》全一〇冊，岩波文庫，一九五三～七三年。改訂版全八冊，一九八八年。

◆以上海亞東圖書館本（清代毛宗崗本的句讀版）羅貫中著小說《三國志演義》為底本，根據最古版本弘治本（嘉靖本）補充部分內容後，全譯並附譯注。舊版有小川氏針對《三國志演義》版本、內容的解說，改訂版則省略。

（6）羅貫中著／立間祥介譯《三國志演義》，平凡社《中國古典文學大系》第二六、二七卷，一九六八年。袖珍版全七冊，一九九八年。

◆以中國的作家出版社版《三國演義》（一九五五年，以毛宗崗本為底本，參考嘉靖本）為底本的全譯本。

（7）羅貫中著／井波律子譯《三國志演義》全七冊，筑摩文庫，二〇〇二年。

◆以中國的人民文學出版社版《三國演義》（一九五七年，毛宗崗本的句讀版）為底本的全譯本。

（8）二階堂善弘、中川諭譯注《三國志平話》，光榮社，一九九九年。

◆《三國志演義》前身《三國志平話》的全譯本。

有關《三國志》、《三國志演義》的解說、研究

（9）沈伯俊、譚良嘯編著／立間祥介、岡崎由美、土屋文字編譯《三國志演義大事典》，潮出版社，一九九六年。

◆中國的《三國演義辭典》（巴蜀書社，一九八九年）的編譯。針對《三國志演義》中登場人物、主要事件、相關遺跡、戲劇等相關作品，進行史實對照與解說。附錄中有三國志外傳、故事成語、相關地圖、年表。

（10）渡邊精一著《三國志人物事典》，講談社，一九八九年。

（11）小川環樹著《中國小說史之研究》，岩波書店，一九六八年。

◆岩波文庫版《三國志》譯者的研究論文集。收錄《〈三國演義〉發展後續》、《〈三國演義〉中的佛教與道教》、《〈三國演義〉所根據的歷史書》等先驅性研究成果。

（12）金文京著《三國志演義的世界》，東方書店，一九九三年。

◆針對《三國志演義》的成立、歷史書與小說的差異、戲劇以及其他形式的作品、版本的種類等的概說。

（13）井波律子著《三國志演義》，岩波新書，一九九四年。

◆針對從歷史書到小說的發展過程、小說的文學性、故事結構、登場人物的魅力等，進行淺顯易懂的解說。

（14）井波律子著《讀懂三國志》，筑摩書房，一九八九年。筑摩文庫，一九九二年。

（15）井波律子著《閱讀〈三國志〉》，岩波專題叢書，二○○四年。

◆作者為《三國志》及《三國志演義》的譯者，將三國時代的歷史結合小說內容，進行淺顯易懂的解說。後者為演講記錄。

（16）中川諭著《〈三國志演義〉版本之研究》，汲古書院，一九九八年。

◆關於中國明清時代出版之各種版本的實證性研究。

（17）中林史朗、渡邊義浩編《三國志研究要覽》，新人物往來社，一九九六年。

◆迄今之三國時代的歷史、思想宗教、文學及《三國志演義》相關研究概要及研究論文目錄。

有關東漢、三國時代的政治與社會

（18）川勝義雄著《魏晉南北朝》，講談社《中國歷史》第三卷，一九七四年。講談社學術文庫，二○○三年。

◆六朝史研究權威所著的通史。

（19）川勝義雄著《六朝貴族制社會之研究》，岩波書店，一九八二年。

◆從貴族制成立的觀點考察東漢至六朝時代社會的一部名著。論述了東漢末期清流派知識分子的動向、文人與黃巾之亂的關係、曹操軍團的構成狀況、孫吳政權從開發領主制及其崩壞到江南貴族制的發展歷程等，對這領域的研究帶來重大影響。

（20）狩野直禎著《後漢政治史之研究》，同朋舍出版《東洋史研究叢刊》，一九九三年。

◆概述了光武帝到獻帝之東漢時代的政治史，並論及東漢末期巴蜀的動向等個別問題。

(21)東晉次著《後漢時代的政治與社會》，名古屋大學出版會，一九九五年。

◆以歷來關於中國古代共同體等的歷史性發展之研究為基礎，論述東漢時代的鄉里社會、貴戚政治、儒教官僚、黨錮等問題。

(22)渡邊義浩著《後漢國家的統治與儒教》，雄山閣出版，一九九五年。

◆從認為東漢的政治史是儒教主義統治的觀點出發，分析外戚、宦官、儒教官僚文人等各勢力的實際情形與相互關係。

(23)越智重明著《魏晉南朝之貴族制》，研文出版，一九八二年。

◆論述從曹魏到西晉、東晉乃至之後的南朝社會之貴族制度的發展。

(24)渡邊義浩著《三國政權之構造與「名士」》，汲古書院，二〇〇四年。

◆針對影響三國時代甚巨的名士問題，論述東漢以來名士階層的形成，並詳論蜀、吳、魏三國的名士實態。

(25)宮崎市定著《九品官人法之研究——科舉前史》，東洋史研究會，一九五六年。同朋舍，一九七四年。

◆九品官人法是支撐三國時代魏國到六朝時代貴族制度的人才舉薦法，本書對其進行了基礎且詳細的研究。

(26)川本芳昭著《魏晉南北朝時代之民族問題》，汲古書院，一九九八年。

◆考察魏晉南北朝之北方遊牧民族與漢民族的對立及融合，也論及南方的山越民族問題。

有關三國時代的宗教

(27)宮川尚志著《六朝史研究——宗教篇》，平樂寺書店，一九六四年。

◆概說從東漢到六朝時代宗教與社會的關係，並論及東漢末年道教與佛教及其交流情形。

(28)大淵忍爾著《初期的道教——道教史研究 之一》，創文社，一九九一年。

◆本書針對成為黃巾之亂、張魯漢中政權背景的太平道及五斗米道，研究其教義、思想、組織、與佛教的關係等。

(29) 前田繁樹著《初期道教經典之形成》，汲古書院，二〇〇四年。

◆《太平經》、《老子化胡經》等初期道教經典的研究。

(30) 塚本善隆著《中國佛教通史》，鈴木學術財團，一九六八年。

◆佛教研究權威所著通史。第二、三、四章概述東漢到三國、西晉時代初期佛教的發展狀況。

(31) 鎌田茂雄著《中國佛教史》，《岩波全書》，一九七八年。

◆同上，第一部解說東漢到三國時代佛教的傳來及接受狀況。

有關三國時代的學術與文化

(32) 狩野直喜著《魏晉學術考》，筑摩書房，一九六八年。

◆作者為明治時代的中國學泰斗，本書為其授課記錄。

(33) 吉川幸次郎著《三國志實錄——曹氏父子傳》，筑摩書房，一九六二年。筑摩書房《吉川幸次郎全集》第七卷，一九六八年。

◆探索曹操、曹丕、曹植父子生涯，並觸及他們的文學活動。

(34) 伊藤正文譯注《曹植》，岩波書店《中國詩人選集》三，一九五八年。

◆三國時期代表詩人曹植的作品的譯注。

(35) 伊藤正文著《建安詩人及其傳統》，創文社，二〇〇二年。

◆論述曹操、曹植，以及建安七子的王粲、劉楨等人的作品。

(36) 吉川幸次郎著《阮籍傳》、《關於阮籍詠懷詩》，筑摩書房《吉川幸次郎全集》第七卷，一九六八年。

◆「竹林七賢」代表詩人阮籍的評傳，以及其代表作《詠懷詩》部分作品的解說。

(37) 松本幸男著《阮籍之生涯與詠懷詩》，木耳社，一九七七年。

◆也觸及阮籍以外之「竹林七賢」以及當時的名

士。
(38)大上正美著《阮籍、嵇康之文學》，創文社，二〇〇〇年。
◆除了阮籍、嵇康之外，也論及劉伶、山濤、鍾會的作品。
(39)佐藤利行著《西晉文學研究——以陸機為中心》，白帝社，一九九五年。
◆以吳滅亡後仕於西晉的陸機的作品為中心，論述當時北方與南方文學的差異及其文學集團情況。
(40)佐竹保子著《西晉文學論》，汲古書院，二〇〇二年。
◆皇甫謐、夏侯諶、張華、郭璞等人作品的研究。
(41)魯迅著／今村與志雄譯《中國小說史略》，學習研究社《魯迅全集》第十一卷，一九八六年。
(42)魯迅著／中島長文譯注《中國小說史略》全二冊，平凡社，東洋文庫，一九九七年。
◆中國近代的代表性作家魯迅所著有關中國小說史的古典名著的翻譯。第五、六篇論述三國六朝時期的志怪小說。
(43)川勝義雄、福永光司、村上嘉實、吉川忠夫等譯《中國古小說集》，筑摩書房《世界文學大系》七一，一九六四年。
◆《世說新語》等三國六朝時代的小說的翻譯。
(44)森三樹三郎譯《世說新語》，平凡社《中國古典文學大系》第九卷，一九六九年。
(45)目加田誠著《世說新語》上中下，明治書院《新釋漢文大系》七六～七八，一九七五～七八年。
◆魏晉六朝時代人物逸聞軼事集《世說新語》（宋代劉義慶編）全譯本。
(46)井波律子著《中國人的機智——以〈世說新語〉為中心》，中公新書，一九八三年。
◆以《世說新語》為素材，從遊戲精神、比喻、反向的機智表現等觀點，分析其問答的修辭學，並論及其對魯迅的影響。
(47)曾布川寬、岡田健編《世界美術大全集·東洋篇三·三國南北朝》，小學館，二〇〇二年。
◆三國南北朝的繪畫、書法、工藝、佛教美術等多方面的概說。附大量插圖。

(48)《書道藝術》別卷第三《中國書道史》，中央公論社，一九七三年。

◆中田勇次郎的《三國・西晉・五胡十六國・東晉》，參考了出土資料，概述此時期書法的發展狀況。

(49)中田勇次郎編《中國書道全集2——魏・晉・南北朝》，平凡社，一九八六年。

◆同上，論述此時期書法的發展狀況。

(50)冨谷至著《木簡、竹簡所表現的中國古代——書寫的文化史》，岩波書店，二〇〇三年。

◆利用最新出土資料，詳述紙張使用以前的書寫材料木簡、竹簡的形態及其實際用途，最後述及從簡牘到紙張的轉變所帶來的文化意涵，探討書寫文化的變遷及其對社會的影響。

有關邪馬台國與魏國的關係

(51)佐伯有清編《邪馬台國基本論文集》全三冊，創元社，一九八一～八二年。

◆集結了有關邪馬台國的主要論文。

(52)岡本健一著《邪馬台國論爭》，講談社，一九九五年。

◆介紹並解說關於邪馬台國諸問題的論爭。

(53)大庭脩著《親魏倭王》（增補版），學生社，二〇〇一年。

◆作者站在法制史專家的立場，詳細探討了卑彌呼及其使節從魏國得到「親魏倭王」等稱號的意義、魏國頒給倭國任免令的內容，並論及當時的國際關係。

(54)岡田英弘著《倭國的時代》，文藝春秋，一九七六年。

(55)岡田英弘著《倭國——在東亞世界之中》，中公新書，一九七七年。

◆作者是東亞史專家，尤其精通滿州、蒙古歷史，本書以作者對於三國時代的國際關係以及三國的國內政治情勢的見解，探討三國與倭國的關係。

(56)佐伯有清著《閱讀魏志倭人傳》上下，吉川弘文館，二〇〇〇年。

◆依《魏志倭人傳》的記載順序，以迄今為止針對各個問題的研究歷史為基礎，進行淺顯易懂的解說。

（57）近藤喬一著《三角緣神獸鏡》，東京大學出版會，一九八八年。

（58）岡村秀典著《三角緣神獸鏡的時代》，吉川弘文館，一九九九年。

◆上記二書皆以考古學者的立場，以迄今為止的研究歷史及最新發掘成果為基礎，探討三角緣神獸鏡的各種問題。二書均主張魏鏡說，但也詳細介紹其他說法。

有關出土資料、發掘調查報告

（59）〈安徽馬鞍山東吳朱然墓發掘簡報〉，文物出版社《文物》，一九八六年第三期。

（60）〈復甦的三國志世界——吳將朱然墓之發現〉，東方書店《人民中國》（日文版），一九八六年十二月號。

（61）〈亳縣曹操宗族墓葬〉，文物出版社《文物》，一九七八年第八期。

（62）〈讀曹操宗族墓磚刻辭〉，同右。

（63）〈漢魏洛陽城初步勘查〉，科學出版社《考古》，一九七三年第四期。

（64）〈河北臨漳鄴北城遺址勘探發掘簡報〉，科學出版社《考古》，一九九〇年第七期。

（65）《長沙走馬樓三國吳簡——嘉禾吏民田家　》上下，文物出版社，一九九九年。

（66）《長沙走馬樓三國吳簡、竹簡》上中下，文物出版社，二〇〇三年。

（67）信立祥著《漢代畫像石綜合研究》，文物出版社，二〇〇〇年。

◆第八章詳述刻有東漢時代佛教、道教人物像的孔望山摩崖畫像。

年表

西元	年號	中國	東亞與世界
一五五	永壽元	曹操出生（～二二〇）。孫堅出生（～一九一）。	在此前後，貴霜王朝胡毗色伽王即位。
一五九	延熹二	外戚梁冀自殺。宦官單超等人受封為縣侯，宦官專橫更為嚴重。	
一六一	四	劉備出生（～二二三）。天竺國、夫餘國入貢。	羅馬帝國皇帝馬可·奧勒略·安東尼即位。在此前後，日耳曼族入侵激化。
一六五	八	桓帝派遣宦官到苦縣祭祀老子。	高句麗新大王即位。
一六六	九	桓帝於濯龍宮祭祀老子。逮捕黨人。大秦王安敦（羅馬皇帝馬可·奧勒略·安東尼）的使者來訪。	
一六七	永康元	終身禁錮黨人（第一次黨錮事件）。桓帝駕崩。靈帝即位。	在此前後，卑彌呼即位。
一六八	建寧元	外戚竇武、太傅陳蕃企圖一掃宦官，失敗被殺。	

一六九	二	第二次黨錮事件。	
一七二	熹平元	逮捕太學生千餘人。會稽的許生叛變，自稱陽明皇帝。	
一七四	三	孫堅等人鎮壓成功，許生敗死。	
一七五	四	於太學立五經石碑（熹平石經）。孫策（～二〇〇）、周瑜（～二一〇）出生。	
一七六	五	加強取締黨人，同時授予六十歲以上的太學生官職。	
一七七	六	鮮卑族大舉入侵，朝廷討代失敗。王粲出生（～二一七）。	
一七八	光和元	設立鴻都門學。蔡邕被流放至朔方郡。	
一七九	二	司徒劉郃企圖誅殺宦官失敗。龐統（～二一四）、司馬懿（～二五一）出生。	高句麗故國川王即位。
一八〇	三	何氏封后，兄何進晉升侍中。	暴君康茂德成為羅馬皇帝，政治混亂。
一八一	四	朱儁平定交趾之亂。諸葛亮出生（～二三四）。	
一八二	五	孫權出生（～二五二）。	
一八三	六	陸遜出生（～二四五）。	
一八四	中平元	發生黃巾之亂。解除黨錮。	

一八五	二	黑山賊張燕投降。張溫、董卓等人討伐邊章、韓遂。 王祥出生（～二六九）。
一八七	四	王國、韓遂、馬騰發動叛變，攻陷關中。河北的張舉、張純聯合烏丸族叛變，張舉稱帝。曹丕出生（～二二六）。
一八八	五	黃巾賊餘黨於各地暴動。劉焉提案於各州設牧。設置西園八校尉，袁紹、曹操受封校尉。皇甫嵩、董卓討伐王國。公孫瓚打敗張純。
一八九	六	四月，靈帝駕崩，少帝立。 八月，宦官張讓等人殺外戚何進，袁紹一舉消滅宦官。 九月，董卓進入洛陽，廢少帝，立獻帝。 十一月，董卓封相國。袁紹、曹操等人逃往東邊。 這一年，年號由中平改為光熹、昭寧、永漢，再改回中平。
一九〇	初平元	一月，關東諸州郡以袁紹為盟主，討伐董卓。 三月，董卓遷都長安。 董卓任命公孫度為遼東太守。公孫度獨立，自稱遼東侯。

一九一	二	二月，孫堅破董卓軍，進入洛陽。 四月，董卓到達長安。 七月，曹操破黑山賊。袁紹受封冀州牧。 十一月，公孫瓚破青州黃巾賊。劉備受封平原相。 孫堅討伐黃祖，戰死。	
一九二	三	一月，袁紹於界橋打敗公孫瓚。 四月，王允、呂布殺董卓。曹操受封兗州刺史。 六月，李傕、郭汜殺王允，呂布東逃。	羅馬皇帝康茂德遭暗殺。
一九三	四	曹操攻打徐州牧陶謙，大肆屠殺。	
一九四	興平元	二月，劉備援助陶謙。 四月，張邈迎呂布，背叛曹操。 八月，呂布與曹操在濮陽交戰。 十二月，益州牧劉焉死，劉璋繼位。陶謙死，劉備為徐州牧。	
一九五	二	五月，呂布敗給曹操，向劉備求援。李傕、郭汜混戰長安，獻帝東逃。 王肅出生（～二五六）。	

一九六	建安元	六月，袁術打敗劉備，呂布成為徐州牧。 八月，曹操迎獻帝至許都。孫策攻陷會稽郡。 十一月，曹操實施屯田制。劉備被呂布追擊，投靠曹操。	在此前後，貴霜王朝韋蘇提婆王即位。
一九七	二	一月，袁術稱帝。曹操敗於張繡。 五月，袁術敗於呂布。孫策攻陷吳郡。 九月，袁術敗於曹操，逃亡。	高句麗山上王即位。其兄發岐叛變，遼東公孫度前往支援但失敗。
一九八	三	四月，李傕、郭汜死，董卓餘黨均被剿滅。 十二月，呂布敗於曹操，被殺。曹操封孫策為討逆將軍。	
一九九	四	三月，公孫瓚敗於袁紹，自殺。 六月，袁術死。 八月，袁紹攻打許都，曹操設防黎陽。 十二月，劉備於小沛獨立。	
二〇〇	五	一月，董承暗殺曹操失敗。劉備被曹操追擊，逃至袁紹麾下。 四月，孫策遭暗殺。 十月，官渡之戰，曹操打敗袁紹。 張魯占據漢中。鄭玄死（一二七～）	在此前後，區連即位林邑王。

二〇一	六	劉備投靠劉表。譙周出生（～二七〇）。	范蔓自稱扶南大王。
二〇二	七	五月，袁紹死。其子袁譚與袁尚對立。 九月，曹操打敗袁譚和袁尚。劉備打敗曹操軍。 姜維出生（～二六四）。	
二〇三	八	八月，袁譚敗於袁尚，向曹操求援。 孫權平定豫章郡。	
二〇七	十二	曹操大破烏丸。遼東太守公孫康斬殺袁尚和袁熙。袁氏滅亡。劉備請出諸葛亮。	
二〇八	十三	六月，曹操升任丞相。孫權打敗黃祖。 八月，荊州刺史劉表死，劉琮繼位。 九月，劉琮投降曹操。劉備南逃。 十月，赤壁大戰。 十二月，孫權包圍合肥未果。劉備占據武陵、長沙、桂陽、零陵。	
二〇九	十四	七月，曹操開始屯田芍陂。 十二月，周瑜打敗曹仁，占據南郡。 劉備與孫權之妹結婚。	高句麗遷都丸都。
二一〇	十五	春天，曹操宣布用人唯才。於鄴都建設銅雀台。劉備會孫權於京，求借荊州。企圖攻打益州的周瑜死。魯肅繼任，第一次分割荊州。	

二一一	十六	孫權任命步騭為交趾刺史，平定嶺南。 九月，曹操以討伐漢中為名，打敗關中的韓遂、馬超。 十二月，劉璋迎劉備到益州。
二一二	十七	五月，曹操誅殺馬騰一族。 九月，孫權於秣陵築石頭城，命名建業。 十月，曹操於濡須口與孫權對戰。 十二月，劉備對劉璋展開軍事行動。
二一三	十八	五月，曹操升任魏公。 九月，馬超投靠漢中張魯。
二一四	十九	五月，馬超逃至劉備旗下。劉璋投降劉備。 十一月，曹操殺伏皇后。
二一五	二〇	一月，曹操次女封后。 三月，曹操討伐漢中張魯。 五月，劉備與孫權第二次分割荊州。 八月，孫權攻打合肥，大敗。 十一月，張魯投降曹操。 十二月，張飛於巴郡打敗曹操軍。
二一六	二一	五月，曹操升任魏王。

二一七	二二	一月，曹操再次於濡須口攻打孫權未果，立即撤退。 三月，魯肅死，孫權採納呂蒙的建議投降曹操。
二一八	二三	一月，耿紀企圖誅殺曹操，失敗。 四月，曹操之子曹彰平定烏丸族叛變。鮮卑族軻比能投降。 九月，曹操進駐長安，準備迎戰劉備。
二一九	二四	一月，平定南陽侯音之亂。劉備於定軍山斬魏將夏侯淵。 三月，曹操於漢中與劉備對峙，但沒多久便撤退。 七月，劉備平定漢中，自稱漢中王。 八月，關羽攻打樊城。 九月，魏諷計畫攻擊鄴都，失敗。 十一月，呂蒙突襲荊州。 十二月，關羽被斬。孫權臣服曹操。
二二〇	黃初元	一月，曹操死，曹丕繼任魏王、丞相。改元延康。 二月，實施九品官人法。 七月，孟達投降魏國。 十月，曹丕即位皇帝，改元黃初。漢朝滅亡。
〈魏〉	〈吳〉	〈蜀〉

二二一	黃初二		章武元	一月，魏任命孔子後裔孔羨為宗聖侯。 四月，劉備即位皇帝。孫權遷都於鄂，改稱武昌。 六月，曹丕殺甄夫人。張飛遭暗殺。 七月，劉備發兵攻吳。 八月，孫權遣使至魏稱臣，受封吳王。
二二二	三	黃武元	二	二月，鄯善、龜茲等西域諸國赴魏進貢。 閏六月，劉備敗於陸遜，逃回白帝城。 九月，由於孫權不送人質，魏出兵伐吳。 十月，孫權立黃武年號。 十一月，蜀與吳修復外交關係。 杜預出生（～二八四）。
二二三	四	二	建興元	二月，吳將朱桓於濡須口打敗魏軍。 四月，劉備死，翌月劉禪即位。 十月，蜀將鄧芝赴吳結盟。吳與魏斷交。 蜀將益州郡雍闓與吳勾結。嵇康出生（～二六二）。
二二四	五	三	二	四月，魏國設立太學，設置博士。吳將張溫出使蜀國。 九月，曹丕親征東吳，進軍廣陵失敗。 鮮卑族軻比能入侵河北。

二二五	六	四	三	三月，魏將梁習打敗軻比能。 七月，諸葛亮開始南征，打敗雍闓。 十月，曹丕再次親征廣陵，依然失敗。 鍾會出生（～二六四）。	在此前後，扶南王范蔓死，甥范旃繼位。
二二六	七	五	四	五月，曹丕死，其子曹叡（明帝）即位。 八月，孫權出兵江夏、襄陽，均敗。 交趾太守士燮死，吳國直接統治。	薩珊王朝波斯國建立（～六五一）。 波斯國滅安息帝國。
二二七	太和元	六	五	三月，諸葛亮上奏出師表，出兵漢中。 十月，焉耆國王子向魏入貢。 十二月，魏將孟達與蜀串通。	高句麗山上王死，東川王即位。
二二八	二	七	六	一月，司馬懿斬孟達。諸葛亮第一次北伐。 八月，吳將周魴詐降魏國，陸遜於石亭大破曹休。 十二月，諸葛亮第二次北伐。 遼東公孫康死，公孫淵繼位。	
二二九	三	黃龍元	七	春天，諸葛亮第三次北伐，占據武都、陰平二郡。 四月，孫權即位皇帝（大帝）。 九月，孫權遷都建業。 十二月，大月氏王波調受封親魏大月氏王。	波斯國打敗羅馬。

二三〇	四	二	八	春天，孫權探尋夷州與亶州。魏修築合肥新城。 七月，魏將曹真、司馬懿攻打蜀國，與諸葛亮對峙於成固（第四次北伐）。魏軍九月因雨撤退。
二三一	五	三	九	二月，諸葛亮第五次北伐，司馬懿駐守長安對抗。 六月，諸葛亮因兵糧告罄撤退。
二三二	六	嘉禾元	十	三月，孫權派遣周賀等人到遼東。 九月，魏將田豫討伐遼東未果，撤退。 十月，遼東公孫淵派遣使節訪吳。 十一月，田豫於成山斬吳使周賀。曹植死。 張華出生（～三〇〇年）。
二三三	青龍元	二	十一	三月，孫權遣使封公孫淵為燕王。 十二月，公孫淵斬吳使。魏封公孫淵為樂浪公。吳國使節的隨從到達高句麗。 陳壽出生（～二九七）。
二三四	二	三	十二	三月，山陽公（東漢獻帝）死。 四月，諸葛亮第六次北伐。 五月，孫權出兵合肥新城、襄陽。 七月，魏明帝親征，吳軍撤退。 八月，諸葛亮死於五丈原。 高句麗出使吳國稱臣，吳也派使節回訪。

二三五	三	四	十三	四月，蜀將蔣琬出任大將軍，費禕出任尚書令。 魏將王雄暗殺鮮卑族軻比能。	羅馬進入軍人皇帝時代。
二三六	四	五	十四	三月，吳將張昭死。 七月，高句麗王斬吳使首級送魏。	
二三七	景初元	六	十五	三月，魏改曆，使用景初曆。 七月，魏將毌丘儉討伐公孫淵失敗。公孫淵自稱燕王，使用紹漢年號。明帝下令建造海船。 九月，明帝殺毛皇后。	高句麗出使魏國。
二三八	二	赤烏元	延熙元	一月，司馬懿征伐遼東。劉昕、鮮于嗣從海路進攻樂浪、帶方郡，公孫淵向吳國求援。 六月，倭國卑彌呼的使節難升米到達帶方郡。 八月，遼東公孫氏滅亡。 十二月，明帝重病。在此前後難升米等人抵達洛陽。魏封卑彌呼為親魏倭王，下賜銅鏡等。	高句麗派援軍討伐遼東。
二三九	三	二	二	一月，明帝駕崩，曹芳（少帝）即位。 二月，曹爽掌握實權，推司馬懿為太傅。 西域諸國獻上火浣布。 四月，吳國的遼東援助部隊抵達，已錯過時機。 十二月，魏廢止景初曆。吳國武將廖式發動叛變。	

二四〇	正始元	三	三	帶方郡太守弓遵派建中校尉梯儁訪倭。	在此前後，扶南王范旃被殺，范尋繼位。薩珊王朝波斯國沙普爾一世即位。
二四一	二	四	四	四月，孫權兵分四路攻擊魏國，失敗。蜀將蔣琬沿漢水出兵。	
二四二	三	五	五	孫權出兵儋耳、朱崖。立孫和為太子、孫霸為魯王，招致雙方對立。	
二四三	四	六	六	十二月，倭國卑彌呼使節伊聲耆等人抵達洛陽。	
二四四	五	七	七	一月，吳將陸遜出任丞相。三月，魏將曹爽攻打漢中失敗。	
二四五	六	八	八	七月，吳國將軍馬茂謀反，消息走漏。吳國太子與魯王的對立激化。蜀國宦官黃皓開始干預政治。陸遜、蔣琬死。	
二四六	七	九	九	二月，魏將毌丘儉攻打高句麗，攻克丸都。毌丘儉的部將王頎追殺高句麗王至肅慎邊境。蜀將姜維出任衛將軍。	
二四七	八	十	十	王頎出任帶方太守，派遣張政訪倭。	倭國發生內亂，卑彌呼向帶方郡求助。

二四八	九	十一	十一	九月，蜀的屬國涪陵發生少數民族叛變，鄧芝鎮壓。	高句麗東川王死，中川王繼位。
二四九	嘉平元	十二	十二	一月，司馬懿發動政變，誅殺曹爽一族。夏侯霸逃亡蜀國。姜維攻打魏國雍州，被郭淮擊退。王弼死（二二六～）。倭國女王壹與的使節掖邪狗等人入貢。	至遲此年卑彌呼死，壹與繼位女王。羅馬大肆鎮壓基督教徒。
二五〇	嘉平二	十三	十三	孫權廢太子，逼魯王自殺，立孫亮為太子。魏攻打吳。姜維攻打魏國西平，失敗。	印度佛教學者龍樹死。
二五一	三	太元元	十四	四月，魏國王淩謀反，消息走漏。八月，司馬懿死，司馬師繼位。	
二五二	四	建興元	十五	四月，孫權死，太子孫亮即位。十月，吳將諸葛恪建築東興堤。十二月，諸葛恪於東興打敗魏軍。	
二五三	五	二	十六	一月，蜀將費禕遭暗殺。五月，諸葛恪包圍合肥新城未果，撤退。十月，孫峻誅殺諸葛恪。	

二五四	正元元	五鳳元	十七	二月，魏國中書令李豐、外戚張緝等人被誅殺。 九月，司馬師廢皇帝，自封齊王。 十月，立高貴鄉公曹髦為帝。	
二五五	二	二	十八	一月，魏將毌丘儉、文欽發動叛變，被司馬師平定，文欽逃至吳國。司馬師死（二〇八～），司馬昭掌權。 二月，孫峻攻打壽春，被魏將諸葛誕擊退。	
二五六	甘露元	太平元	十九	七月，姜維攻打魏國祁山，被鄧艾擊退。 八月，吳將孫峻死，孫綝掌握實權。	
二五七	二	二	二〇	五月，魏將諸葛誕發動叛變，與吳串通。 六月，吳將孫壹逃亡魏國。姜維攻打駱谷。 七月，孫綝為救援諸葛誕而出兵壽春，失敗。	
二五八	三	永安元	景耀元	二月，壽春城內大亂，諸葛誕殺文欽；司馬昭攻壽春，諸葛誕敗死。 九月，孫綝廢孫亮，立孫休為帝。 十二月，孫休誅殺孫綝。	鮮卑族定都雲中盛樂。
二六〇	景元元	三	三	五月，魏帝曹髦發動政變，被殺。 六月，司馬昭立常道鄉公曹奐為帝（元帝）。	羅馬皇帝瓦勒良被波斯俘虜。

二六一	二	四	四	七月，韓、濊貊向魏入貢。 鮮卑族拓跋力微攜子向魏入貢。陸機出生（～三〇三）。
二六三	四	六	炎興元	五月，吳國交趾郡吏呂興發動叛變。 八月，魏將鍾會、鄧艾、諸葛緒攻擊魏國。 十一月，劉禪投降魏國。蜀國滅亡。 阮籍死（二一〇～）。
	〈魏〉		〈吳〉	
二六四	咸熙元		元興元	一月，鄧艾被捕，鍾會於成都企圖謀反，與姜維同被殺害。監軍衛瓘殺鄧艾。 三月，司馬昭升任晉王。劉禪被帶到洛陽，受封安樂縣公。 七月，吳國皇帝孫休死，孫皓繼位。 九月，魏國任命吳將呂興為都監交州諸軍事，助其叛變，任命蜀國降將霍弋為交趾太守，占據交趾。 十一月，孫皓殺濮陽興和張布。
	〈晉〉		〈吳〉	

二六五	泰始元	甘露元	八月，司馬昭死（二一一～），司馬炎繼位。 十二月，司馬炎逼魏帝曹奐退位，自立為帝（晉武帝）。 冬天，孫皓遷都武昌。	
二六六	二	寶鼎元	一月，吳國派使者吊唁司馬昭。 十一月，倭國使節向晉獻貢。 十二月，孫皓復遷都建業。	在此前後，范能為林邑王。
二六七	三	二	九月，晉封孔子後裔為奉聖亭侯，禁止讖緯之學。	在此前後，哥特人入侵色雷斯、希臘。
二六八	四	三	十月，吳國攻打魏國的江夏、襄陽、芍陂，被擊退。 十一月，林邑、扶南向晉入貢。	
二六九	五	建衡元	十一月，吳出兵晉所占領的交趾。	
二七〇	六	二	九月，大宛、焉耆向晉入貢。 十二月，吳將夏口督、孫秀逃亡至晉。	高句麗中川王死，西川王繼位。
二七一	七	三	一月，孫皓迷信讖言，率領後宮數千人西行，途中返回。孫秀部下數千人向晉投降。 七月，吳國奪回交趾、九真、日南三郡。 劉禪死（二〇七～）。	

二七二	八	鳳皇元	一月，晉國王濬出任益州刺史，建造戰艦。 十月，吳將西城督、步闡欲降伏晉國，被陸抗討伐誅殺。
二七三	九	二	四月，孫皓殺學者韋昭。
二七四	十	三	七月，吳國大司馬陸抗死（二二六～）。
二七五	咸寧元	天冊元	六月，拓跋力微派子向晉入貢。
二七六	二	天璽元	十月，晉將羊祜建議討伐吳國。
二七七	三	天紀元	五月，吳國武將邵顗投降晉國。 十二月，吳國攻打晉國的江夏、汝南，掠奪千餘家。 東夷三國向晉入貢。
二七八	四	二	三月，東夷六國向晉入貢。 十月，晉國攻打吳國皖城，給予重創。 十一月，羊祜死，杜預出任都監荊州諸軍事。 東夷九國內附。
二七九	五	三	一月，匈奴左部師劉彪死，其子劉淵繼位。 八月，桂林發生叛變，吳國派遣大軍鎮壓。 十月，發現《汲冢書》（《竹書紀年》）。 十一月，晉以水陸六路攻打吳國。

二八〇	太康元	四	三月，孫皓投降晉國，吳國滅亡。 四月，孫皓受封歸命侯，被護送至洛陽。 六月，東夷十國內附。 七月，東夷二十國入貢。	高句麗破肅慎。

因改元而一年之中有數個年號時，原則上以最新年號標示。

ISBN978-957-05-3137-4

中國・歷史的長河

04

三國志的世界

東漢與三國時代

初版四刷—2022 年 9 月
定價—新台幣 420 元

作者 金文京
譯者 林美琪
發行人 王春申
總編輯 張曉蕊
編輯指導 林明昌
責任編輯 王育涵
封面設計 吳郁婷
內頁編排 菩薩蠻
地圖繪製 吳郁嫻
印務 李哲文
出版發行 臺灣商務印書館股份有限公司
地址 23141 新北市新店區民權路 108-3 號 5 樓
電話 (02) 8667-3712
傳真 (02) 8667-3709
讀者服務專線 0800056196
郵撥 0000165-1
郵件信箱 ecptw@cptw.com.tw
網路書店網址 www.cptw.com.tw
臉書 facebook.com.tw/ecptw
局版北市業字第 993 號

三國志的世界：東漢與三國時代／金文京著；
林美琪譯 .-- 初版一新北市：臺灣商務，2018.4
面；14.8x21 公分
ISBN 978-957-05-3137-4（平裝）

1. 東漢史 2. 三國史

622.2 107004056

讀者回函卡

感謝您對本館的支持，為加強對您的服務，請填妥此卡，免付郵資寄回，可隨時收到本館最新出版訊息，及享受各種優惠。

■ 姓名：＿＿＿＿＿＿＿＿＿＿ 性別：□ 男 □ 女

■ 出生日期：＿＿＿＿年＿＿＿＿月＿＿＿＿日

■ 職業：□學生 □公務(含軍警) □家管 □服務 □金融 □製造 □資訊 □大眾傳播 □自由業 □農漁牧 □退休 □其他

■ 學歷：□高中以下（含高中）□大專 □研究所（含以上）

■ 地址：＿＿＿＿＿＿＿＿＿＿＿＿＿＿＿＿＿＿＿＿

■ 電話：(H) ＿＿＿＿＿＿＿＿＿＿ (O) ＿＿＿＿＿＿＿＿＿＿

■ E-mail：＿＿＿＿＿＿＿＿＿＿＿＿＿＿＿＿＿＿＿＿

■ 購買書名：＿＿＿＿＿＿＿＿＿＿＿＿＿＿＿＿＿＿＿＿

■ 您從何處得知本書？

□網路 □DM廣告 □報紙廣告 □報紙專欄 □傳單

□書店 □親友介紹 □電視廣播 □雜誌廣告 □其他

■ 您喜歡閱讀哪一類別的書籍？

□哲學．宗教 □藝術．心靈 □人文．科普 □商業．投資

□社會．文化 □親子．學習 □生活．休閒 □醫學．養生

□文學．小說 □歷史．傳記

■ 您對本書的意見？（A/滿意 B/尚可 C/須改進）

內容＿＿＿＿＿＿ 編輯＿＿＿＿＿＿ 校對＿＿＿＿＿＿ 翻譯＿＿＿＿＿＿

封面設計＿＿＿＿＿＿ 價格＿＿＿＿＿＿ 其他＿＿＿＿＿＿

■ 您的建議：＿＿＿＿＿＿＿＿＿＿＿＿＿＿＿＿＿＿＿＿

※ 歡迎您隨時至本館網路書店發表書評及留下任何意見

臺灣商務印書館 The Commercial Press, Ltd.

23141新北市新店區民權路108-3號5樓 電話：(02)8667-3712

讀者服務專線：0800-056196 傳真：(02)8667-3709

郵撥：0000165-1號 E-mail：ecptw@cptw.com.tw

網路書店網址：www.cptw.com.tw

臉書：facebook.com.tw/ecptw